OFICINA
DE ESCRITORES

Stephen Koch

OFICINA DE ESCRITORES
Um manual para a arte da ficção

Tradução
MARCELO DIAS ALMADA

Revisão da tradução
SILVANA VIEIRA

Esta obra foi publicada originalmente em inglês com o título
THE MODERN LIBRARY WRITER'S WORKSHOP
por Random House, Nova York
Copyright © 2003 by Stephen Koch
Copyright © 2008, Livraria Martins Fontes Editora Ltda.,
São Paulo, para a presente edição.

1ª edição 2008
5ª tiragem 2021

Tradução
MARCELO DIAS ALMADA

Revisão da tradução
Silvana Vieira
Acompanhamento editorial
Maria Fernanda Alvares
Preparação do original
Célia Regina Camargo
Revisões
Marisa Rosa Teixeira
Sandra Garcia Cortes
Dinarte Zorzanelli da Silva
Produção gráfica
Geraldo Alves
Paginação
Moacir Katsumi Matsusaki
Capa
Rex Design

Dados Internacionais de Catalogação na Publicação (CIP)
(Câmara Brasileira do Livro, SP, Brasil)

Koch, Stephen
  Oficina de escritores : um manual para a arte da ficção / Stephen Koch ; tradução Marcelo Dias Almada ; revisão da tradução Silvana Vieira. – São Paulo : WMF Martins Fontes, 2008.

Título original: The modern library writer's workshop.
Bibliografia.
ISBN 978-85-7827-008-7

1. Arte de escrever 2. Estilo literário 3. Ficção – Arte de escrever 4. Ficção – Autoria I. Título.

07-10636   CDD-808.3

Índices para catálogo sistemático:
1. Ficção : Arte de escrever : Literatura   808.3

Todos os direitos desta edição reservados à
Editora WMF Martins Fontes Ltda.
Rua Prof. Laerte Ramos de Carvalho, 133 01325-030 São Paulo SP Brasil
Tel. (11) 3293-8150 e-mail: info@wmfmartinsfontes.com.br
http://www.wmfmartinsfontes.com.br

ÍNDICE

Agradecimentos IX
Introdução XI

1. O começo 1
2. A vida de escritor 39
3. Como dar forma à história 75
4. Como dar vida às personagens 111
5. Como inventar seu estilo 149
6. A história do eu 179
7. Trabalhar e retrabalhar 207
8. Para concluir 235

Pós-escrito 265
Créditos de autorização 283
Índice remissivo 287

A VOCÊS:
alunos de ontem e hoje.

Agradecimentos

Depois de vinte anos ensinando a arte da ficção, é difícil limitar os agradecimentos a uma única página. Os alunos vêm em primeiro lugar, é claro, e a eles dedico este livro. Mas também sou grato aos programas que me puseram em contato com pessoas extraordinárias que, de outro modo, talvez eu nem tivesse chegado a conhecer. Quando lecionei em Princeton, tive a sorte de trabalhar com Joyce Carol Oates, Russell Banks, Robert Fagles e muitos outros que fariam a lista estender-se demais. Quanto aos que trabalharam comigo em Colúmbia, a lista é *realmente* muito longa. Mas devo deter-me um momento para prestar um tributo à memória de Robert Towers, crítico de ficção do *The New York Review of Books*, autor de *The Summoning* [A convocação], e o grande responsável pela rica experiência que foi para mim ensinar. A ficção americana não teve melhor amigo, em sua geração, do que Bob. E eu não tive melhor amigo em Colúmbia.

No mundo editorial, sou grato a uma sugestão de Adam Bellow que desencadeou os acontecimentos mentais e práticos que levaram a este livro. Dois outros editores notáveis deram sua contribuição durante os estágios iniciais desta obra: Deborah Futter e Courtney Hodell.

Quanto ao meu relacionamento editorial de longa data com Timothy Farrell e David Ebershoff, não vejo como poderia ser melhor. Finalmente, agradeço a meu agente, Michael Carlisle, não só pela firme condução dos assuntos práticos, mas também por seu lúcido discernimento e incentivo.

S.K.

Introdução

Por 21 anos, entre 1977 e 1998, lecionei num dos mais notáveis programas de pós-graduação em escrita literária dos Estados Unidos, trabalhando com jovens aspirantes a escritor que tentavam aprender a misteriosa arte da ficção. Durante oito anos desse período, enquanto dava aulas em tempo integral, ocupei também a cadeira de professor titular do programa. Assim, por mais de duas décadas, sem pular um único semestre, dediquei grande parte da minha energia a refletir e a falar sobre a arte da ficção com alguns dos jovens mais promissores daquela geração, num diálogo que sempre se renovava e ganhava novos contornos. Trabalhei individualmente com muitas centenas de pessoas talentosas e tive o mudo prazer de ver muitas delas despontarem entre os jovens escritores de destaque da atualidade. Durante esse tempo, li milhares, talvez dezenas de milhares de originais nos mais diversos estágios. Editei, admirei, discuti, orientei, elogiei, questionei, duvidei, calei-me e tive esperanças. Fiz o que pude para ajudar as pessoas a provar seu talento, encontrar seu caminho, enfrentando todo tipo de problema de técnica literária que se possa imaginar. Embora não possa afirmar que sempre tenha encontrado soluções, aprendi muita coisa a respeito dos problemas. No constante empenho de ajudar as pessoas a solucioná-los, conheci fracassos, é claro, mas toda semana também via gente talentosa inventando saídas, encontrando na página uma trilha para a transcendência, descobrindo a maestria nas palavras, abrindo caminho rumo à clareza a passos às vezes pequenos e incertos, às vezes súbitos e gigantescos. Minha longa e completa imersão no ensino proporcionou-me um senso bastante apurado do que pode ou não ser ensinado sobre a produção de um texto narrativo.

Deixou-me também com uma profunda aversão à idéia de submeter as pessoas a um isolamento mortal a fim de perderem tempo reinventando a roda. Exceto no jornalismo, escrever é necessariamente um ofício solitário, a mais solitária de todas as artes. O excessivo quociente de solidão implícito no ato de escrever, assim como a necessidade não só de tolerá-la, mas até de amá-la, é uma característica inexorável do ofício e um dos fatos psicológicos mais evidentes que se deve entender acerca dele. No entanto, com muita freqüência os aspirantes a escritor se condenam – como que por castigo pelo desejo de escrever – a achar sozinhos, meio por acaso e sem *nenhuma* ajuda, o caminho para os métodos mais elementares de fazê-lo. Esse desperdício absurdo não é necessário. Já há muita coisa que o escritor está inevitavelmente destinado a resolver por si só, num esforço solitário. São problemas reais que não permitem que se perca tempo tateando atrás do óbvio. A maioria dos escritores costuma exagerar os obstáculos a serem transpostos para a realização de um bom trabalho. Até mesmo um pequeno problema técnico – por exemplo, como revisar uma primeira versão – pode deixá-los atrapalhados e sem ânimo. Tive conhecimento de projetos inteiros, meses e até mesmo anos de trabalho, perdidos por causa de questões que poderiam ter sido resolvidas com meia dúzia de instruções eficazes e dez minutos de conversa objetiva.

Infelizmente, muita gente inteligente – em geral os adeptos da crença de que "escrever não se aprende na escola" – de fato acredita que os escritores devam aprender tudo sozinhos e por magia. Essas pessoas nem em sonhos esperariam que um pianista, um pintor, um compositor – para não falar um produtor de discos ou um diretor de cinema – descobrissem *tudo* sobre seu ofício sem contar com nenhuma ajuda. Pelo menos nessas áreas, ninguém teria a menor dificuldade de compreender o necessário intercâmbio entre o que deve ser ensinado e o que deve ser aprendido pela própria pessoa no exercício de qualquer técnica. Por que não seria assim com a escrita?

Este livro resulta do esforço de reunir e integrar aquilo que me parece ser um consenso entre os escritores a respeito das bases de seu ofício. Nestas páginas você ouvirá minha voz – uma variante em linguagem escrita da voz que emprego nos encontros reservados com meus alunos – e também muitas outras vozes, todas falando sobre a arte de escrever. A maioria dos escritores adora falar, e uma das coisas de que eles mais gostam é falar sobre escrever. Em entrevistas, cartas, conversas à mesa, biografias e manifestos, sempre se demoram a discorrer com surpreendente profusão de detalhes a respeito de como escrevem. Tudo isso compõe uma literatura técnica vasta e em grande parte inexplorada. São materiais antigos e modernos, que percorrem a história literária em todos os níveis da cultura, até mesmo o mais elevado. Algumas das mais importantes figuras da literatura clássica produziram duradoura *ars poetica*. Comentários sobre oratória, poesia, drama, eloqüência e o sublime formam uma parte extensa e essencial da antologia clássica. Não são poucas as passagens da tradição profética da Bíblia que podem ser lidas como uma meditação sobre o discurso inspirado, sobre o que ele é e como se realiza. Um grande tratado renascentista sobre teatro, poesia e o funcionamento da imaginação dramática encontra-se inserido na obra de Shakespeare – uma *ars poetica* produzida em seu momento culminante. Se prestar bastante atenção, você aprenderá a ouvir os grandes romancistas do século XIX refletindo quase sem cessar sobre o ato de escrever, sobre como escrever. O mesmo vale para muitas das grandes figuras do século XX. Por exemplo, um manual respeitável – e surpreendentemente espesso – sobre técnica literária pode ser compilado a partir de trechos selecionados dos romances de Hemingway. E só dos romances, sem contar as entrevistas.

Além disso, o público para essa forte subcorrente da literatura sobre técnica sempre foi muito maior do que um pequeno grupo de especialistas interessados. O público de Horácio não se limitava aos poetas. Shakespeare certamente introduzia informações sobre técnica dramática em suas peças porque sabia que elas alcançariam seu público mais amplo. A arte de escrever está ligada à experiência de saber ler e da própria linguagem. Todos nós participamos, consciente e inconscientemente, do modo como a linguagem serve à comunicação. E todos nós de alguma forma participamos da maneira como nossos pensamentos e imagens mentais se organizam. E, embora nem todo o mundo seja escritor, todo *leitor* colabora na maneira como um livro é escrito; ele é um parceiro atuante num acontecimento participativo. Muitas pessoas refletem sobre o ato de escrever, embora nunca cheguem a escrever coisa alguma. Elas querem saber o que desencadeia o espírito criativo; como se pode ter acesso à inspiração e usá-la; como alguém se apropria de algo sem nome, situado na mente, e o traz ao mundo na forma de linguagem, clara e reconhecível. Esse é o drama silencioso que se desenrola diariamente à escrivaninha de todo escritor; e é sempre uma pequena fábula à espera de ser contada. O interesse por ela se manifesta em todos os níveis da cultura, dos prefácios de Henry James para a edição nova-iorquina de seus romances aos programas de entrevistas em que se pergunta ao escritor convidado como ele escreve.

Procurei apresentar aqui um consenso livre, intuitivo, a respeito dos elementos básicos do ofício. O consenso naturalmente incorpora, e às vezes mascara, a discordância. Algumas pessoas – talvez você seja uma delas – podem discordar de algumas (ou muitas) coisas ditas aqui. Estou certo de que há, em algum lugar, alguma figura notável que objetará, com veemência e irritação, cada opinião que apresento neste livro. Contudo, no tocante à maioria das grandes questões – a "invenção" da história, o desenvolvimento das personagens, a criação de um estilo, a lógica interna da própria "invenção" –, parece haver entre os escritores mais concordância do que até eu mesmo esperava encontrar quando comecei.

Mas não há regras. Por favor, lembre-se disso. Não há regras. No momento em que um ou outro preceito obstruir seu caminho em vez de abri-lo, você deve deixá-lo de lado. No momento em que alguma opinião sufocar seu trabalho em vez de estimulá-lo, você deve destituí-la.

Este é um guia para escritores, não para leitores. No meu "Pós-escrito", acrescentei alguns comentários acerca de várias obras clássicas sobre o ofício da literatura – não se trata, porém, de uma lista de leituras recomendadas. Extraí meus exemplos principalmente de clássicos conhecidos e de obras como *O grande Gatsby* ou *O apanhador no campo de centeio*, materiais que quase todo leitor certamente já conhece. Cito-os não porque considere que sejam a última palavra, mas por serem ilustrativos e conhecidos em toda parte. Ao escolher os escritores para comentar o tratamento dessa ou daquela questão técnica, foi com prazer que desconsiderei qualquer distinção entre gosto elevado, médio e inferior. Não vejo motivo para não misturar Elmore Leonard com Henry James e J. K. Rowling com Proust. Uma das razões para isso é que certamente o gosto de qualquer leitor livre abrangerá obras de todos os níveis. Para ser mais preciso, não tenho o menor interesse em apresentar um manual de "bom gosto" nem de acrescentar nenhuma sílaba à interminável discussão sobre o "cânone". Quero que este livro seja útil, se possível, para *qualquer* escritor que por acaso o leia, seja qual for o nível, real ou imaginário, em que ele se encaixe. Desde o início, chamou-me a atenção a maravilhosa indiferença com que as questões de técnica ignoram as melancólicas distinções de classe em literatura, e, francamente, acho bom que seja assim. Parece haver certa democracia na técnica.

O modo de usar o livro certamente dependerá de você. Minha sugestão é que o percorra uma vez do começo ao fim, observando especialmente as coisas que o empolgam, as que lhe estimulam o simples pensamento: *Eu poderia fazer isso!*, ou as que lhe gritam: *Ei, use-me!* Observe o que funciona e passe rapidamente por cima do que o deixa perplexo. Algumas coisas não vão atingi-lo – ainda. Deixe-as para depois. Há tempo de sobra. Se você é escritor, vai voltar a essas questões técnicas incontáveis vezes ao longo dos anos que estão por vir. Se achar este livro útil uma vez, é provável que o venha a achar útil de novo. Pois todo crescimento é uma espécie de recomeço num patamar superior. Esta obra é claramente dirigida a escritores novatos, mas espero que seu valor não se limite ao nível de principiante. Desejo que colegas de todos os estágios de desenvolvimento encontrem aqui algo útil. A vida dos escritores geralmente transcorre em fases, e cada nova fase de uma vida criativa necessariamente implica uma espécie de novo começo e, é bem possível, também uma nova técnica. Começar de novo é difícil e pode ser assustador. Nunca recomeçamos do antigo ponto de partida e raramente chegamos às velhas respostas. Viver essa incerteza em qualquer altura da vida é uma experiência perturbadora – mas também grande e maravilhosa. Trata-se da incerteza da promessa, da esperança ansiosa, experimental, da qual surge tudo o que tem valor. É possível que qualquer pessoa que sinta essa esperança, em qualquer estágio da vida profissional, encontre utilidade nestas poucas palavras, dirigidas aos bons entendedores.

1. O COMEÇO

Só há um jeito de começar: é começar agora. Comece, se preferir, assim que terminar de ler este parágrafo, ou, em todo caso, antes de concluir a leitura deste livro. Não tenho dúvida de que chegará o dia em que você será mais inteligente, ou mais bem informado ou mais habilidoso do que é agora, mas nunca estará mais pronto para começar a escrever do que neste exato instante. Chegou a hora. Você já sabe mais ou menos o que seria uma boa história. Já tem em mente uma situação humana que julga interessante. É o que basta. Comece com qualquer coisa que lhe dê o ímpeto para começar: uma imagem, uma fantasia, uma situação, uma lembrança, um gesto, um grupo de pessoas – qualquer coisa que estimule sua imaginação. O trabalho consiste somente em colocar um pouco disso, ou tudo, em palavras capazes de alcançar e tocar um desconhecido, que você não vê, chamado leitor. Você precisa mergulhar nisso. E precisa fazê-lo agora.

Seria bom, suponho, começar num ponto perfeito da história, do modo perfeito, com a voz perfeita para apresentar com exatidão a cena desejada. Infelizmente, você não tem escolha: não tem a menor idéia de como fazer isso. A exatidão costuma se revelar depois de um tempo, e é improvável que você saiba de antemão o que funciona ou não funciona numa história que ainda não foi escrita. Portanto, em vez de esperar que tudo esteja perfeito, comece de qualquer jeito, em qualquer ponto, mas comece. É provável que o resultado não seja exatamente o melhor. Talvez nem chegue perto disso. Mas e daí? Você vai persistir até *acertar*.

Estou certo de que você encontrará bons motivos para deixar para amanhã, mas duvido muito que haja grande mérito em algum deles. Não há necessidade de esperar pela inspiração, nem de tomar coragem, nem de saber exatamente por que ou o que você está escrevendo, nem de ler bons e minuciosos livros a respeito de como escrever, nem de conhecer sua história, nem de compreender suas personagens, nem de ter certeza de que você está no caminho certo, nem mesmo de concluir suas pesquisas. *Por enquanto*. Mais tarde, algumas dessas coisas, senão todas, virão a calhar, e será muito bom contar com elas. *A certa altura*, é claro, você vai precisar de inspiração, confiança, autoconhecimento e fé em seu projeto, além de técnicas eficazes, uma história completa, personagens desenvolvidas, pesquisas completas e competentes. Mas cada uma dessas coisas – até mesmo as pesquisas – vem somente com o *processo* de escrita. São *resultado* da escrita. Se deixar que alguma delas o imobilize *antes* de escrever, posso garantir que daqui a um ano você ainda estará esperando para começar. A crença de que é preciso ter tudo isso para começar é o erro mais comum de todos, e é fatal. É nesse ponto – nos recifes cortantes dessa falsa crença – que a maioria das boas idéias se perde e naufraga sem deixar vestígios. Inspiração, confiança, convicção, técnica e conhecimento – não é nada disso que torna possível a escrita. É exatamente o contrário. *A escrita é que torna **tudo isso** possível.*

"A noção comum sobre como se escreve um romance", diz Martin Amis, "me parece a descrição exata do chamado bloqueio do escritor. Nesse estágio, segundo a opinião geral, o escritor encontra-se tão desesperado que se senta com uma lista de personagens na mão, uma lista de temas e uma estrutura de enredo e tenta a todo custo entrelaçar os três elementos. Na verdade, isso nunca acontece. O que ocorre é aquilo que Nabokov descreveu como uma pulsação. Uma pulsação ou um vislumbre, um ato de reconhecimento por parte do escritor. Nesse estágio, o escritor pensa: *Esse é um assunto sobre o qual eu poderia escrever um romance.*"[1]

Isak Dinesen costumava dizer algo semelhante: "Começo com um formigamento, uma certa intuição acerca da história que vou escrever. Depois vêm as personagens, e elas assumem o controle, fazem a história. Mas tudo isso termina constituindo um enredo."[2] Robert Penn Warren começava do mesmo modo: "Todo livro que escrevo começa com um lampejo."[3] Uma "pulsação". Um "formigamento". Um "lampejo". Coisas muito vagas. Muita gente passa a vida toda tentando se livrar de vislumbres desse tipo. Agora você precisa reconhecê-los como um chamado para a ação, uma promessa do que está por vir.

É preciso sentar-se e escrever. Nem sequer importa, *de fato*, se você está com vontade de escrever. Como diz

....
1. Martin Amis, entrevista a Francesca Riviere, in *The Writer's Chapbook*, org. George Plimpton. Nova York: The Modern Library, 1999, p. 244.
2. Isak Dinesen, entrevista a Eugene Walter, in *Writers at Work, The Paris Review Interviews*, org. George Plimpton, 4ª série. Nova York: Penguin Books, 1976, p. 17.
3. Robert Penn Warren, in *The Writer's Chapbook*, p. 97.

Tom Wolfe: "Às vezes, se as coisas não vão bem, forço-me a escrever uma página em meia hora. E percebo que isso é possível. Descubro que aquilo que escrevo quando me obrigo a fazê-lo costuma ser tão bom quanto o que escrevo quando me sinto inspirado. Trata-se principalmente de se forçar a escrever. Há um ensaio maravilhoso que Sinclair Lewis escreveu a respeito de como escrever. Disse ele que a maioria dos escritores não entende que o processo realmente começa quando eles se sentam."[4] Joyce Carol Oates concorda com isso: "É preciso ser inclemente com essa questão do 'estado de espírito'. Num certo sentido, a escrita *cria* o estado de espírito... Geralmente descubro que isso é verdade: já me forcei a escrever quando me sentia extremamente cansada, quando sentia minha alma tão fina como papel de seda, quando nada parecia valer mais cinco minutos que fosse... e, de algum modo, a atividade de escrever muda tudo."[5]

Esse princípio – *escreva agora* – não se aplica apenas aos escritores de ficção, mas a todo tipo de escritor. É interessante notar que se aplica até a estudiosos que dependem de pesquisas factuais. O grande historiador Samuel Eliot Morison costumava dizer a seus alunos: "Primeiro, e antes de tudo, *comece a escrever*! Os jovens acadêmicos geralmente querem ter certeza de todos os fatos antes de começar a escrever alguma coisa, assim como o general McClellan, que se recusava a avançar (se-

---

4. Tom Wolfe, entrevista a Ralph Ellisa e Eugene Walter, in *Writers at Work, The Paris Review Interviews*, org. George Plimpton, 9ª série. Nova York: Penguin Books, 1992, p. 251.

5. Joyce Carol Oates, entrevista a Robert Phillips, in *Women Writers at Work: The Paris Review Interviews*, org. George Plimpton. Nova York: The Modern Library, 1998, p. 431.

gundo dizem) antes que a última mula tivesse sido guarnecida de ferradura... Chega um momento, em toda pesquisa – e entenda-se isso como um chamado da consciência –, em que é preciso começar a escrever. E, quando se está escrevendo, deve-se continuar a fazê-lo tanto quanto possível; haverá muito tempo depois para acrescentar notas de rodapé ou voltar à biblioteca para colher mais informações."[6]

"Mas", você talvez diga, "ainda nem sei qual é minha *história*!" E respondo: "*Claro* que ainda não sabe qual é sua história." Você é a primeira pessoa no mundo a contá-la e *não pode conhecê-la até que ela seja contada*. Primeiro, você conta; depois, fica sabendo. Não é o contrário. Isso pode parecer ilógico, mas, para a mente narrativa, é a própria expressão da lógica. As histórias *só* se fazem conhecer, *só* se revelam – até mesmo para quem as conta – ao serem contadas. Como é possível contar uma história antes de conhecê-la? Basta deixar que ela se conte *por seu intermédio*. Portanto, ao contá-la, deixe que ela dê as indicações quanto ao rumo a seguir. No começo, é preciso sentir o caminho, deixando-se guiar. Pode ser até que você acabe planejando nos mínimos detalhes toda a extensão da obra, como dizem que fez J. K. Rowling com todos os livros da série *Harry Potter*. Mas, na primeira fase da criação, a história deve ser extraída das sombras da imaginação e do inconsciente do autor. Como diz Isabel Allende, a história está "oculta num lugar muito sombrio e secreto ao qual ainda não tenho acesso. É algo que venho sentindo, mas que não tem

---

6. Samuel Eliot Morison. "History as a Literary Art", in *By Land and By Sea*. Nova York: Knopf, 1953, p. 293.

forma, nem nome, nem som, nem voz". Está à sua espera, não contada, indefinida e latente. Só ganhará forma quando você a colocar em palavras. E conclui Allende: "Quando tiver terminado o primeiro esboço, saberei do que trata o livro. Mas não antes."[7]

Já que só se pode começar na incerteza, aprenda a tolerá-la e, se possível, transformá-la em estímulo. Como diz Toni Morrison: "Fico muito empolgada quando concebo ou tenho a idéia pela primeira vez... antes de começar a escrever... é uma coisa persistente com que tenho que lidar. Sempre começo com uma idéia, ainda que enfadonha, que se torna uma pergunta para a qual não tenho resposta."[8]

A maioria dos escritores começa na incerteza, com uma pequena coisa chamada "germe" ou "semente" da história. Essa "semente", segundo E. L. Doctorow, pode ser qualquer coisa. "Pode ser uma voz, uma imagem; pode ser um momento de profundo desespero pessoal. Por exemplo, em *Ragtime*, estava tão desesperado para escrever algo que comecei a escrever sobre a parede, porque estava olhando para a parede do meu escritório em New Rochelle. Nós, escritores, costumamos ter dias assim. Em seguida, escrevi sobre a casa onde estava aquela parede. Como a casa tinha sido construída em 1906, evoquei essa época e imaginei como era então a Broadview Avenue: os bondes percorriam a avenida ao pé da colina, as pessoas vestiam roupas brancas no verão para enfrentar o calor. Teddy Roosevelt era presidente.

....

7. Isabel Allende, in *Writers Dreaming*, org. Naomi Epel. Nova York: Carol Southern Books, 1983, p. 8.

8. Toni Morrison, entrevista a Claudia Brodsky Lacoar e Elissa Schappell, in *Women Writers at Work*, pp. 347-8.

Uma coisa levou a outra, e foi assim que o livro começou; o desespero produziu essas poucas imagens."[9] Os escritores usam metáforas de todo tipo para descrever o despertar da imaginação. Tom McGuane diz sentir-se como um cão de caça em estado de alerta, farejando odores. "Quando começo alguma coisa, sinto-me como um cão que fareja o pássaro; trata-se de colocar isso em prosa e depois tentar descobrir o que há ali."[10] Nos prefácios para a edição nova-iorquina de seus romances, Henry James relata de que maneira teve início cada um de seus clássicos: uma impressão súbita, algo "minúsculo, soprado pelo vento... uma indicação solta, uma palavra ao acaso, um vago eco, ao toque dos quais a imaginação do romancista se sobressalta como se aguilhoada por um objeto pontudo..."[11]. Patricia Highsmith observa que as idéias "podem ser grandes ou pequenas, simples ou complexas, fragmentárias ou completas, imóveis ou em movimento. O importante é reconhecê-las quando chegam. Reconheço-as pelo tipo de entusiasmo que elas instantaneamente me trazem, algo semelhante ao prazer e à empolgação de ler um bom poema ou um bom verso"[12]. A "pulsação" pode surgir sob a forma de uma história completa, mas, na maioria das vezes, é um fragmento. Depois que você é instigado, o trabalho con-

---
9. E. L. Doctorow, entrevista a George Plimpton, in *The Writer's Chapbook*, pp. 78-9.
10. Tom McGuane, entrevista a Sinda Gregory e Larry McCaffery, in *The Writer's Chapbook*, p. 89.
11. Henry James, prefácio para a edição nova-iorquina de *The Spoils of Poynton*, in *Henry James: European Writers* e *The Prefaces*. Nova York: Library of America, 1984, p. 1138.
12. Patricia Highsmith, *Plotting and Writing Suspense Fiction*. Nova York: St. Martin's Press, 1990, p. 8.

siste em expandir sua empolgação, deixá-la crescer, ganhar substância.

Embora não seja possível fazer as idéias surgirem à força, pode-se persuadi-las a se apresentar. Assim que você detecta algum fragmento empolgante, seu impulso talvez seja o de ignorá-lo. Parece tão... tão pequeno, tão insignificante. Não fique frustrado. O que importa não é o tamanho das idéias, mas sua ressonância. Ray Bradbury criou histórias simplesmente anotando, em livre associação, uma longa série de imagens, buscando "um padrão na lista, naquelas palavras que simplesmente lançava ao papel, contando com meu subconsciente para dar pão, por assim dizer, aos pássaros. O que quero dizer? Bem, se você é ou quer ser escritor, listas semelhantes, colhidas de algum canto do cérebro, podem muito bem ajudá-lo a *se* descobrir, assim como aconteceu comigo, que andei a esmo e acabei me encontrando. Percorria essas listas, escolhia uma palavra e me sentava para escrever um longo poema-ensaio em prosa sobre essa palavra. Lá pela metade da página, ou talvez na segunda página, esse poema em prosa se transformava numa história. Ou seja, uma personagem surgia de repente, dizendo: 'Sou *eu*!' ou '*Gosto* dessa idéia!' E a personagem então terminava a história por mim."[13]

Mas tome cuidado. Se você for como eu, seu primeiro impulso será tentar "assumir o controle" da idéia nova, impor-se, "transformar isso em alguma coisa". Nesse estágio inicial, porém, pode ser um erro tratar sua idéia de modo tão agressivo. O processo de escrita, do início ao

---

13. Ray Bradbury, *Zen in the Art of Writing*. Nova York: Bantam Books, 1992, pp. 17, 19.

fim, requer que você ora adote uma atitude intuitiva, sonhadora, aberta, passiva, ora adote critérios elaborados, refletidos, plenamente desenvolvidos, e assuma o controle. Você *precisa* das duas coisas, e *é preciso* que as duas não entrem em conflito, mas se harmonizem. Nos estágios iniciais do desenvolvimento, a maioria das idéias geralmente requer uma passividade fértil, fecunda. Algo o sensibilizou. Comece a escrever a respeito. Faça um esboço. Anote a seqüência de fantasias e associações, entre no sonho. Você não sabe o que está por vir; é um veículo para o que está acontecendo na página, como Flannery O'Connor quando escreveu seu grande conto "Good Country People" [Boas pessoas do interior]. "Quando comecei a escrever essa história, não sabia que nela haveria uma Ph.D. com uma perna de pau. Simplesmente me vi certa manhã a descrever duas mulheres que eu conhecia um pouco e, quando me dei conta, já havia atribuído a uma delas uma filha com perna de pau. Também incluí um vendedor de bíblias, mas não tinha idéia do que ia fazer com ele. Não sabia que ele iria roubar a perna de pau até umas dez ou doze linhas antes de ele fazer isso; e, quando descobri que isso ia acontecer, percebi que era inevitável."[14]

Todos conhecem a imagem fragmentária que deu origem a *O som e a fúria*, de William Faulkner. "[O livro] começou com uma imagem mental. Na ocasião, não me dei conta de que era simbólica. Era a imagem do traseiro de uma garotinha usando uma calcinha enlameada; ela estava sentada numa pereira, de onde via, através de uma janela, o que acontecia no velório de sua avó e ia relatando

....
14. Flannery O'Connor, in "Writing Short Stories", citado por Raymond Carver in *Fires: Essays, Poems, Stories*. Nova York: Vintage, 1984, pp. 16-7.

aos irmãos, que estavam embaixo, no chão. Quando expliquei quem eram eles, o que estavam fazendo e como a calcinha da menina ficara suja, percebi que seria impossível colocar tudo isso num conto e que a história teria de ser um romance."[15]

Muitos escritores mencionam essa inspiração fragmentária. William Trevor recorda-se de duas pessoas que viu de relance num trem. "Lembro-me que estava num trem, talvez a caminho do bar, quando notei uma mulher e um menino que viajavam juntos. O menino vestia o uniforme da escola, e estava claro que a mulher tomava conta dele. Lembro-me até hoje do cansaço estampado no rosto dela. Depois – provavelmente anos depois – escrevi um conto intitulado 'Going Home' [Esgotando-se]."[16] Para John Hersey, não se tratou de um encontro fortuito, mas de um cataclismo histórico de alcance mundial: "Acho que o primeiro impulso vem de alguma emoção profunda. Pode ser raiva, pode ser algum tipo de entusiasmo... Para dar um exemplo, o impulso de escrever *The Wall* [O muro] surgiu depois que vi alguns campos de extermínio no Leste Europeu quando trabalhava como correspondente em Moscou para a revista *Time*... Isso aconteceu numa época em que o Ocidente ainda não sabia muita coisa a respeito do Holocausto; havia vagos rumores sobre a existência desses campos, mas não tínhamos nenhuma imagem real deles. Ver aqueles corpos, ouvir os depoimentos de sobreviventes, isso criou

---

15. William Faulkner, entrevista a Jean Stein, in *Writers at Work, The Paris Review Interviews*, org. Malcolm Cowley, 1ª série. Nova York: Viking/Compass Books, 1959, p. 130.

16. William Trevor, entrevista a Mira Stout, in *The Writer's Chapbook*, p. 287.

em mim uma sensação de horror e raiva que me levou a querer escrever."[17] Para Eudora Welty, o estímulo para escrever seu inesquecível conto "Powerhouse" [Fonte de influência] veio da música. "Escrevi-o numa noite, depois de ter ido a um show dançante em Jackson em que ouvi Fats Waller tocar. Tentei escrever minhas idéias sobre a vida do artista itinerante que viaja por um mundo desconhecido – não a do próprio Fats Waller, mas a de qualquer artista – e busquei expressá-las usando as palavras e o enredo sugeridos pela música que eu ouvira. Foi uma tentativa ousada para uma escritora como eu... Não tenho conhecimento suficiente para escrever sobre música nem artistas. Mas a tentativa me agradou, e continua me agradando."[18] Para Grace Paley, as histórias podem começar simplesmente com uma frase que fique martelando a sua cabeça. "Pode parecer uma tolice, mas é verdade. Certas frases têm um forte poder de repercussão. Uma história pode começar com alguém dizendo: 'Eu era popular em certos círculos', por exemplo; uma tia minha costumava dizer isso, e a frase ficou na minha cabeça por muito tempo. Acabei escrevendo uma história, 'Goodbye and Good Luck' [Adeus e boa sorte], que começava assim, embora não tivesse nada a ver com minha tia."[19]

Não tente, portanto, assumir cedo demais o controle da sua idéia. Comece deixando que *ela* assuma o controle sobre *você*. Logo você precisará de toda a sua capaci-

---

17. John Hersey, entrevista a Jonathan Dee, in *The Writer's Chapbook*, p. 85.
18. Eudora Welty, entrevista a Linda Kuehl, in *Women Writers at Work*, p. 173.
19. Grace Paley, entrevista a Jonathan Dee, Barbara Jones e Larissa MacFarquhar, in *The Writer's Chapbook*, pp. 91-2.

dade de organização, discernimento e domínio. Por enquanto, deixe aquilo que o estimula ganhar força dentro de si. Uma imagem cintila em sua mente. Uma voz ecoa na sua cabeça. Um incidente ocorrido na rua o sensibiliza. Assim como O'Connor e Faulkner, seja um pouco passivo naquilo que está criando. Deixe que a própria imagem se torne o que deve ser.

Mas anote tudo. Use seu caderno como sementeira. Quando aprender a reconhecer as sementes, você provavelmente as terá de sobra. Com alguma dedicação – os esboços, os acréscimos, as mudanças, aquilo que o sensibiliza –, algumas brotarão, outras crescerão, algumas resistirão até o tempo da colheita. Como escolher as melhores entre elas? É simples. A certa altura, uma idéia devidamente cultivada se tornará irresistível e ocupará toda a sua mente.

ESCREVA SOBRE "O QUE VOCÊ CONHECE"

O mais conhecido de todos os conselhos sobre como escrever é o velho clichê escolar: "Escreva sobre o que você conhece." É realmente um clichê, sobre o qual discorreremos bastante ao longo deste livro. No entanto, assim como a maioria dos clichês, tem a virtude residual de ser uma meia verdade. Do ponto de vista literal, é um contrasenso. Se o adotássemos de modo pouco imaginativo, ficaríamos reduzidos a uma laboriosa autobiografia. Mas, assim que você tiver apreendido o elo íntimo e mágico entre o que você "conhece" e o que você imagina, a velha máxima fará algum sentido. Gabriel García Márquez, que ninguém haveria de criticar por ser demasiado literal, diz o seguinte: "Se tivesse que dar um conselho a um jovem escritor, diria que escrevesse sobre algo que lhe aconteceu; é fácil perceber se um escritor está escrevendo sobre algo que lhe aconteceu ou sobre algo que leu ou ouviu falar... Diverte-me que elogiem minha obra sobretudo pela imaginação, quando na verdade não há nela uma única linha que não se baseie na realidade."[20] Somerset Maugham disse algo semelhante: "Nunca afirmei ter criado coisa alguma a partir do nada; sempre precisei de algum incidente ou de alguma personagem como ponto de partida; mas exercito a imaginação, a invenção e a intuição dramática para transformar tudo isso em algo que seja meu."[21]

No entanto, escrever sobre aquilo que conhecemos pode nos desorientar, principalmente porque todos nós "conhecemos" muito mais do que conseguimos exprimir, e todos somos capazes de imaginar muito mais coisas do que "conhecemos". Como diz E. L. Doctorow: "Os professores de redação criativa invariavelmente dizem aos alunos: 'Escreva sobre o que você conhece'... mas, por outro lado, como saber o que você efetivamente conhece antes de escrever? Escrever é saber. O que sabia Kafka? Conhecia o ramo de seguros? Trata-se então de um conselho tolo, pois presume que é preciso ir para a guerra para ser capaz de guerrear. Bem, há quem precise, mas também há quem não precise."[22]

Ao comentar a respeito da necessidade de "escrever a partir da experiência", Henry James dizia algo seme-

---

20. Gabriel García Márquez, entrevista a Peter H. Stone, in *The Writer's Chapbook*, p. 334.

21. W. Somerset Maugham, prefácio a *A Writer's Notebook*. Nova York: Penguin Books, 1984, p. 13.

22. E. L. Doctorow, entrevista a George Plimpton, in *The Writer's Chapbook*, p. 34.

lhante, muito a seu modo. "Que tipo de experiência seria essa?", ele se perguntava, "onde começa e onde termina? A experiência nunca é limitada e nunca é completa; é uma sensibilidade imensa, uma espécie de enorme teia de aranha feita dos mais finos fios de seda suspensos na câmara da consciência, fios que captam em sua tessitura toda partícula levada pelo ar. É a própria atmosfera da mente..."[23]

Stephen King diz algo parecido, também a *seu* modo. "Penso que o primeiro passo é interpretar 'escreva sobre o que você conhece' da maneira mais ampla e abrangente possível. Você pode ser encanador, entender de encanamentos, mas isso está longe de abranger tudo o que você conhece; o coração também sabe coisas, assim como a imaginação."[24]

Como escritor, você usa palavras para transformar o que *lhe* é desconhecido em algo que você "conhece". Edith Wharton resumiu bem essa questão: "No tocante à experiência, intelectual ou moral, a imaginação criativa é capaz de fazer ir longe algo pequeno, desde que tal coisa permaneça na mente por tempo suficiente e seja adequadamente elaborada. Uma boa mágoa proporcionará ao poeta muitos poemas; e, ao romancista, um número considerável de romances. Mas é preciso que eles tenham um coração capaz de magoar-se."[25]

A chave é partir do que você conhece, por pouco que seja, e prosseguir com constância. Suponha que comece

---

23. Henry James, "The Art of Fiction", in *Henry James, Essays on Literature*. Nova York: Library of America, 1984, p. 52.
24. Stephen King, *On Writing*. Nova York: Scribner's, 2000, p. 158.
25. Edith Wharton, *The Writing of Fiction*. Nova York: Charles Scribner's Sons, 1925, p. 21.

com uma situação ou personagem extraídas diretamente da vida real. Como transformar essa realidade em ficção? Esse é um assunto excelente, e vamos explorá-lo detidamente no capítulo 6. Por enquanto, consideremos o bom conselho de John Irving. Com material extraído da realidade, Irving começa por escrever um "diário" dessa experiência. "Começo contando a verdade, lembrando-me de pessoas reais, parentes e amigos. O cenário é repleto de detalhes, mas as pessoas não são suficientemente interessantes – elas não têm muito a ver umas com as outras; o que me inquieta e aborrece é certamente a ausência de enredo... Então acabo encontrando algo que passo a exagerar um pouco; gradualmente, forma-se uma autobiografia que está a caminho de se transformar em mentira. A mentira é sem dúvida mais interessante. Fico mais interessado na parte da história que estou inventando, no 'parente' que nunca tive. Depois, começo a pensar no romance; e esse é o fim do diário. Prometo que começarei outro tão logo termine o romance. Então, a mesma coisa acontece; as mentiras se tornam mais interessantes – sempre."[26]

ONDE ENCONTRAR SUA HISTÓRIA

Quando estiver em dúvida a respeito de onde encontrar uma história, tente a infância. Se tiver imaginação forte, você logo irá além de sua própria experiência, mas é bom começar daí. A infância é, sob todos os aspectos, um berçário de narrativas. Se estiver incerto sobre o

---
26. John Irving, entrevista a Ron Hansen, in *The Writer's Chapbook*, pp. 85-6.

começo, eis o conselho de Anne Lamott: "Mergulhe de cabeça e anote todas as suas lembranças com a maior fidelidade possível. Flannery O'Connor disse que qualquer pessoa que tenha sobrevivido à infância tem material suficiente para escrever para o resto da vida."[27] Richard Price, um escritor bem diferente, dá o mesmo conselho: "Como sempre disse a meus alunos: 'Todos temos na infância dez grandes histórias sobre nossas famílias, nossos primeiros anos de vida... provavelmente não têm nada a ver com a verdade, mas essas histórias são suas. Você as conhece e as ama. Então, aproveite-as.' Foi o que fiz. Foi o que busquei para me tornar escritor."[28]

COMO INVENTAR SUA HISTÓRIA

Muitos novatos simplesmente se imobilizam, aterrorizados, diante da idéia de "criar" uma história. Vamos examinar em detalhes essa paralisia no capítulo 3, mas agora exploremos uma idéia básica: *você só pode criar uma história quando a **encontra**, e só pode **encontrá-la** quando a **cria**.* A raiz latina da palavra "inventar" significa "encontrar". E, como não sabemos o que temos a dizer antes de dizê-lo, tanto os escritores de ficção quanto os de não-ficção "inventam" ao *encontrar*. Eles *encontram* suas vozes, *encontram* suas personagens, *encontram* sua própria *persona*. Outra maneira de expressar isso é dizer que há muitos modos de saber as coisas. Sim, você

---

27. Anne Lamott, *Bird by Bird*. Nova York: Pantheon Books, 1994, p. 4.

28. Richard Price, entrevista a James Linville, in *The Writer's Chapbook*, p. 95.

"sabe" aquilo que consegue expressar com facilidade neste momento. Mas também "sabe" o que só consegue perceber obscuramente, o que ainda não formulou; você "sabe" aquilo que intui antes da linguagem; "sabe" o que só consegue sentir de modo vago e distante, o que está fora da sua apreensão, o que você precisa desenterrar para poder alcançar ou simplesmente tocar. É aí que você encontrará sua história. O germe é apenas a ponta visível de algo grande enterrado dentro de você, seu primeiro vislumbre daquilo que ainda virá. Quando tudo surgir, vai parecer que já estava inteiro dentro de você, que já estava presente em sua imaginação.

Stephen King compara as histórias a fósseis e considera que o processo de *desenterrá-las* é tão importante quanto o de *criá-las*. "As histórias não são camisetas de suvenir nem jogos eletrônicos. São relíquias; pertencem a um mundo preexistente, não descoberto."[29] São desenterradas daquela região nebulosa entre a fabricação e a descoberta.

Eis algumas ferramentas essenciais para desenterrá-las.

Encontre a motivação. Toda história é o que suas personagens *fazem*. Portanto, mostrar como as personagens são, qual é sua *aparência* ou o que elas *sentem* tem importância secundária. É preciso mostrar como elas agem.

As personagens não agem sem uma motivação. A esse respeito, Kurt Vonnegut tem uma observação perspicaz: a motivação é *o* ponto de entrada de toda história. "Quando dava aulas de redação criativa, costumava dizer aos alunos que fizessem suas personagens querer algo de

---

29. Stephen King, *On Writing*, pp. 163-4.

imediato – ainda que fosse apenas um copo d'água. Até mesmo as personagens paralisadas pela falta de sentido da vida moderna precisam beber água de vez em quando."[30] A motivação leva ao conflito, e o conflito é a chave do drama. Vonnegut prossegue: "Quando você exclui o enredo, quando exclui a possibilidade de alguém querer alguma coisa, exclui também o leitor, o que é uma coisa mesquinha. Você também pode excluir o leitor quando não revela de imediato onde a história se passa, quem são as pessoas [e o que elas querem]. E pode, por fim, provocar-lhe sono se nunca colocar as personagens em confronto. Os alunos costumam dizer que não armam confrontos porque, na vida moderna, as pessoas os evitam. 'A vida moderna é tão solitária!', dizem eles. Isso é preguiça. É tarefa do escritor armar confrontos, criar oportunidades para que as personagens digam coisas surpreendentes e reveladoras, para que nos instruam e entretenham a todos. Se um escritor não faz isso, ele deve abandonar o ofício."

Ray Bradbury também considera que a motivação é a chave da história. "Minhas personagens escrevem a história por mim. Elas me dizem o que querem, e eu lhes digo para ir em frente. Acompanho seus movimentos, datilografando o texto à medida que elas correm ao encontro do seu destino. Montag [*Fahrenheit 451*] queria parar de queimar livros. 'Pare!', eu disse. Ele correu a fazer isso, enquanto eu o seguia, escrevendo. Ahab, em *Moby Dick*, queria caçar e matar uma baleia, e correu a

....
30. Kurt Vonnegut, entrevista a David Hayman, David Michaelis, George Plimpton, Richard Rhodes, in "The Art of Fiction", LXIV, *Paris Review*, n.º 69 (primavera de 1977), in *Conversations with Kurt Vonnegut*. Jackson: University Press of Mississippi, 1988, pp. 188-9.

fazer exatamente isso. Melville o seguiu, escrevendo o romance com um arpão na carne da maldita baleia!"[31]

Há uma história dentro de cada motivo, pois qualquer desejo invariavelmente provoca um resultado, uma conseqüência. Esse resultado talvez não passe de pura frustração – mas a frustração também terá uma conseqüência. Em todo caso, o desejo levará a um resultado, e aí se encontra, sempre, alguma história, um caminho para a narrativa, uma rota para o final.

O *tipo* de motivação e a natureza de seu resultado cabem inteiramente ao escritor. É isso o que proporciona à arte sua metafísica e sua magia. Pode ser cômica ou trágica, tola ou sublime, cataclísmica ou microscópica, e ao descrevê-la o artista vivencia e encontra seu estilo e sua identidade.

Procure um começo – ou um fim. Melhor ainda, os dois. Uma história – qualquer história – conta uma seqüência de eventos. Esses eventos acontecem no tempo. *Não é preciso* começar no exato início da seqüência. Os antigos aconselhavam começar *in medias res*, isto é, no meio das coisas. Mas é preciso partir de algum ponto. Em seguida, é preciso avançar para um fim. Uma noção clara de onde começar, acompanhada mais cedo ou mais tarde de uma sensação forte de onde terminar, desempenha um grande papel em dar forma ao que você está escrevendo, seja o que for. Mesmo quando começam suas histórias com apenas uma frase, os escritores sentem que essa é uma frase *de abertura*, uma frase que os impulsiona para o que vem *em seguida*.

....
31. Ray Bradbury, "Dear Don Chaon", in *Letters to a Fiction Writer*, org. Frederick Busch, Nova York: Norton, 1999, p. 62.

A intuição é tudo aqui. É óbvio que, antes de saber com exatidão como é a história, você não pode ter a certeza *lógica* de que um dado momento representa o início ou o final. É preciso *sentir* a adequação da coisa. Você só será capaz de perceber essa "adequação" quando tiver chegado ao final e contado a história. Mas confie nisso. Atenha-se a isso. Deixe que seja a sua estrela-guia.

Essa busca pode ser trabalhosa. Explica Philip Roth: "Iniciar um livro é desagradável. Não tenho certeza alguma quanto à personagem e ao conflito, e é preciso partir de uma personagem e de um conflito. Pior que não saber qual é o assunto é não saber como tratá-lo, pois isso, afinal, é tudo. Escrevo começos e acho-os péssimos, mais parecidos com uma paródia inconsciente de meus livros anteriores que um rompimento em relação a eles, que é o que pretendo. Preciso de algo que me oriente para o centro do livro, de um ímã que atraia tudo para lá – é isso o que procuro nos primeiros meses em que estou escrevendo algo novo. Freqüentemente tenho de escrever cem páginas ou mais antes de conseguir um parágrafo que tenha vida. Tudo bem, digo a mim mesmo, esse é o início, comece por aí; esse é o primeiro parágrafo do livro. Ao longo dos primeiros seis meses de trabalho, sublinho em vermelho algum parágrafo, alguma frase, às vezes não mais que um fragmento de frase que tenha alguma vida, depois transcrevo tudo numa página à parte."[32]

Em relação ao final, é quase a mesma coisa. Às vezes o final surge na mente do escritor antes mesmo do começo. Muito bem. Quando se tem uma última cena ou

---

32. Philip Roth, entrevista a Hermione Lee, *Paris Review*, "The Art of Fiction", LXXXIV, in *Conversations with Philip Roth*. Jackson/Londres: University Press of Mississippi, 1992, p. 163.

fala cintilando na mente, pode-se começar a escrever rumo a ela. Há muitos escritores de contos que não se põem a trabalhar antes de ter um final. Katherine Anne Porter estava entre eles: "Se eu não soubesse a conclusão da história, não começava a escrever. Sempre escrevo primeiro minhas últimas linhas, meu último parágrafo, minha última página, depois volto para trabalhar na direção desse fim. Sei aonde vou. Sei qual é meu alvo. E chegar lá é uma graça de Deus."[33]

VOCÊ E SEUS CADERNOS

Antes de fazer o trabalho principal e enquanto o faz, prepare seus cadernos. É preciso estar o tempo todo "preparando", e "preparando" mais de um projeto. Um escritor deve escrever sempre. Em qualquer momento da vida, deve estar elaborando algum projeto importante. Mas outras possibilidades também precisam germinar na retaguarda da vida literária, que é o caderno do escritor.

"O ofício do escritor", diz Paul Johnson, "não deve resumir-se a determinados livros ou projetos. O insumo deve ser contínuo. Tudo é água para o moinho. Ele deve treinar-se para observar e registrar. É essencial ter cadernos de anotação e sempre levar um consigo. A regra deve ser: anote imediatamente. Nunca confie na memória. Ponha tudo no papel. Se você encontrar alguma coisa num jornal ou numa revista, recorte-a, não amanhã, neste instante..."[34]

---

33. Katherine Anne Porter, in *Women Writers at Work*, p. 48.
34. Paul Johnson, "The Craft of Writing", in *The Pick of Paul Johnson*. Londres: Harrap, 1985, p. 18.

A opinião dos escritores quanto aos cadernos e sua utilidade diverge muito. "Houve uma época", afirmou Truman Capote, "em que costumava escrever esboços de histórias em meus cadernos. Mas acabei achando que isso de algum modo enfraquecia a idéia na minha imaginação. Se a idéia for suficientemente boa, se ela realmente pertencer a *você*, será impossível esquecê-la – ela o perseguirá até que seja escrita."[35] Dorothy Parker, uma escritora bloqueada, nunca conseguiu se decidir quanto a ter ou não um caderno. Frank McCourt, outrora um escritor bloqueado que se desbloqueou espetacularmente em *As cinzas de Ângela*, adverte com veemência do perigo de usar cadernos como substituto do trabalho propriamente dito. "Deixei de ser professor em 1987. Na época, tinha 57 anos e ainda lutava com esse livro, tentando escrevê-lo – eu tinha cadernos, cadernos e mais cadernos – e não sabia o que me travava. O paradoxo é que costumava dizer a meus alunos: 'Esqueçam a redação. Apenas façam apontamentos, apontamentos, apontamentos. Anotem **qualquer coisa**. Escrevam com sinceridade. Escrevam de seu ponto de vista, com sua própria voz, e o texto acabará ganhando forma. O bloqueio de escritor não existe.' Então, por que não ia para casa e punha eu mesmo isso em prática? Por que não contava naturalmente minha história? Tinha todas aquelas pilhas de cadernos, um tremendo desejo de escrever esse livro, e sabia que, se não o escrevesse, morreria de infelicidade."[36]

---

35. Truman Capote, entrevista a Pati Hill, in *Writers at Work*, 1ª série, p. 297.

36. Frank McCourt, "Learning to Chill Out", in *Inventing the Truth*, org. William Zinnser. Nova York: Mariner Books, 1998, p. 77.

Essas são sábias palavras de advertência. Os escritores adoram deixar tudo para amanhã, e os cadernos são seu lugar favorito para fazer isso. A sensação de rascunhar anotações num caderno é muito semelhante à de escrever de verdade. Quando você percebe que o caderno é mais útil *depois* que começou a escrever o texto principal, o perigo diminui um pouco. Mas você vai precisar do caderno. A fantasia de que se lembrará do que é importante sem precisar anotar não passa mesmo de fantasia. Anne Lamott explica: "Costumava pensar que, se algo tivesse importância suficiente, eu me lembraria disso até chegar em casa, e então poderia anotar no caderno...

"Mas não lembrava.

"Chegava em casa... E tentava visualizar, como quem tenta lembrar de um sonho que está bem ali, na ponta da sua língua psíquica, mas não consegue evocá-lo. A imagem se foi."[37] Tom Wolfe acrescenta: "Quando se trata de uma situação em que é impossível ou muito difícil fazer anotações, tento escrever tudo que consigo lembrar antes de ir dormir. Acho que essa perda da memória se dá muito rapidamente. Entre dormir e acordar no dia seguinte, há muita coisa que simplesmente não se recupera."[38]

No entanto, o caderno pode ser de inestimável ajuda para manter o escritor em atividade quando está bloqueado. Nunca tente *pensar* numa solução para algum problema sem a ajuda da palavra escrita. *Escreva* sua solução – no caderno. Se ficar paralisado numa cena ou numa personagem, recorra ao doce anonimato do caderno e exponha exaustivamente o problema. Solte-se de

....
37. Anne Lamott, Bird by Bird, p. 190.
38. Tom Wolfe, Writers at Work, 9ª série, p. 241.

novo nessa privacidade. Sue Grafton mantém um diário *enquanto escreve* cada um de seus romances. Ela redige o romance e o diário a cada dia de trabalho. "... alguns de meus escritos mais livres encontram-se no diário porque, psicologicamente, parece brincadeira. Quando vou ao capítulo propriamente dito, o texto começa a parecer sério demais; muito solene, eu penso, melhor não errar, e assim começo a ficar tensa. No diário, posso escrever exatamente o que estou pensando. Muitas vezes ali surgem trechos adoráveis..."[39]

"Nunca me senti bloqueada", diz Lorrie Moore, "nunca perdi a fé (ou nunca a perdi além do tempo necessário, digamos), nunca tive idéias e fragmentos que ficassem à margem em cadernos ou pedaços de papel colados na beirada da escrivaninha..."[40] Sempre que a idéia de uma história lampejar em sua mente, anote-a de imediato. Não deixe para depois. Uma vez anotada, não a esqueça. Reserve tempo para os cadernos. Algumas idéias manterão a vitalidade, outras definharão. Mas o único lugar em que podem germinar e crescer é na página.

Suas anotações podem, inicialmente, parecer quase aleatórias – aleatórias demais para serem usadas. Mas, se você se mantiver alerta, esses vestígios de entusiasmo vão começar, mais cedo ou mais tarde, a formar um mosaico revelador de seus interesses pré-conscientes e permanentes. Nabokov observou certa vez que a maioria de seus romances emergia de algum padrão que ele identificava em meio a imagens aparentemente desconexas. Diz a editora e agente Betsy Lerner: "Se você está lutan-

---

39. Sue Grafton, in *Writers Dreaming*, p. 62.
40. Lorrie Moore, entrevista a Elizabeth Gaffney, in *Paris Review*, n° 158, primavera-verão, 2001, p. 67.

do com aquilo que deveria escrever, consulte seus apontamentos. Embutidos ali encontram-se os momentos e os assuntos que você, como escritor, deveria explorar."[41] Quando uma idéia persistir a ponto de tornar-se importante para você, abra um caderno só para ela. Se você só trabalha no computador, abra um arquivo novo. Ponha nele todas as idéias, intuições e fragmentos de pesquisas e todas as frases sinuosas e aleatórias que se formem em sua mente. Se você usa papel, não deixe as folhas soltas. Não jogue *nada* fora. Ainda que algo lhe pareça agora um erro tolo, risque-o de modo que possa ler depois. Talvez você mude de idéia. Se achar que começou a formar boas frases em sua mente, anote-as também. Você pode se ver escrevendo a história *antes* mesmo de começar. É incrível o que pode subitamente emergir a partir de anotações aleatórias. "Nunca jogue fora uma história com um bom enredo, nem mesmo em sinopse", aconselha Patricia Highsmith. "Os escritores – a maioria deles – têm muitas idéias sumárias e menores que não podem ou não devem se transformar em livro. Mas podem render bons contos, às vezes espetaculares." E acrescenta: "Anote todos os fragmentos de idéias. É de surpreender a freqüência com que uma frase anotada num caderno leva imediatamente a uma segunda frase. Pode-se desenvolver um enredo a partir de anotações. Feche o caderno e passe uns dias pensando no que anotou – logo você estará preparado para escrever um conto!"[42]

....
41. Betsy Lerner, *The Forest for the Trees*. Nova York: Riverhead Books, 2000, pp. 24-5.
42. Patricia Highsmith, *Plotting and Writing Suspense Fiction*, p. 35.

CONTO OU ROMANCE?

Se você é novato, provavelmente começará escrevendo contos, supondo que, tão logo tenha dominado a forma dessa modalidade literária, estará apto para escrever um romance. É perfeitamente natural pensar assim. É também um pouco enganoso. O conto tem um parentesco próximo e óbvio com o romance, mas a transição de uma forma para outra não é forçosa nem inevitável. Nem todo romancista tem o dom de escrever histórias curtas, e há muitos escritores de contos que não têm talento para o romance. Raymond Carver partiu do conto para a poesia lírica, não para o romance. Anton Tchecov, freqüentemente considerado o maior entre os iniciadores do conto moderno, fez a transição não para o romance, mas para o teatro.

De fato, o conto e o romance são formas muito diferentes. Os dois são, por certo, narrativas em prosa, mas com freqüência discorrem sobre coisas de natureza diversa. Todo romance deve apresentar uma seqüência de acontecimentos. Sua essência compõe-se de movimento e mudança. Já o conto, assim como um poema lírico, pode ser relativamente estático. Pode se utilizar de sua narrativa tanto para estabelecer e fortalecer uma imagem quanto para conduzir a história a um desenlace dramático.

A título de ilustração, recorro ao poema de Robert Frost, "Stopping by Woods on a Snowy Evening" [Parado num bosque em noite nevosa]. Consideremos o belo poema como um conto. *Poderia* mesmo ser um conto, pois tem tudo o que é necessário. Tem um cenário: o bosque gelado, voluptuosamente sedutor. Um tempo definido: "a mais escura noite do ano". Embora o poema seja uma meditação sobre a solidão, traz várias personagens. Há o homem que pára no bosque, seu cavalo, o proprietário do bosque – que tem casa no vilarejo. E há uma pessoa, ou pessoas, a quem o viajante fez certas promessas que devem ser cumpridas. O viajante também tem um destino, que fica a milhas de distância mas próximo o bastante para que ele chegue lá na mesma noite. E, principalmente, há um conflito. O viajante quer ficar onde está, arrebatado por tudo o que é "adorável, escuro e profundo". Mas se sente pressionado por suas obrigações. O poema tem todos os elementos de uma história contidos numa única e sussurrante imagem.

Transformado em conto, tudo isso poderia facilmente começar e terminar com essa imagem, assim como no poema. O viajante se detém para olhar e, depois, com relutância, decide seguir adiante. A estrutura essencial poderia permanecer: primeiro, a parada; depois, o arrebatamento silencioso; depois, o conflito – as promessas – seguido de um desenlace: a decisão de prosseguir. Mas tudo seria mostrado de maneira mais ampla. Saberíamos mais sobre o enlevo do viajante diante daquela visão noturna, gelada, quase silenciosa; saberíamos mais sobre as promessas e sobre a pessoa, ou pessoas, a quem as promessas foram feitas. Teríamos informações, informações vivas, sobre como é difícil sair das profundezas frias e desabitadas do bosque e começar a percorrer uma distância de milhas. Em suma, saberíamos mais a respeito de tudo, principalmente do conflito. Mas, a não ser do ponto de vista da estrutura, o poema e o conto podem ser muito semelhantes.

Um *romance* que se baseasse nesse poema contaria muitos outros fatos e apresentaria uma seqüência de acontecimentos que não caberia no âmbito de uma única imagem. Num romance, o longo momento do poema, a parada no bosque, seria uma única cena, talvez uma cena muito importante. Poderia ser a primeira cena do romance – mas *não necessariamente*. Poderia aparecer no meio ou no final. Cada um desses arranjos resultaria num livro muito diferente. À medida que a história avançasse, ficaríamos sabendo muito mais a respeito do viajante e das promessas que ele fez. Seríamos conduzidos, com dramaticidade, pelo fio que o levou a tomar a difícil decisão de cumpri-las. Além disso, o centro de gravidade do conflito se afastaria, provavelmente de modo enfático, do simples questionamento interno desse viajante. Veríamos de modo integral o problema existente entre ele e as pessoas a quem deve algo. O conflito se desprenderia dos limites de uma única imagem. As personagens de ambos os lados seriam vivas e nítidas: poderíamos vê-las e ouvi-las, gostar delas ou não, ter a sensação de que as conhecemos, captando claramente o que elas querem e por quê. Seríamos arrastados para dentro de seus problemas, talvez até mesmo tentados a tomar o partido de um dos lados. Certamente seríamos solicitados a torcer por determinado desenlace, de uma maneira que não se dá no poema – talvez até o conto deixasse esse aspecto de lado por considerá-lo irrelevante.

REGRAS PARA A PRIMEIRA VERSÃO

- **Faça.** Hemingway dizia que a única coisa que realmente importa no tocante à primeira versão é concluí-la. Você está procurando a sonoridade e a forma de uma história, e é somente nessa versão que poderá encontrá-las. Então, mãos à obra.

- Faça **logo**. A eloqüência, segundo Cícero, reside em "um movimento ininterrupto da mente", um *motus continuus animi*. Stephen King, reconhecidamente um escritor prolífico, afirma que o trabalho de escrever a primeira versão nunca deve ultrapassar uma estação do ano; três meses, talvez quatro. Se você estiver escrevendo um conto, escreva a primeira versão, se possível, de uma só vez. Se houver algo que exija um tempo longo, deixe para a segunda versão; depois prossiga para a versão final num impulso único e contínuo, no ritmo que Eudora Welty costumava recomendar: "O ideal, para mim, ao escrever um conto, é concluir a primeira versão de uma única vez e, então, trabalhar o tempo que for necessário nas revisões para, em seguida, escrever a versão final de uma vez só, de modo que, no fim, todo o processo corresponda a um único esforço longo e contínuo."[43]

Você não tem tempo? *Arranje*. Isso é essencial. Somente você pode arranjar o tempo necessário ao seu trabalho e cuidar para mantê-lo. Ninguém fará isso por você. Eu sei, eu sei, é terrivelmente difícil. Escrever requer um tempo exorbitante. Se você tem um emprego ou grandes responsabilidades pessoais que consomem seu tempo, é claro que vai se demorar mais. Mas, se não arranjar tempo, você não escreverá nada. É simples assim. E saiba: todo escritor, por mais famoso ou produtivo que seja, luta a vida inteira para conseguir tempo para escrever e preservá-lo. Não é difícil só agora. Será difícil *sempre*.

E, por enquanto, nem pense em perfeição. Neste momento, a perfeição é sua inimiga, simplesmente porque é um obstáculo à conclusão do texto. Tolere, portanto, a

---

43. Eudora Welty, in *Women Writers at Work*, p. 178.

imperfeição, muita imperfeição. Como diz Anne Lamott: "Escreva tudo. Despeje-se na página. Escreva uma primeira versão terrivelmente fraca, auto-indulgente, lamurienta e choramingas. Depois, tire os excessos, o mais que puder."[44] Você está procurando movimento, energia e uma sensação preliminar de completude. "Escreva do modo mais livre e rápido possível", aconselhava John Steinbeck, "e jogue tudo no papel. Não corrija nem reescreva nada antes de terminar. Reescrever durante o processo costuma ser uma desculpa para não prosseguir. Também interfere no fluxo e no ritmo, que somente podem surgir de uma espécie de associação inconsciente com o material."[45]

Não permita que nada o detenha. Se ficar bloqueado, escreva *em meio* ao problema, como fazia Christopher Isherwood: "Se enveredo por um contra-senso ou digressão, vou até o fim e saio do outro lado. Não sou, de modo algum, perfeccionista logo de início. Dou todo o polimento na versão final."[46] Ou adote o procedimento de Steinbeck, simplesmente pulando todo o trecho. "Se uma cena ou segmento começar a levar a melhor sobre você, e você ainda quiser insistir nela, contorne-a e prossiga. Quando tiver terminado tudo, volte para lá; talvez você descubra que todo o problema era que ela não se encaixava naquele ponto." Ou volte para o caderno e escreva o caminho de volta ao texto principal o mais depressa possível.

---

44. Anne Lamott, *Bird by Bird*, p. 190.
45. John Steinbeck, entrevista a George Plimpton e Frank Crowther, in *Writers at Work*, 4ª série, p. 185.
46. Christopher Isherwood, entrevista a W. I. Scobie, in *Writers at Work*, 4ª série, p. 219.

Na primeira versão, a simples velocidade pode ser a força por trás da totalidade e da eloqüência de que Cícero falava. Mas ela traz outras vantagens. A sinceridade é uma delas. Ray Bradbury pergunta: "O que nós escritores podemos aprender com os lagartos ou copiar dos pássaros? Na rapidez está a verdade. Quanto mais rápido o jorro, mais veloz a escrita, mais sinceros nós somos. Na hesitação entra o pensamento. Com a demora vem o esforço de encontrar um estilo, em vez de saltarmos para a verdade, que é o *único* estilo que compensa uma cilada ou armadilha mortal."[47]

A velocidade também pode ajudar o escritor a vencer um bloqueio. Tom Wolfe recorda a vez em que travou ao escrever um texto para a *Esquire*, quando Byron Dobell era editor da revista. Contudo, no decorrer do processo, ele acabou achando uma brecha no seu famoso estilo. O texto deveria se intitular "Kustom Kar Kommandoes". "De repente me dei conta de que nunca tinha escrito um artigo de revista e senti que simplesmente não conseguiria fazer isso. Bem, para minha vergonha, Dobell me pediu para apresentar por escrito as anotações que fizera para a reportagem sobre customizadores de automóveis a fim de que algum escritor competente pudesse transformá-las num artigo de revista. Certa noite, sentei-me para escrever-lhe, o mais depressa possível, um memorando, apenas para me livrar do fardo. Acabei redigindo algo muito semelhante a uma carta para um amigo, em que a gente vai despejando tudo, sem se preocupar com o estilo; e assim foi a noite inteira, quarenta páginas datilografadas em espaço triplo. Entreguei o texto a Byron, na *Esquire*, na manhã seguinte, e fui para casa dormir. Lá

---

47. Ray Bradbury, *Zen in the Art of Writing*, p. 13.

pelas quatro da tarde, ele me telefonou dizendo: 'Bem, estamos cortando o "Caro Byron" do início do seu memorando e vamos publicar o texto.' Foi, para mim, uma tremenda libertação."[48]

Russell Banks vê ainda outra vantagem: "... já no início percebi que precisaria driblar o censor interno, que basicamente quer me fazer calar e silenciar, e para mim o melhor modo de conseguir dizer alguma coisa é mover-me rápido. Quanto mais depressa eu escrevo, maiores as chances de obter algo que valha a pena aproveitar..."[49]

Com rapidez ou lentidão, assim que sua primeira versão estiver pronta, prepare-se: vai achá-la ruim. Para sua agradável surpresa, algumas partes poderão revelar-se muito boas, e o conjunto talvez não seja tão péssimo quanto você temia em seus piores momentos. Mesmo assim, vai ser ruim. Não se deixe perturbar por causa disso. *Faça uso* da má qualidade. Certa vez ouvi Philip Roth dizer a uma sala cheia de aprendizes de escritor que, no tocante à má qualidade de um texto, ele comparava suas primeiras versões às de qualquer escritor ali presente. A primeira versão provavelmente será cheia de arestas, balbuciante, desengonçada, enfadonha, repleta de buracos e lacunas – um caos terrível. Use cada erro. As partes balbuciantes assinalam onde é necessário que as palavras expressem exatamente o que você quer. As arestas indicam o que deve ser polido. Os buracos mostram o que precisa ser preenchido. As partes enfadonhas indicam o que deve decididamente ser eliminado. As lacunas apon-

....

48. Tom Wolfe, entrevista a George Plimpton, in *Writers at Work*, 9ª série, p. 239.

49. Russell Banks, entrevista a Robert Faggen, in *Paris Review*, nº 147, verão de 1998, p. 85.

tam o que você deve procurar e descobrir. Esses são guias infalíveis que, embora ásperos no falar, são seus amigos.

TRANSGRESSÃO E PERMISSÃO, IMITAÇÃO E ORIGINALIDADE

Por outro lado, o maior inimigo do principiante costuma ser a falta de confiança, e quase todos os escritores sofrem disso, com muita freqüência, durante a maior parte da vida. Alguns livros sobre como escrever – *Bird by Bird* [Pássaro por pássaro], de Anne Lamott, por exemplo, ou o desatualizado mas excelente *Becoming a Writer* [Transformando-se num escritor], de Dorothea Brande – abordam de frente e em profundidade essa questão psicológica, além de apresentar muitas maneiras úteis de lidar com ela. Recomendo os dois. Lembre-se de que você não está só. Todo escritor – bem, *quase* todo escritor – sofre com a falta de confiança, e alguns entre os grandes suportaram nada menos que uma verdadeira agonia. Se isso servir para tranqüilizá-lo, posso dizer que, com a experiência e com o tempo, o problema diminui um pouco. Mas nunca desaparece. Pode ser enfrentado, mas não eliminado. A verdade pura e simples é que, para escrever, você precisa desenvolver tolerância à ansiedade. Fortaleça-se. Crie coragem. "Antes de tudo, coragem", diz Maya Angelou, "... a mais importante de todas as virtudes. Sem essa virtude, você não pode praticar nenhuma outra com constância."[50] Katherine Anne Porter teria concordado com isso: "Uma das características do dom é

---

50. Maya Angelou, entrevista a George Plimpton, in *Women Writers at Work*, pp. 303, 305.

a coragem de tê-lo. Sem essa coragem, nada feito. [...] vão fracassar, assim como fracassam as pessoas sem coragem em outras vocações e caminhos da vida. A coragem é a primeira qualidade essencial."[51]
Claro, a coragem *é* um dom, e algumas pessoas são mais corajosas que outras. Mas, assim como o talento, a coragem pode ser reconhecida, desenvolvida e *en*corajada. Como? A maioria dos escritores nutre um sentimento desconcertante, e aparentemente contraditório, de atrevimento petulante, quase cego, de um lado, e, de outro, uma ardente necessidade de aprovação. Na verdade, você precisará das duas coisas: da ousadia solitária *e* do consentimento de seus colegas. Os escritores precisam *tanto* de aprovação para seguir em frente *quanto* da vontade de avançar mesmo sem ela. Como diz Toni Morrison: "Quando leio biografias e autobiografias de mulheres, ou mesmo relatos de como elas começaram a escrever, constato que a maioria tem alguma história curiosa sobre o momento em que alguém lhes deu permissão para fazer isso. A mãe, o marido, o professor... alguém disse: 'Tudo bem, vá em frente – você é capaz.' O que não quer dizer que os homens nunca precisaram disso; muitas vezes, quando são jovens, algum mentor lhes diz: 'Você é bom', e eles decolam."[52]

Bem, os escritores, homens ou mulheres, precisam de algum sinal digno de crédito que indique consentimento ou permissão para criar. Precisam muito ouvir apenas esta simples expressão de confiança: "Vá em frente, você é capaz." O esforço para obter e merecer esse

....
51. Katherine Anne Porter, entrevista a Barbara Thompson, in *Women Writers at Work*, p. 45.
52. Toni Morrison, in *Women Writers at Work*, p. 351.

apoio básico – e evitar situações que o enfraqueçam – tem um importante papel na organização da sua vida.
Você precisará encontrar pessoas – professores, mentores, amigos, cônjuges, sócios, amantes – que estejam inequivocamente do seu lado, e terá de confiar nelas. Não pessoas que o apóiem sem uma visão crítica. O apoio cego e acrítico será apenas prejudicial. Mas você precisará de apoio, e de um apoio autêntico.
Também precisará de mentores, e terá de encontrá-los tanto na vida diária quanto nos livros. Hemingway declarou ter passado a juventude aprendendo com quem fosse possível, vivo ou morto. Veja como Gabriel García Márquez começou: "Certa noite [na faculdade] um amigo me emprestou um livro de contos de Franz Kafka. Voltei à pensão em que estava hospedado e comecei a ler *A metamorfose*. A primeira linha quase me fez cair da cama, tamanha a minha surpresa. Essa linha dizia: 'Naquela manhã, ao despertar de sonhos inquietantes, Gregor Samsa viu-se na cama, transformado num gigantesco inseto...' Ao ler isso, pensei comigo mesmo que não sabia que era permitido escrever esse tipo de coisa. Se soubesse, teria começado a escrever muito antes."[53]

Note as exatas palavras de García Márquez: "não *sabia* que era permitido escrever esse tipo de coisa" [grifo meu]. Não sei dizer quantas pessoas em meu escritório se espantaram ao descobrir que era *permitido* escrever do jeito que elas queriam escrever, que podiam dizer o que *elas* tinham visto, pensado e imaginado, que podiam se expressar a *seu* modo.

No entanto, embora você busque aprovação, é improvável que alcance êxito como escritor se não aprender

---

53. Gabriel García Márquez, in *The Writer's Chapbook*, p. 9.

a cultivar e explorar sua audácia e rebeldia – seu lado transgressor, que insiste em que você diga o que *você* quer dizer, a *seu* modo, ou nada feito, não importa o que os outros queiram que você pense ou achem que deveria pensar. Certamente haverá muitas forças – algumas internas, outras não – pressionando-o a fazer tudo do jeito *delas*. Como diz Joyce Carol Oates: "Acredito que toda forma de arte é uma espécie de exploração e transgressão. (Nunca vi nenhuma placa de 'Proibida a Entrada' que não instigasse meu espírito de rebeldia. Essas placas, diligentemente afixadas em muros e cercas, bem podem estar dizendo 'Venha, entre!').

"Escrever é invadir o espaço do outro, ainda que só para marcar presença. Escrever é um convite à crítica irada... A arte é por natureza um ato de transgressão..."[54]

Buscar a coragem de se expressar a seu modo e, ao mesmo tempo, procurar orientação para fazê-lo parece um paradoxo, mas não é. Encontra-se o próprio estilo através dos outros. Ao descobrir Kafka, García Márquez sentiu o que Melville disse ter encontrado ao ler seu mentor, Nathaniel Hawthorne: "*o choque do reconhecimento*". Choque que quase fez García Márquez cair da cama. Esse "choque do reconhecimento" costuma acontecer quando menos se espera, e o golpe que ele desfere é um evento marcante na vida de qualquer artista. Sempre que ele ocorre, revela algo fundamental sobre você. Não o confunda com o simples apreço pela obra de outro artista, nem com respeito ou reverência. O choque do reconhecimento é um momento de empolgação que sacode a alma. Pode ser difícil descrevê-lo, mas, assim como

---

54. Joyce Carol Oates, "Writers on Writing", *New York Times*, 18 de julho de 1999.

outras formas de amor, você saberá quando o sentir. Sempre que o experimenta, é indício de que algo importante ocorreu em sua vida artística. Claro que nem todo mentor ou professor afetará o aprendiz de modo tão profundo. Seu papel é simplesmente ensinar e ajudar. Mas é isso que eles *devem* fazer. *Devem* abrir mais possibilidades para o seu trabalho. Se fracassarem nessa obrigação, você deve dispensá-los.

Não tenha medo da imitação. Nenhuma pessoa sensata tem o objetivo de imitar o estilo dos outros, mas todos os escritores experientes sabem que a idéia de originalidade pura é uma fantasia infantil. Até certo ponto, a imitação abre o caminho da descoberta e é essencial para o crescimento. Depois de descobrir Kafka, "imediatamente comecei a escrever contos", recorda García Márquez. "Eram contos absolutamente intelectuais, pois escrevia-os com base na minha experiência literária e ainda não tinha encontrado o elo entre a literatura e a vida."[55]

O desejo de parecer original é uma forma de vaidade, e tão traiçoeira quanto qualquer outra: já arruinou muitos talentos. As primeiras histórias de García Márquez eram uma visível imitação de Kafka, mas colocaram o autor num caminho que fez dele um dos estilistas mais admiráveis e originais de sua época. O jovem Anton Tchecov aprendeu seu ofício reescrevendo, como ele mesmo disse, histórias inteiras de Tolstói e Turgenev – transpondo-as, por assim dizer, para sua própria linguagem. Inúmeros escritores – Somerset Maugham e Joan Didion, por exemplo – se lembram de ter copiado longos trechos de seus escritores prediletos, *ipsis litteris*, aprendendo com cada linha. O resultado disso pode ser destinado di-

....
55. Gabriel García Márquez, in *The Writer's Chapbook*, p. 9.

retamente ao cesto de lixo, mas essa forte aproximação proporciona uma esplêndida intimidade com a prosa.

Por fim, vamos admitir que essa sua ambição o deixe um pouco ansioso. Paul Johnson talvez exagere, mas não muito: "Escrever é um ofício doloroso, que faz um grande número de vítimas. A maioria dos escritores acaba fracassando, em parte ou totalmente. Na juventude, precisam lutar contra o desespero; na maturidade, contra o medo; e, com o avanço da idade, contra as evidências crescentes do declínio das forças."[56] Quem não ficaria um pouco assustado? Portanto, seja corajoso. Você vai precisar de toda a sua ousadia. Vai precisar de ousadia para levar a vida arriscada de escritor, para evitar o que é convencional e seguro, para conservar seu frescor, sua força, e também para dizer as coisas a seu modo e se fazer ouvir. Não deixe que a ansiedade e os temores o detenham. Você não está só: a maioria dos escritores, por mais talentosos e bem-sucedidos que sejam, passa grande parte da vida lidando com o drama interior da confiança. O jeito é transformar a palha poeirenta da incerteza e do medo no ouro puro da clareza e da convicção. É tarefa para uma vida toda.

---

56. Paul Johnson, *The Pick of Paul Johnson*, p. 11.

2. A VIDA DE ESCRITOR

TALENTO E VOCAÇÃO

Um certo grau de talento ao começar é indispensável. Muito ocasionalmente surge um talento literário tão grande e tão admirável quanto o de Tolstói, Proust ou Dickens, diante dos quais até mesmo grandes escritores parecem pequenos. No entanto, muitas carreiras decentes, e até famosas, foram construídas a partir do melhor aproveitamento possível de dons relativamente comuns. Modesto ou magnífico, algum talento é necessário. Pode ser que esteja latente, que não tenha sido ainda desenvolvido, que esteja sendo negligenciado, mas ele tem de existir.

O que é o talento literário? Uma fluência ágil. Um jeito com as palavras. Uma imaginação que se acende facilmente, sempre pronta a ver, ouvir ou sentir. Um ouvido para a música da linguagem, uma tendência para se deixar absorver nos misteriosos movimentos de seu significado e de sua sonoridade. Uma sensibilidade em relação ao público leitor. Habilidade para organizar conceitos verbais com coerência, eficácia e razoável rapidez. Aptidão para captar formas e figuras sutis da imaginação vívida e destreza para fixá-las na página.

Talento não é o bastante. "O talento é insignificante", disse James Baldwin. "Conheço muitos fracassados talentosos. Além do talento, contam também a disciplina, o amor, a sorte, mas, acima de tudo, a persistência."[1] Graham Greene disse algo semelhante, embora de modo menos direto: "O talento, ainda que extraordinário, não é capaz de sustentar uma realização, ao passo que o predomínio da paixão confere a uma prateleira de romances a unidade de um sistema."[2] Seu talento será desperdiçado a menos que seja preservado e fortalecido por essa coisa tormentosa, áspera, indefinível chamada obsessão, essa pedra no sapato da sua existência conhecida como vocação, chamado. Há quem a chame de obstinada persistência, de paixão, de fogo nas entranhas ou loucura pela arte. Não é tanto a habilidade de escrever quanto a *insistência* em fazê-lo. Foi o que fez Anne Frank escrever naquele sótão. Foi o que fez Edith Wharton, na manhã em que abriu a primeira carta comunicando que seu livro fora aceito (chegaram três numa só remessa), subir e descer a escada de sua casa em Nova York, "insensata e incessantemente", até se acalmar. Foi o que fez Proust concluir que preferia escrever seu romance a continuar vivo. Essas pessoas tinham uma compulsão. E, a seu modo, você também precisa ter a sua.

A vocação é obsessiva. Muitos escritores – pessoas afáveis, muitos deles – chegam a ponto de usar a palavra

....

1. James Baldwin, entrevista a Jordan Elgrably e George Plimpton, "The Art of Fiction", LXXVIII (*Paris Review*, 1984), in *Conversations with James Baldwin*, orgs. Fred L. Stanley e Louis H. Pratt. Jackson/Londres: University Press of Mississippi, 1989, p. 251.

2. Graham Greene, entrevista a Simon Raven, in *The Writer's Chapbook*, p. 38.

inclemente. A vocação literária não é tão fácil de definir quanto o talento, mas é muito mais difícil perdê-la. "Comecei", disse Katherine Anne Porter, "sem nada no mundo, a não ser a paixão, o desejo que me movia. Não sei de onde ele veio, nem por quê – e por que teimava tanto em atendê-lo a ponto de nada me fazer desviar. Mas essa coisa entre mim e minha escrita é o vínculo mais forte que já tive – mais forte que qualquer outro elo ou compromisso com qualquer ser humano ou qualquer outro trabalho."[3] John Irving descreve isso como uma necessidade física: "Sou compulsivo em relação a escrever, preciso disso assim como preciso dormir, fazer exercícios, me alimentar e fazer sexo; posso passar um tempo sem escrever, mas chega um momento em que é disso que preciso."[4] Não se trata aqui de "força de vontade" nem de "disciplina". Trata-se de algo que não se pode deixar de fazer. Como diz Betsy Lerner: "Acredite, você não pode *se obrigar* a escrever. Quando os escritores dizem não ter escolha, o que querem dizer é: *Tudo neste mundo conspirava para me fazer desistir, mas eu seguia adiante...* Se as vozes continuam chamando, se a comichão permanece, não importa quão penoso o trabalho ou inóspito o mundo, você precisa dar uma boa olhada em tudo o que tentou escrever ao longo da vida e empenhar-se em escrevê-lo de fato."[5]

A maioria das vocações literárias se anuncia cedo. John Dos Passos só descobriu a sua quando terminou a faculdade, mas a obsessão tomou conta de Truman Capote quando ele tinha cerca de 11 anos, e de William

---

3. Katherine Anne Porter, *Womens Writers at Work*, p. 36.
4. John Irving, in *The Writer's Chapbook*, p. 65.
5. Betsy Lerner, *The Forest for the Trees*, p. 27.

Styron aos 13. Susan Sontag tinha 9. Embora seu primeiro livro só tenha sido publicado aos 42 anos, P. D. James sempre soube que queria escrever. "Acho que nasci sabendo isso... Acho que quis escrever tão logo soube o que era um livro."[6] "Eu era um solitário", disse Robert Stone. "O rádio moldou minha imaginação. A narrativa de rádio precisa sempre abarcar um relato completo, tanto da ação quanto da cena. Comecei a fazer isso. Quando tinha 7 ou 8 anos, costumava andar pelo Central Park fingindo que era Sam Spade, descrevendo o que eu fazia, sendo tanto o ator quanto o escritor que o situava na cena. Foi então que desenvolvi um ouvido interior."[7] P. D. James também se recorda de ter registrado sua juventude em prosa mental: "Fazia algo que os outros escritores me disseram fazer quando eram crianças: descrevia-me interiormente na terceira pessoa. 'Ela escovou os cabelos e lavou o rosto, depois vestiu a camisola...', como se eu estivesse de fora, me observando."[8] Em sua autobiografia, Anthony Trollope conta que, criança solitária – sua mãe também era uma escritora notável –, ele passava semanas e meses fantasiando, colocando-se no papel de herói e "obedecendo a certas leis", inventando suas próprias aventuras. O pequeno Trollope zelava pelo espaço de seus devaneios e os mantinha em segredo. Mas aprendeu muitas coisas nessa terra de sonho. "Aprendi assim a manter o interesse por uma história fictícia, a demorar-me numa obra criada por

---

6. P. D. James, entrevista a Shusha Guppy, in "The Art of Fiction", CXLI, *Paris Review*, n.º 135, verão de 1995, p. 55.

7. Robert Stone, entrevista a William Crawford Woods, in *The Writer's Chapbook*, p. 27.

8. P. D. James, *Paris Review*, n.º 135, verão de 1995, p. 55.

minha própria imaginação, a viver num mundo completamente à parte do mundo da minha vida material."[9] O indício mais seguro de uma vocação literária é sua durabilidade. Muitas vezes encontro ex-alunos que me confidenciam seu sentimento de culpa. Eles foram confrontados pelo mundo real. Estudaram direito. Estudaram administração. Hoje são casados. Têm filhos, têm responsabilidades. Há pessoas que precisam deles. Empregos fascinantes surgiram em seus caminhos, e isso os está consumindo por dentro. Quando estou para felicitá-los pela vida decente e realizada que parecem estar levando, eles dão a "má" notícia. "Eu... hum... já não escrevo muito. Tentei por uns tempos, mas, são tantas pressões..." Olham para o chão. Coram. Gaguejam um pouco de vergonha.

Vergonha? Por que *vergonha?* Descobrir que *não* se tem vocação para escrever também pode ser uma boa notícia. Sim, alguns sonhos românticos precisam ser deixados de lado, mas considere o outro lado: e se você dedicasse anos da sua vida para tentar firmar-se numa profissão difícil, mal paga e, ainda por cima, inadequada para você? Ethan Canin fez faculdade de medicina, Scott Turow estudou direito, e neles a vocação de escritor permaneceu intacta e floresceu em meio à anatomia, à química orgânica e à residência médica; resistiu incólume aos testamentos, aos ilícitos civis e aos tribunais. Por outro lado, a três assentos de distância, na sala de aula, sentava-se talvez outra pessoa com anseios literários, perplexa por descobrir-se profundamente envolvida com a medicina ou o direito, esquecida das velhas fantasias. Isso também é encontrar-se.

....
9. Anthony Trollope, *An Autobiography*, cap. 3.

Lorrie Moore começa seu famoso conto "How to Become a Writer" [Como se tornar escritor] com uma recomendação direta: "Primeiro, tente se tornar outra coisa, qualquer outra coisa."[10] Embora a vocação, assim como o talento, possa sofrer danos, ela dificilmente é destruída. "Ainda acho", diz Moore, "que você só deve se tornar escritor se não tiver escolha. Escrever tem de ser uma obsessão – é apenas para os que dizem: 'Não vou fazer nenhuma outra coisa.'"

O TREINO PARA SER ESCRITOR

As quatro disciplinas primordiais de qualquer escritor são: *imaginação, observação, leitura* e *escrita*. Como todo o mundo faz essas coisas, você talvez suponha que pode tratá-las como os outros fazem. Isso seria um erro.

Imaginação. Pode parecer paradoxal aplicar a palavra *disciplina* à imaginação, mas, ao contrário da maioria das pessoas, o escritor deve aprender a pairar acima da experiência passiva da imaginação, pronto para agir, à espera do momento certo de atacar. Ele começa como todo o mundo, com um devaneio: andando na rua, seguindo por um trecho especialmente tedioso da rodovia, tomando uma ducha. A mente descansa com um suspiro e está "dando um tempo". Nada particularmente interessante. Surgem imagens, sons, palavras, cenas, tudo a esmo. Surgem e se mostram quase sem ser notados. Brilham, como a estrela vespertina, no crepúsculo da permissão passiva.

---

10. Lorrie Moore, citado por Betsy Lerner, *The Forest for the Trees*, pp. 27-8.

Se você deixar as imagens envoltas nessa passividade crepuscular, elas vão desvanecer e morrer. "Escrever um romance é juntar fumaça", diz Walter Mosley. "É uma excursão pelo éter das idéias."[11] A maioria das pessoas descarta a maior parte da vida imaginativa com jovial indiferença, talvez com um certo desprezo. É nisso que você deve se distinguir da maioria. Suas fantasias são um recurso, e elas só podem se transformar e associar naquele lugar da mente em que as idéias são concebidas. É preciso capturá-las, prendê-las, explorá-las. Elas vão adejar como mariposas ao redor dos pensamentos, e seu impulso espontâneo será o de espantá-las com a mão. Em vez disso, porém, use esse gesto da mão para capturar o pensamento flutuante. "Não há tempo a perder", diz Mosley. "É preciso trabalhar essa idéia o melhor possível, escrevendo anotações e diálogos. É preciso pô-la no papel." Algumas idéias vão se desenrolar vagarosamente; outras vão se precipitar diante de você. Esteja preparado, com o caderno ao alcance da mão. "Sente-se em silêncio e pense", diz John Braine, "e não perca nenhuma oportunidade de pensar. Não deve haver pânico nem pressa. Não há prazo, e você não depende disso para ganhar o pão de cada dia. Tire da cabeça todas as generalizações. Não pense de modo abstrato. Veja suas personagens como pessoas reais e visualize como elas encontrarão o leitor. Não pense no enredo do romance; pense em situações específicas. Tenha como objetivo formar imagens, não anotações. Relaxe e deixe a mente livre."[12]

....
11. Walter Mosley, "Writers on Writing", *New York Times*, 3 de julho de 2000.
12. John Braine, *How to Write a Novel*. Londres: Methuen, 2000, p. 33.

O objetivo é conectar-se ao seu entusiasmo e seguir as imagens geradas por ele até encontrar algo que lhe pareça um "fim". "Não pense", diz Richard Bausch. "Sonhe." Evite intelectualizar. Imaginar não é explicar as coisas, mas vê-las. "Sonhe com a história, invente-a, seja fantasioso, diga o que lhe vier à mente e procure não se preocupar em saber se é algo inteligente ou não... Apenas sonhe e deixe o sonho se desdobrar como ele quiser. Depois escreva de novo, e de novo, sonhando sempre; só *então* tente aplicar toda a sua inteligência nisso."[13]

O intelecto pode *entender* uma história – mas apenas a imaginação pode *contá-la*. Sempre prefira o concreto ao abstrato. Nesse estágio, é melhor *ver* a história, *ouvi-la*, *senti-la* do que pensá-la. Como diz Walter Mosley: "Essas idéias não têm forma física. São conceitos nebulosos propensos a desaparecer à menor perturbação. O toque do despertador ou do telefone dissipará a nova personagem; se você atender a chamada, haverá um capítulo a menos no mundo."[14]

Lembrança. A lembrança é uma forma de imaginação, e a imaginação é uma espécie de lembrança criativa. Uma não acontece sem a outra. A memória será essencial para a escrita, ainda que você nunca explore a modalidade biográfica. Isso porque na prosa é a memória – e somente a memória – que traz a concretude. A memória é o único caminho para restabelecer *exatamente* a aparência das coisas, a sensação que elas produzem, o gosto que têm. Os escritores de ficção, não menos que os poetas,

---

13. Richard Bausch, "Dear Writer", *Letters to a Fiction Writer*, p. 28.
14. Walter Mosley, "Writers on Writing", *New York Times*, 3 de julho de 2000.

devem ser o que Marianne Moore chamou de "literalistas da imaginação" que fazem "jardins imaginários onde há sapos de verdade".

Lembrar e imaginar servem de lastro um para o outro; todo escritor se equilibra entre ambos, e a combinação que ele faz deles tende a definir-lhe o estilo. "O que é extraído diretamente da vida", diz Philip Roth, "ajuda a situar e a fixar o nível de realidade de um livro; proporciona um parâmetro para mensurar o que se inventa..."[15] A observação de Roth se aplica a grandes fantasistas como Gabriel García Márquez e Lewis Carroll, e não só a realistas fervorosos como Theodore Dreiser, Tom Wolfe ou (às vezes) o próprio Philip Roth. A lembrança do que García Márquez realmente viveu na Colômbia definiu o que ele "sabia" ao criar o vilarejo fantástico de Macondo. Uma menina de verdade, chamada Alice Liddell, da qual Lewis Carroll se lembrava, conduziu-o diretamente para dentro da toca do coelho.

"O eu sonhador", como afirma Russell Banks, "tem uma memória mais poderosa do que o eu consciente."[16] É na região nebulosa da memória latente que ficam armazenados os arquivos do verdadeiro frescor da vida. Suponhamos que você esteja escrevendo uma história em que uma pessoa estapeia outra. Você já leu milhares de histórias e já viu dezenas de milhares de filmes em que um tapa é desferido. A menos que sua vida seja excepcionalmente cor-de-rosa, é quase certo que há algum

---

15. Philip Roth, entrevista com Sara Davidson, in *New York Times Book Review*, 18 de setembro de 1977, reimpresso em *Conversations with Philip Roth*, p. 103.

16. Russell Banks, entrevista a Robert Faggen, "The Art of Fiction", CLII, *Paris Review*, n.º 147, verão de 1998, p. 75.

tapa de verdade enterrado em sua memória. Esse tapa de verdade – talvez mais de um – vale por todas as imagens de tapas contempladas com distanciamento estético. Faz parte de sua bagagem de escritor, e cabe a você resgatá-lo. O resgate das lembranças envolve um trabalho passivo singularmente concentrado. Hemingway tinha uma cama – não muito diferente de um divã de psicanalista – em que se deitava para mergulhar no passado meio esquecido e resgatá-lo com exatidão. Eileen Simpson fez algo semelhante ao escrever suas memórias, *Poets in Their Youth* [Poetas na juventude]. "Eu me deitava no sofá e tentava percorrer o caminho de volta a 1947. E ficava esperando para ver o que surgia na tela da lembrança... Era como esperar debaixo da água para ver uma certa espécie de peixe.

"O esforço de tentar recordar o passado era um trabalho difícil – tão difícil quanto escrever. Às vezes passava-se uma hora sem que nada surgisse... Por fim, certo dia, lembrei-me com grande nitidez de um domingo em que a família Lowell e eu fomos à igreja juntos. Vi o chapéu que Jean estava usando, parecido com um funil invertido. Vi o sapato desamarrado de 'Cal' Lowell. Vi Cal me levando ao cemitério depois da missa – o cemitério que depois apareceria em seu poema 'The Mills of the Kavanaughs' [Os moinhos dos Kavanaughs]."[17]

O processo de resgate pode revelar surpresas de todo tipo. A estrutura da memória não é narrativa, mas associativa. As lembranças não se sucedem em seqüências lineares, mas em agrupamentos. Vistos em conjunto,

---

17. Eileen Simpson, "Poets in Their Youth", in *Inventing the Truth*, p. 89.

esses agrupamentos de imagens podem desvelar múltiplos significados inesperados e formar uma unidade. Como escreveu Vladimir Nabokov: "Testemunho com prazer a suprema realização da memória, que é o emprego magistral que ela faz de harmonias inatas ao juntar em suas dobras as suspensas e divagantes tonalidades do passado."[18] Depois de evocar um dos lugares distantes e perdidos de seu passado – a sala de aula de sua infância –, Nabokov fez uma pausa em *Fala, memória*, a fim de refletir sobre a nitidez da lembrança que havia resgatado. "Essa intensa realidade transforma o presente num fantasma. O espelho transborda de brilho; um zangão entrou na sala e se choca contra o teto. Tudo é como deve ser; nada vai mudar, ninguém vai morrer."[19]

Observação. A maioria das pessoas quase sempre joga suas observações no mesmo cesto de reciclagem em que joga as coisas que imagina. Felizmente para os escritores, um pouco daquilo que é jogado fora pode ser recuperado e reciclado. Quando você estiver trabalhando, a maioria das lembranças úteis serão tiradas de seu vasto arquivo morto das coisas que você em parte notou e em parte esqueceu. Como escritor, você tem de observar o que normalmente não é observado. Os detalhes que dão vida e nitidez são, na maioria das vezes, vistos de relance. Hemingway disse que se exercitava para fazer exatamente isso: "... buscar situações despercebidas que despertam emoções, como o gesto do jogador de beisebol que atirou a luva sem olhar para trás para ver onde ela caiu, a sola do

---

18. Vladimir Nabokov, *Speak, Memory*, in *Novels and Memoirs, 1941-1951*. Nova York: Library of America, 1996, p. 506.

19. Vladimir Nabokov, *Speak, Memory*, in *Novels and Memoirs*, p. 422.

tênis de um lutador rangendo ao tocar a lona, a cor cinzenta da pele de Jack Blackburn ao sair da prisão, e outras coisas que anotei, como um pintor ao fazer um croqui."[20]

"*Anotei*, como um pintor ao fazer um croqui." Para organizar e reter alguns aspectos úteis daquilo que observa, você terá de concentrar a memória e desenvolver um método criativo de fazer anotações. A grande inovação de Tchecov como artista veio com sua primeira grande novela, *A estepe: história de uma viagem*. Um dos biógrafos de Tchecov, David Magarshack, afirma que em *A estepe* o escritor começou conscientemente a construir sua obra com materiais extraídos diretamente da vida. Em 1887, Tchecov decidiu revisitar a triste cidadezinha de Taganrog, à beira do mar Negro, onde passara a primeira parte de sua infância infeliz. Antes de partir, fez uma promessa a sua irmã Marya. Diariamente, escreveria a ela uma longa carta contando os detalhes daquele dia de viagem. Como ele e Marya tinham partilhado a infância infeliz, ela era a destinatária ideal da carta: Marya proporcionou a Tchecov o foco de que ele precisava. Como eram cartas, suas "anotações" não poderiam ser simples rascunhos. Era preciso escrevê-las com coerência para que outra pessoa as pudesse ler. Quando ele voltou para casa, Marya entregou-lhe um espesso maço de anotações, e, com as cartas em sua frente, Tchecov escreveu *A estepe*.

Você está à procura de algo que possa colocar em palavras. Se for roteirista de cinema, vai querer traduzir o que vê em cenas e diálogos. Se for crítico, tentará converter as coisas que observou em evocações e idéias origi-

---

20. Ernest Hemingway, entrevista a George Plimpton, in *Writers at Work, The Paris Review Interviews*, org. George Plimpton, 2ª série. Nova York: Penguin Books, 1977, pp. 236-7.

nais. Se for repórter, vai transformá-las em notícias. Mas, se for escritor de ficção, vai buscar a *narrativa*. Qualquer pessoa pode observar o mundo tão bem quanto você – muitas vezes até melhor –; basta apenas que tenham praticado alguma disciplina. Um médico, por exemplo, é treinado para observar, assim como um advogado, um policial numa radiopatrulha, um salva-vidas, um gatuno, um professor de jardim-de-infância. Cada um deles tem seu próprio olhar de perito. É necessário que você observe como *escritor*. É preciso prestar atenção no que confere vivacidade, sentimento e sentido. Você está, como Hemingway, isolando "as situações despercebidas que despertam emoções". Mas, acima de tudo, está em busca da *prosa*.

Tão logo sua mente inconsciente comece de fato a se concentrar num determinado projeto, é provável que seu poder de observação se fixe nele e pareça subitamente transformar-se. As coisas que se encaixam em seu projeto parecem surgir de modo espontâneo onde quer que você olhe. O projeto se torna uma espécie de lente que dota a mente da misteriosa habilidade de organizar o acaso; a concentração interior faz o que é relevante saltar à sua frente vindo de todos os lados. De repente o mundo parece transbordante de tudo o que você precisa. "Quando estou escrevendo", diz Edmund White, "meu cérebro começa a armazenar informações de um modo diferente do habitual. Estou atrás das coisas de que preciso e vou capturá-las em qualquer lugar. Há uma magia que todo escritor conhece: parece que o mundo lhe dá exatamente as informações de que você precisa, no momento em que precisa."[21]

....
21. Edmund White, entrevista a Jordan Elgrably, "The Art of Fiction", CV, *Paris Review*, n.º 108, outono de 1988, p. 70.

Considere a jovial sabedoria de Anthony Trollope: "A menos que o escritor tenha a oportunidade de ouvir e observar – para que possa levar na memória, tal e qual, o jeito de ser das pessoas, de modo que seja capaz de dizer a si mesmo, com segurança, que elas bem poderiam dizer determinadas palavras em tal situação, enquanto outras elas jamais diriam –, não creio que hoje em dia ele possa ter êxito como romancista."[22]

Ou como disse Hemingway: "O escritor que pára de observar está acabado."[23]

Leitura. Quando lhe perguntaram se sempre quisera ser escritora, Toni Morrison respondeu: "Queria ser leitora... Só escrevi o primeiro livro porque pensei que ele ainda não existia..."[24]

Francamente, há algo suspeito – até mesmo desconcertante – numa pessoa que não lê e afirma querer escrever. Alguém iria querer jogar beisebol se detestasse assistir ao jogo? "Se eu ganhasse um níquel", diz Stephen King, "de cada pessoa que me diz que queria ser escritor mas 'não tem tempo para ler', poderia oferecer-me um belo filé no jantar. Posso ser bem direto sobre esse assunto? Quem não tem tempo para ler não tem tempo (nem ferramentas) para escrever. É simples assim. A leitura é o centro criativo da vida do escritor."[25]

Ler e escrever são, na verdade, coisas tão intimamente ligadas que quase se confundem. "Leio ficção", diz Philip Roth, "para me libertar da minha própria

....
22. Anthony Trollope, *An Autobiography*, cap. XII.
23. Ernest Hemingway, in *Writers at Work*, 2ª série, p. 235.
24. Toni Morrison, in *Women Writers at Work*, p. 348.
25. Stephen King, *On Writing*, p. 147.

perspectiva de vida estreita e sufocante e para deixar-me fisgar pela afinidade imaginativa com um ponto de vista narrativo plenamente desenvolvido que não seja meu. Escrevo pelo mesmo motivo."[26] Eudora Welty leva essa intimidade um passo adiante: "Na verdade, aprender a escrever pode fazer parte do aprender a ler."[27] Stravinsky observou que toda arte é colaboração entre artista e público. Escreve-se não para o leitor, mas *por intermédio* do leitor. Como observou Percy Lubbock: "O leitor deve... tornar-se, por sua vez, um romancista, e nunca deve supor que a criação de um livro cabe apenas ao autor. A diferença entre eles é imensa, é claro... Mas até certo ponto o trabalho dos dois coincide; os dois fazem o romance."[28] O leitor segue o fio do escritor; mas somente a imaginação do leitor, em colaboração com a do escritor, é capaz de fazer algo acontecer numa página escrita. É o leitor que visualiza as personagens, que sente e encontra o movimento que leva a história adiante, que captura o remoinho do suspense e é capturado por ele, que segue o fluxo do sentido e desenvolve todo o caleidoscópio da percepção. A leitura está tão próxima da escrita quanto o canto está da música. Sempre que estivermos *de fato* ouvindo uma música, estaremos também, de algum modo, cantando na mente, se não literalmente cantarolando-a.

E, por favor, não caia no lamentável absurdo de não ter tempo para ler. Arranje tempo. Quantas horas por

---

26. Philip Roth, entrevista a Allen Finkielkraut (1989), in *Conversations with Philip Roth*, p. 124.

27. Eudora Welty, "Words into Fiction", in *The Eye of the Story: Selected Essays and Reviews*. Nova York: Random House, 1990, p. 134.

28. Percy Lubbock, *The Craft of Fiction*. Nova York: Viking Press, 1957, pp. 17-8.

dia você passa diante da televisão? Lendo jornal? Fazendo palavras cruzadas? O verdadeiro culpado não é sua agenda. É o seu *tédio* – seu tédio em relação aos livros que você pensa que *deve* ler. Encontre um livro que você queira ler, que o empolgue verdadeiramente, que lhe queime nas mãos – então, você terá tempo de sobra. Toda educação séria necessariamente compreende uma certa quantidade de leitura obrigatória. É assim que as coisas são e é assim que devem ser. No entanto, esse aspecto essencial do crescimento tem um lado negativo: pode colocar toda leitura sob a sombra enfadonha da obrigação. Num determinado momento da sua vida de escritor, decida-se a ler apenas o que realmente lhe interessa. Não o que as pessoas *dizem* ser interessante, mas o que *realmente* lhe interessa. É preciso sair em busca dessa literatura até encontrá-la; depois, leia, leia e leia mais um pouco.

Essa é sua única esperança de um dia desenvolver um estilo pessoal decente. Para começar, só a leitura nos treina a usar corretamente as palavras. Isso não é uma coisa qualquer: a falta de correção implica falta de comunicação. Se você empregar mal a língua, as pessoas não o entenderão. É preciso saber exatamente o que as palavras significam e como empregá-las. Tenha sempre ao seu alcance na escrivaninha uma boa gramática*, ao lado de um dicionário de primeira linha. Mas também se lê para ouvir a música da linguagem, tanto a culta quanto a popular. Para o estilo popular, ouça o que se diz nas ruas e tudo que capte sua música. No mais, opte pelos clássicos, começando por Shakespeare e a Bíblia, mas não pare por aí.

....
* No original, *Fowler's Modern English Usage* (na versão Burchfield).

Faça ainda uma dieta regular de poesia. "Leia poesia", diz Ray Bradbury, "todos os dias da sua vida. Ler poesia é bom porque exercita músculos que não são usados com freqüência. A poesia expande os sentidos e os mantém em excelente estado... Há uma infinidade de idéias nos livros de poesia, mas são poucos os professores de contos que recomendam sua leitura."[29]

Principalmente, leia para procurar seus verdadeiros interesses e expandir o que você "conhece". Como escritor, seus interesses *são* você. Eles devem ser cultivados e desenvolvidos mesmo quando você não saiba aonde vão levar. Sempre que um novo interesse penetra sua mente com suficiente tenacidade, Michael Crichton abre um arquivo e começa a ler. Os livros ao lado da cama começam a empilhar-se. Onde isso vai dar? Talvez em lugar nenhum, talvez num romance, três livros depois. "Para mim, é como plantar", diz Crichton. "Planto algumas sementes e, por fim, em geral depois de muitos anos, tenho algo para colher. A experiência subjetiva é: passo a pensar cada vez mais em determinado assunto e não consigo deixá-lo."[30]

Leia para fixar e aprender; leia também para esquecer. A mente pré-consciente é um excelente editor. Ela tem um jeito próprio e misterioso de aumentar seus conhecimentos e eliminar o que não interessa. Era a isso que se referia Gabriel García Márquez ao descrever o processo pelo qual passou ao preparar-se para *O outono do patriarca*. "Li tudo o que consegui encontrar sobre os ditadores da América Latina do século passado e começo

---

29. Ray Bradbury, *Zen in the Art of Writing*, p. 39.
30. Michael Crichton, "A Time Traveler Returns, Still Restless", de Jane Gross. *New York Times*, 24 de novembro de 1999, pp. 1, 3.

deste século. Também conversei com muita gente que viveu sob regimes ditatoriais. Fiz isso por pelo menos dez anos. E, quando formei uma idéia clara da personagem, esforcei-me para esquecer tudo o que tinha lido e ouvido, para poder inventar sem usar nenhuma situação que tivesse acontecido na vida real."[31]

Leia por amor. Todo escritor deve se apaixonar com certa regularidade por algum escritor ou livro novos, e a paixão deve irromper com tal intensidade que cada livro novo se transforme num namoro ardente e cada quinze minutos roubados para folheá-lo sejam um encontro inebriante. Somente o amor pode ligar um outro escritor ao seu ser. O amor faz você *reler*, e é nessa releitura que se dão os acontecimentos realmente profundos. Com o tempo, é claro, tais êxtases podem e devem perder a força. Depois da paixão, os amantes se tornam... apenas bons amigos. Ou talvez não tão bons. Mas "ser arrebatado", diz Stephen King, "pela combinação de uma grande história e um grande texto – nocauteado mesmo – faz parte da necessária formação de todo escritor. Você não pode ter a esperança de arrebatar alguém com a força de seu texto sem que isso tenha acontecido antes com você"[32].

Não se pode fingir esse amor, não dentro da própria alma. Mas, quando alguém está simplesmente tentando impressionar, é claro que é fingido o tempo todo. Na universidade em que lecionava, tínhamos o tolo costume de pedir aos candidatos a alunos que fizessem uma

---

31. Gabriel García Márquez, entrevista a Peter H. Stone, in *Writers at Work: The Paris Review Interviews*, org. George Plimpton, 6ª série. Nova York: The Viking Press, 1984, p. 327.

32. Stephen King, *On Writing*, p. 146.

lista de escritores e livros que os tinham "influenciado". Esse é um tipo de pergunta que não se deve fazer nem mesmo a um escritor; agora, quando um grupo de acadêmicos a impõe a uma turma de jovens e inexperientes aspirantes a escritor, é verdadeira loucura. *Claro* que as listas eram feitas principalmente com a intenção de impressionar. Essa resposta tornava-se o item mais mentiroso de todo o formulário – superando em falsidade até mesmo as professorais cartas de recomendação. As listas que obtínhamos eram quase sempre formidáveis, impecáveis do ponto de vista acadêmico, e exatamente as mesmas: a lista dos mais sofisticados escritores do ano que os candidatos supunham que um grupo de professores quisesse ver. Deveríamos ter ficado envergonhados. Estávamos prejudicando as pessoas ao induzi-las a mentir sobre seu verdadeiro gosto e sua verdadeira identidade, levando-as, de certa forma, a trair a si mesmas – o que, no pior dos casos, pode ser sintoma de que elas se desprezam. A desonestidade em relação ao que *realmente* agrada à sua imaginação é flagrantemente perigosa para você como escritor.

Escrita. O escritor escreve. Constantemente. Obsessivamente. Sempre que tem a oportunidade. "Escreva, escreva, escreva, até os dedos quebrarem", aconselhou Tchecov a um aspirante. "Escreva sobre todos os assuntos, engraçados ou tristes, bons ou maus... Escreva uma história de um só jorro..."[33] Para outro, ele escreveu: "Você é um 'principiante'... e não deve se esquecer de

---

33. Anton Tchecov, carta a Maria V. Kisseleva, setembro de 1886, citado in David Magarshack, *Chekhov: A Life*. Nova York: Grove Press, 1952, p. 131.

que cada linha que escreve agora constitui seu capital para o futuro. Se não treinar neste momento sua mente e sua mão para a disciplina e as marchas forçadas, descobrirá daqui a três, quatro anos que será tarde demais... É preciso que se force a trabalhar por longas horas, diariamente. Você trabalha muito pouco."[34]

A produtividade é o *único* caminho para a confiança. O jovem William Kennedy estudava redação com o jovem Saul Bellow. "Bellow", recorda Kennedy, "também falava a respeito da prodigalidade. Dizia que um escritor não deve ser parcimonioso com seu trabalho, mas 'pródigo', assim como a natureza."[35] Curiosamente, Tchecov certa vez comentou que seu irmão Aleksandr "tinha se esgotado" não por ter produzido muito, mas *pouco*. Esse não é um paradoxo sem sentido. Se é a escrita que gera a inspiração – e não o contrário –, a produção abundante leva à abundância de inspiração. Os dois piores inimigos da produtividade, para um jovem escritor, são a má administração do tempo e a indevida vulnerabilidade diante da autocrítica e da dúvida em relação a si mesmo. As duas coisas devem ser enfrentadas com firmeza. Paul Johnson tem razão: "Um mau romance é melhor que um romance não escrito, pois o mau romance pode ser melhorado; já o romance não escrito é derrota sem batalha. O escritor enfrentará ao longo da vida a dificuldade de equilibrar-se entre uma visão excessivamente crítica de seu trabalho e a complacência. A meu ver, o jovem escritor deve pecar por excesso ao escrever, e só depois parar

---

34. Anton Tchecov, carta a Yezhov, setembro de 1887, Magarshack, *Chekhov*, p. 131.

35. William Kennedy, entrevista a George Plimpton, in *The Writer's Chapbook*, p. 338.

para julgar. Precisa manter a máquina de escrever em contínua atividade, enquanto vê, à sua direita, a pilha de páginas em branco diminuir aos poucos e, à esquerda, a pilha de páginas escritas aumentar. É assim que ele adquire confiança, pois na escrita, como em qualquer arte, a confiança é o começo da destreza."[36]

No primeiro capítulo, instiguei-o a começar. Agora vou instigá-lo a terminar. Cultive o que for útil para perseverar. Às vezes – muitas vezes – a musa aparece sob a máscara do prazo: é uma pena que não haja um número maior de escritores de ficção submetidos ao prazo. Em meus vinte anos de ensino, só umas quatro ou cinco vezes aconteceu de um aluno perder o prazo de uma oficina de redação – isto é, simplesmente não aparecer ou aparecer sem nada. No máximo. Quase sempre, quando nos reuníamos na classe, havia *algo* sobre a mesa. Nem sempre era algo maravilhoso, nem sempre era novo. Mas estava lá.

Depois do prazo obrigatório, a segunda coisa mais eficaz é a contagem diária de palavras. Todos os mentores a recomendam – chegam até a insistir nisso. John Braine sugere 350 páginas. Stephen King considera que mil palavras é o mínimo para começar, "e, como estou me sentindo magnânimo", diz ele, "também sugiro que você tire um dia livre por semana, ao menos no começo. Não mais; do contrário, você perderá a urgência de escrever e a proximidade com a história."[37] Tom Wolfe escreve cerca de 1.800. "Estabeleço uma cota", diz Wolfe. "Dez páginas por dia, com espaço triplo, o que significa cerca de 1.800 palavras. Se consigo terminar em três horas, encerro aí o

---

36. Paul Johnson, *The Pick of Paul Johnson*, p. 16.
37. Stephen King, *On Writing*, pp. 155-6.

dia de trabalho. Fecho a lancheira e vou para casa – é assim que vejo, pelo menos. Se levar doze horas, tanto pior, preciso produzir. Para mim, a idéia de que 'vou trabalhar seis horas' não funciona. Posso perder tempo tão facilmente à escrivaninha quanto olhando vitrines de lojas, que é um dos meus passatempos prediletos."[38]

Talvez não se aplique a todo o mundo, mas uma cota diária de palavras religiosamente observada pode mover montanhas. Anthony Trollope, provavelmente o mais produtivo escritor inglês de sua época, explicou seu método simples de trabalho em sua autobiografia. Sempre que começava um livro, Trollope estabelecia para si um prazo absolutamente *realista* para terminá-lo, com base em duas coisas que a maioria dos escritores não chega nem perto de ter: uma estimativa exata de sua capacidade de produzir e uma estimativa exata da extensão do livro. O prazo resultante desse cálculo, ele nunca – *nunca* – deixava de cumprir. Mantinha um diário e assinalava os dias trabalhados "de modo que, se em algum momento eu caísse em ociosidade por um dia ou dois, o registro disso ficasse ali, me olhando de frente... um número insuficiente de páginas já seria um incômodo, a meu ver, e um mês infeliz haveria de representar um peso no meu coração.

"Nada certamente é tão poderoso quanto uma lei que não pode ser desobedecida", concluiu Trollope. "Ela tem a força da gota de água que fura a pedra. Uma pequena tarefa diária, se for realmente diária, superará os trabalhos de um Hércules intermitente. É a tartaruga que sempre ultrapassa a lebre."[39]

....
38. Tom Wolfe, entrevista a George Plimpton, in *Writers at Work*, 9ª série, p. 251.

39. Anthony Trollope, *An Autobiography*, cap. VII.

O TEMPO DO ESCRITOR

Foi Sêneca o primeiro a dizer: *ars longa, vita brevis*. A arte é longa, e a vida, breve. Exceto em algumas ocasiões milagrosas, TUDO O QUE VOCÊ ESCREVER LEVARÁ MAIS TEMPO DO QUE VOCÊ ACHA QUE DEVERIA. Além disso, nenhum de seus leitores dará a menor importância ao fato de você ter escrito sua história em meia hora ou meio ano. Você é Trollope? É capaz de produzir uma cota diária de palavras e estimar com precisão a extensão do seu projeto? Se não for, o cronograma de qualquer projeto que você empreenda provavelmente se estenderá até cinqüenta por cento além do previsto. Muitos mentores proclamam a mesma coisa: "Não há um só momento a perder!" Como disse Hemingway: "O tempo de trabalho é cada vez mais curto, e, se o desperdiçar, você sentirá que cometeu um pecado para o qual não há perdão."[40]

É preciso aprender a contar, gerenciar e preservar o tempo de trabalho. "Encontre tempo para escrever", diz Ann Beattie. "Proteja as horas que você tem para escrever. Seja inventivo: ponha uns monstrinhos para guardar a porta, esqueça o *e-mail*, o que for preciso. Porque você continuará precisando de mais tempo do que tem; além disso, é importante deixar tempo suficiente para o desperdício."[41]

Se você ainda se engana quanto ao *glamour* desse ofício, uma agenda de trabalho séria dará um jeito nisso. "É trabalho", diz Philip Roth, "apenas trabalho sem fim. Não há tempo algum para bobagens. Simplesmente

---
40. Ernest Hemingway, *Writers at Work*, 2ª série, p. 226.
41. Ann Beattie, "Letter to a Young Fiction Writer", *Letters to a Fiction Writer*, p. 58.

tenho de trabalhar o tempo todo, trabalhar muito, e eliminar todo o resto..."[42] "Escrevo mais ou menos das dez às seis, todos os dias, com uma hora para o almoço e o jornal. À noite, costumo ler. Em geral é isso."[43] Diz a lenda que Balzac se acorrentava ao bule de café, e correm rumores de que John Cheever às vezes se amarrava à cadeira. "Sempre reluto em começar a trabalhar", diz Gore Vidal, "e também em parar."[44] Não fique dando voltas, enfiando o dedo do pé dentro da piscina o dia todo. A água pode estar fria, mas mergulhe agora. Você acabará se acostumando, e, com alguma sorte, o tempo passará voando. "A coisa mais interessante no fato de escrever", diz Vidal, "é que o tempo some. Três horas parecem três minutos." Programe-se para trabalhar no período em que a mente estiver em melhor forma e mais livre. "É muito importante", diz John Le Carré, "dedicar a melhor parte do dia ao seu trabalho." E acrescenta, recordando os anos em que ainda tinha um emprego diurno no serviço secreto britânico: "Sempre tive o cuidado de oferecer ao meu país a segunda melhor parte do meu dia."[45]

Escrever diariamente? Muitos escritores lhe dirão – como Tchecov dizia aos principiantes – para trabalhar diariamente. Eu diria a mesma coisa se não soubesse de muitos escritores excelentes, e até mesmo muito produti-

---

42. Philip Roth, entrevista a Jesse Kornbluth (1983), in *Conversations with Philip Roth*, p. 147.
43. Philip Roth, entrevista a Ronald Hayman, in *Conversations with Philip Roth*, p. 118.
44. Gore Vidal, in *The Writer's Chapbook*, pp. 74-5.
45. John Le Carré, entrevista a George Plimpton, "The Art of Fiction", CXLIX, *Paris Review*, n° 143, verão de 1997, p. 56.

vos, que não trabalham todos os dias. Mas continuo pensando que trabalhar todos os dias é melhor. Thomas Mann trabalhava diariamente, sem exceção, até mesmo nos fins de semana, Natal, feriados e férias. Parece desanimador? Noël Coward, um dos escritores-atores mais glamourosos do século XX, sentava-se à máquina de escrever, num quarto retirado, e trabalhava das oito da manhã até uma da tarde, de segunda a sábado, todas as semanas de sua vida profissional. Ao soar uma da tarde, saía da cela monástica de sua solidão criativa e se transformava no astro Noël Coward.

"Se você quer ser escritor", diz Walter Mosley, "precisa escrever diariamente. A coerência, a uniformidade, a certeza, todos os caprichos e paixões se resolvem por meio dessa prática diária. Não se vai ao poço apenas uma vez, mas todos os dias. Ninguém deixa de dar o desjejum a uma criança nem se esquece de acordar a cada manhã. O sono vem a nós diariamente, assim como a inspiração."[46]

Mas *há* exceções. Se você tem emprego ou filhos, haverá muitos dias em que não conseguirá nem meia hora. "Não consigo escrever regularmente", explica Toni Morrison. "Nunca consegui fazer isso – principalmente porque sempre trabalhei fora o dia todo. Precisava escrever nos intervalos entre as horas de trabalho, às pressas, ou nos fins de semana e antes do amanhecer. [Escrever depois do trabalho] era difícil. Tentei superar a falta de um espaço de tempo regular substituindo a disciplina pela compulsão, de modo que, quando surgia alguma urgência, algo que eu precisava urgentemente ver ou entender, ou

....
46. Walter Mosley, "Writers on Writing", *New York Times*, 3 de julho de 2000.

uma metáfora muito poderosa, deixava tudo de lado e punha-me a escrever por períodos ininterruptos."[47]

Susan Sontag tampouco trabalhava todos os dias, embora por motivos diversos dos de Morrison. "Escrevo aos borbotões. Escrevo quando preciso, porque a pressão aumenta e me sinto suficientemente confiante de que algo amadureceu em minha cabeça e posso escrevê-lo. Quando isso acontece, não tenho vontade de fazer mais nada. Não saio, muitas vezes me esqueço de comer, durmo muito pouco. É um modo muito indisciplinado de trabalhar e que não me faz muito prolífica. E me interesso por muitas outras coisas... Escrever requer grandes períodos de solidão. O que faço para suavizar a dureza dessa escolha é não escrever o tempo todo. Gosto de sair, de viajar; e não consigo escrever quando viajo."[48]

Edmund White mostra-se francamente impaciente com a regra de escrever diariamente. "Os escritores dizem... coisas que me parecem um contra-senso. Uma delas é que se deve seguir um horário rígido todos os dias. Quando você não está escrevendo bem, por que continuar? Simplesmente não acho que esse modo opressivo de trabalhar seja útil."[49]

Conheço professores-romancistas (professores acadêmicos também) que nem sequer *tentam* escrever durante o curso que estão ministrando. Enquanto outros gozam as deliciosas "férias" da vida acadêmica americana, eles se afundam no trabalho. E quando é que tiram férias?

Não tiram.

....

47. Toni Morrison, in *Women Writers at Work*, p. 344.
48. Susan Sontag, in *Women Writers at Work*, pp. 387-8.
49. Edmund White, entrevista a Jordan Elgrably, in *Paris Review*, nº 108, outono de 1988, p. 71.

Encontre seu ritmo, qualquer que seja, aprenda a trabalhar em qualquer lugar e contorne todos os obstáculos. "Você poderá escrever sempre que estiver sozinho e não houver ninguém para interrompê-lo", observou Hemingway. "Ou melhor, desde que você tenha suficiente austeridade para isso."[50] Richard Bausch aconselha: "Treine-se para trabalhar em lugares movimentados, sob a massa de ruídos produzidos pelo mundo – trabalhe com crianças brincando ao redor, com música tocando, ou mesmo com a televisão ligada."[51] Cuidado com o correio eletrônico e o telefone. Assim como muitos adeptos desse ofício cronicamente solitário, é bem possível que você seja uma criatura gregária. Quase todos os escritores que conheço adoram conversar. "Você leva uma vida perigosamente interessante", Joyce Carol Oates comentou certa vez com um colega talentoso mas improdutivo. Apesar de toda a agitação interior, a vida do escritor é ascética e solitária. Você vai passar quase toda a sua vida de trabalho sozinho numa cela pequena e vazia. É verdade que o emprego diurno de que você certamente precisará deve aliviar a solidão. Mas não aliviará a pressão. Você terá de encontrar tempo nos recantos do cansaço e da abnegação, e terá de protegê-lo das cobranças que inevitavelmente virão da família e dos amigos, dos seus próprios interesses e – não menos – do seu impulso de escapar.

A maioria das pessoas não vai compreender isso nem ajudar. Um dos biógrafos mais críticos de Thomas Mann, ao comentar que os filhos do mestre alemão costumavam ficar olhando, intimidados e em silêncio, para a porta fechada do escritório do pai, invoca a porta fechada como

---

50. Ernest Hemingway, in *Writers at Work*, 2ª série, p. 223.
51. Richard Bausch, "Dear Writer", *Letters to a Fiction Writer*, p. 26.

símbolo da mente narcisista e egocêntrica de Mann. Isso é injusto. Parece que só os escritores devem pedir perdão por ter um trabalho que lhes toma muito tempo. "Peça a um médico que trabalhe só duas horas por dia"[52], rebate John Irving. "Seus amigos e sua família", diz David Bradley, "podem querer sinceramente que você faça o que quer fazer, mas também esperam que faça o que eles querem. Desejam que você faça coisas por eles. Pior, esperam que faça certas coisas *com* eles – almoçar, tomar um drinque, ir ao cinema. Talvez eles aceitem se você disser que não tem tempo agora, mas vão querer saber quanto tempo esse agora vai durar. Provavelmente não aceitarão a resposta que o escritor *tem* de dar: pode durar um bom tempo. Na verdade, pode ser assim para sempre."[53]

A dolorosa verdade é que, para ser escritor, você precisa escolher o que vai sacrificar. Claro, as pessoas que você ama terão prioridade. Nadine Gordimer estabelece uma clara distinção entre as exigências da vida familiar e as da vida social. "Penso que os escritores, os artistas, são e precisam ser pessoas inflexíveis. É desagradável para os outros, mas não sei de que outro modo lidar com isso. O mundo nunca vai arranjar espaço para você. Minha família acabou entendendo e respeitando isso... O que também sacrifiquei, e para mim isso não foi sacrifício, foi a vida social... [o] escritor não precisa de tempo apenas quando está escrevendo – precisa de tempo para pensar, para deixar as coisas amadurecerem. Nada é pior para isso do que o convívio social, do que o efeito abrasivo, ainda que prazeroso, das outras pessoas."[54]

---

52. John Irving, in *The Writer's Chapbook*, p. 65.
53. David Bradley, "Letter to a Writer", *Letters to a Fiction Writer*, p. 73.
54. Nadine Gordimer, in *Women Writers at Work*, p. 278.

"Não há desculpa para não trabalhar", diz Richard Bausch, "*quando você deve estar trabalhando*. Lembre-se que é um absurdo colocar o ofício de escrever *na frente* da vida que você tem de levar – e não estou falando de lazer. Estou falando da responsabilidade que você tem em relação às pessoas que ama, e que também o amam – nenhuma dificuldade no ofício ou na arte deve ocupar um segundo do tempo que você deve passar com sua família."[55]

No entanto, a natureza do seu dia de trabalho mudará de acordo com os diferentes estágios do projeto. Em qualquer etapa, é essencial manter o impulso. Quando está desenvolvendo um esboço, qualquer pausa, ainda que por poucos dias, sem falar numa semana ou mais, pode ser muito prejudicial. Hemingway conseguia manter um ritmo constante, parando só quando sabia o que viria em seguida. Somerset Maugham invariavelmente deixava a escrivaninha no meio de uma frase. Andre Dubus também: "Aprendi com Hemingway a encerrar cada dia de trabalho no meio da frase, quando tudo ainda flui, e depois exercitar o corpo e não pensar na história até voltar à escrivaninha no dia seguinte."[56] A continuidade do projeto deve ser mantida num nível que permita que o frescor se renove a cada dia, ou mesmo a cada hora. "Adquiri o hábito", diz Nadine Gordimer, "… de passar cerca de meia hora lendo, antes de ir para a cama, à noite, o que escrevi durante o dia. É claro que fico então tentada a melhorar o que escrevi, a me ocupar de detalhes. Mas acho isso bom."[57]

---

55. Richard Bausch, *Letters to a Fiction Writer*, p. 27.
56. Andre Dubus, "Letter to a Young Writer", *Letters to a Fiction Writer*, p. 137.
57. Nadine Gordimer, entrevista a Jannika Hurwitt, in *Women Writers at Work*, p. 279.

Nunca se afaste muito da tarefa. "*Esteja preparado para trabalhar*", diz Richard Bausch, "o tempo todo."[58]

Ter dois trabalhos. Vamos falar a verdade: mesmo que você seja muito bem-sucedido, será difícil ter uma renda decente apenas escrevendo. Então, faça as pazes com a necessidade de ganhar a vida de outra maneira – e tire o melhor proveito disso. Disse Tchecov, o mais famoso de todos os médicos-escritores: "Sinto-me mais confiante e mais satisfeito quando penso que tenho duas profissões, e não apenas uma. A medicina é minha esposa fiel; a literatura, minha amante. Quando me canso de uma, passo a noite com a outra. Embora tumultuoso, não é enfadonho, e, além disso, nenhuma das duas realmente perde coisa alguma com minha infidelidade."[59] Uma lista de escritores famosos e produtivos que também tinham outra profissão encheria não só esta página, mas muitas outras, em caracteres miúdos. Além do mais, seu emprego também poderá ser útil para a atividade de escrever. Por favor, compreenda; não quero que esse conselho pareça complacente. *Claro* que é difícil dividir o tempo e os recursos entre duas coisas. *Claro* que seria maravilhoso não sentir a ferroada da necessidade. Você muitas vezes se ressentirá amargamente das exigências que quase inviabilizam o exercício simultâneo das duas profissões. "Um dos luxos de ganhar dinheiro suficiente para me sustentar como escritor", diz John Irving, "é o fato de

---

58. Richard Bausch, *Letters to a Fiction Writer*, p. 27.
59. Anton Tchecov, carta a A. S. Suvorin, 11 de setembro de 1888, in *Anton Chekhov's Life and Thought: Selected Letters and Commentary*, org. Simon Karlinsky, Berkeley, Los Angeles/Londres: University of California Press, 1972, p. 107.

poder trabalhar oito, nove, doze horas por dia. Ressentia-me de ter de dar aulas e ser treinador, não porque não gostasse de lecionar ou treinar e lutar, mas porque não tinha tempo para escrever."[60] É, no entanto, um erro fatal permitir que o ofício de escrever e o trabalho diurno se tornem inimigos. Deve o jovem escritor considerar o curso de direito uma derrota? Depende de sua atitude. Advogados-escritores como Scott Turow, Louis Auchincloss, Louis Begley e John Mortimer, todos admitem a influência decisiva da profissão em seu trabalho como artistas. Quando Turow entrou para a faculdade de direito, depois de deixar o programa de escritores em Stanford, não abandonou sua vocação para escrever. Ele a encontrou. "Era indispensável atrair a atenção do júri", Turow comenta a respeito do início de seu treinamento no tribunal, "e diversas vezes recebi o mesmo conselho: conte uma boa história. Contam-se muitas boas histórias nas salas de tribunal, relatos vívidos de crimes ou conspirações. O júri ficava fascinado, esperando para descobrir o que aconteceria em seguida. E era o que eu fazia."[61] John Mortimer fala exatamente da mesma experiência: "É preciso contar a história ao júri ou ao juiz de modo *muito*, muito simples... É necessário juntar os fatos de casos muito, muito complicados e narrá-los de um modo que *prenda* [o júri]. Trata-se, portanto, de um bom treinamento para um escritor."[62] Até mesmo a política, a mais gregária de todas as profissões,

....
60. John Irving, *The Writer's Chapbook*, p. 65.
61. Scott Turow, "Writers on Writing", *New York Times*, 22 de novembro de 1999.
62. John Mortimer, entrevista a Rosemary Herbert, "The Art of Fiction", CVI, *Paris Review*, n.º 109, inverno de 1988, p. 108.

pode às vezes se fundir com a mais solitária delas. Benjamin Disraeli era romancista quando se tornou primeiro-ministro da Inglaterra. James Webb – cujo livro *Fields of Fire* [Campos de fogo] Tom Wolfe considera o melhor romance sobre o Vietnã – foi secretário da Marinha de Ronald Reagan. Como deixa claro em suas memórias, Frank McCourt nunca poderia ter escrito *As cinzas de Ângela* sem abrir-se e crescer diante de seus alunos da escola secundária, em Nova York. "Dei aulas em Stuyvesant durante dezoito anos. Foi lá que aprendi a deixar a máscara cair."[63] Jon Scieszka, ao concluir o mestrado, estava endividado e não tinha livros publicados. Arranjou então um emprego de professor primário. E foi aí – não na escola dos adultos –, conversando diariamente com uma classe cheia de crianças de 7 anos, que ele se descobriu escritor, despontando como um dos mais bem-sucedidos autores de livros infantis de sua geração.

Seu outro emprego poderá ser útil, desde que não o consuma. Quando um de meus melhores alunos, no início dos anos 1990, ingressou em nosso programa de mestrado – que não era nada barato –, ocupava o invejado cargo de assistente pessoal e roteirista de uma das mais famosas personalidades do jornalismo televisivo dos Estados Unidos. Embora cursando o mestrado, ele estava sempre no centro de toda reportagem de destaque, viajando de um lado para outro do mundo para cobrir grandes acontecimentos, encontrando pessoas importantes, preparado para entrar em ação – o que acontecia com freqüência – 24 horas por dia. Seu glamouroso trabalho consumia toda a sua energia. Os trabalhos glamourosos costumam fazer

....
63. Frank McCourt, "Learning to Chill Out", *Inventing the Truth*, p. 75.

isso. "A certa altura, comecei a observar meus colegas de classe, que faziam *questão* de arranjar empregos insignificantes – atividades tediosas, absolutamente subalternas. A produção ficcional desses colegas ganhava vulto, enquanto eu me encaminhava diretamente para a exaustão."

Isso nos conduz ao jornalismo. Um dos pontos fracos da maioria dos programas de mestrado em redação criativa é que eles desdenham o jornalismo e deixam os alunos despreparados e incompetentes diante das oportunidades e exigências especiais dessa área. A idéia de que o jornalismo e a "escrita séria" se opõem é um mito acadêmico absurdo e sem comprovação histórica. Os dois domínios sempre se sobrepuseram e continuarão a se sobrepor. Virginia Woolf trabalhou com jornalismo literário, muitas vezes no anonimato, ao longo de toda a sua vida profissional. Assim como Henry James. "Sempre estive convencido", diz Gabriel García Márquez, "de que minha verdadeira profissão é o jornalismo. Não gostava no jornalismo das condições de trabalho e, além disso, de ter de condicionar meus pensamentos e minhas idéias aos interesses do jornal. Agora, depois de ter trabalhado como romancista e alcançado a independência financeira, posso realmente escolher os temas que me interessam e que correspondem às minhas idéias. Em todo caso, sempre me agrada muito ter a oportunidade de escrever um grande texto jornalístico."[64] García Márquez rejeita a idéia de que haja uma diferença essencial entre jornalismo e "escrita séria". "Não penso que haja diferença alguma. As fontes são as mesmas, os recursos e a língua são os mesmos. *Diário do ano da peste* é um grande romance,

---

64. Gabriel García Márquez, entrevista a Peter H. Stone, in *Writers at Work*, 6ª série, p. 317.

e *Hiroshima* é um grande texto jornalístico." Tom Wolfe participou da transformação da profissão de jornalista e várias vezes criticou o esnobe desdém "literário" pelo jornalismo que lhe ensinou seu método artístico. Você se julga acima do jornalismo? Considere o que Martin Amis tem a dizer: "Acho que é um dever contribuir, continuar contribuindo para o que Gore Vidal chama de 'book chat' [debates literários]... Não tenho admiração alguma por escritores que pensam poder lavar as mãos e não falar mais sobre livros. É preciso participar do debate em curso."[65]

SOBRE AS DIFICULDADES

A vida de escritor é difícil. Todos dizem isso, e todos têm razão. Por causa das tremendas dificuldades do ofício é que você vai precisar da vocação, de uma persistência inabalável, de uma engenhosidade sagaz, da irracional recusa a aceitar o "não". Mas não vamos acentuar *demais* o lado negativo. Se tiver sorte, escrever será, e continuará sendo, seu maior prazer; uma história de amor intensa, surpreendente, para a vida toda.

No início da minha carreira de professor, o meu senso – às vezes lúgubre – de obrigação moral me convenceu de que devia dedicar uma parte de cada *workshop* à exposição das penosas verdades da vida do escritor. Achava que tinha de contar a verdade aos alunos: falar-lhes das rejeições dolorosas e humilhantes; do pouco ou nenhum dinheiro; da probabilidade de fracasso; daquela faca de dois gumes que é o sucesso parcial. Nunca *gostei*

---

65. Martin Amis, *Paris Review*, n.º 146, primavera de 1998, p. 128.

de fazer esses sombrios monólogos, mas achava que devia isso aos alunos. Puxa, se não lhes contar a verdade, eles ficarão... *iludidos*? *enganados*?

Então, uma vez a cada curso, punha-me a falar do quanto era difícil a vida de escritor. "Mesmo que seu livro seja aceito, você encontrará uma nova série de dificuldades..." E, enquanto falava, algo terrível acontecia ao meu redor. Toda a confiança, toda a empatia, todo o ânimo cuidadosamente alimentados ao longo do curso simplesmente desapareciam da sala. Eu notava a mudança, é claro, mas estava determinado a cumprir meu dever. E prosseguia; versava copiosamente sobre os tormentos da rejeição e do medo. A certa altura, Bill X, sempre muito atento, começava a mascar chiclete ruidosamente e a revirar os olhos na direção do teto. Marisol B, o azarão da turma, afundava lentamente na cadeira, mergulhada num enfado nauseabundo. O irreprimível Dave, o falante sabichão da classe, sempre muito engraçado, erguia o joelho, apoiava sobre ele o queixo e olhava para fora da janela, apático, carrancudo, insolente. Nada disso importava: eu estava lhes falando a *verdade*.

Até que, por fim, um aluno corajoso me encarou durante uma conversa particular. "Professor Koch, há algo que o senhor parece não *entender*. Eu sei que sua intenção é boa, mas esse negócio de que nunca vamos chegar a lugar nenhum, que nunca vamos ganhar um tostão, que ninguém nunca vai nos dar a mínima – o senhor acha que é *novidade* para nós? Acha que nunca *ouvimos* falar disso? Todos nós temos um tio lá fora que vive nos dizendo exatamente as mesmas coisas, *o tempo todo*. Talvez o senhor saiba mais e se expresse melhor, mas, basicamente, está dizendo o mesmo que esse tio nos diz. Ouvimos isso desde o dia em que lemos aquele livro que nos empolgou e nos fez querer ser escritores. Todos nós temos alguém que não pára de falar e *repetir*: 'Esqueça, não vai dar certo, você vai fracassar.' O senhor acha que ninguém nos diz como é difícil? Que ninguém nos previne do fracasso? *Todo o mundo* faz isso. Precisamos é de alguém, de *uma só* pessoa, talvez o *senhor* mesmo, que não nos diga isso, alguém que, pelo menos uma vez, diga que é difícil, mas não impossível. Alguém que diga 'vá em frente'. Que diga que é ótimo fazer isso, que é a melhor coisa a fazer, que não há nada melhor, que nos diga para tomar coragem e fazer. Alguém que não olhe para nós pensando que somos um bando de pirralhos fantasistas e autocomplacentes, que devíamos jogar a toalha, sermos simplesmente bons moços, estudar direito e crescer. O senhor receia que estejamos iludidos? Tudo bem, estamos iludidos. Mas faça um favor: deixe-nos iludidos, porque nós vamos continuar."

Foi a melhor lição que já tive de um aluno, e isso me curou. Desde então deixo a outra pessoa – perdão, a *todas as outras pessoas* – o sombrio dever de dizer aos escritores que a vida deles não será nada fácil.

3. Como dar forma à história

Os ficcionistas principiantes costumam ser acometidos de todo tipo de ansiedade, mas, segundo a minha experiência, o medo mais danoso que podem sentir é o de contar a história. Vi esse medo atacar e minar a confiança de centenas de jovens escritores, até mesmo – às vezes especialmente – escritores excepcionalmente talentosos. Várias vezes esses jovens, que, da última vez que os encontrara, estavam voando alto com uma idéia nova – animados, inspirados, trabalhando com afinco –, entravam em meu escritório com o semblante pálido. Fechavam a porta de modo decidido e sentavam-se, preparados para confessar seu mais recôndito segredo. Esse obscuro segredo era que lhes faltava algo no pacote de dons literários: *simplesmente não conseguiam criar uma história*. A simples palavra *história* os imobilizava, como o farol de um carro paralisa um cervo. O temível som da palavra *enredo* produzia neles o efeito da kriptonita: diante dela, eles desabavam impotentes. Às vezes essa confissão surgia coberta de vergonha. Não estariam se iludindo, querendo ser escritores? Um ficcionista que não consegue inventar uma narrativa é ridículo: é como um nadador que não consegue mergulhar, um músico que não consegue cantar uma melodia. Outras vezes, captava um brilho de orgulho nos olhos do confidente. Tudo bem, talvez eles *estivessem* tendo problemas com o enredo. E daí? Não há mesmo uma certa vulgaridade em contar uma história? Um texto em prosa "voltado para o enredo" não leva a fama de ser um tanto... digamos, comercial? Talvez a incapacidade de contar a história fosse uma verdadeira prova de seu bom gosto. Afinal, o próprio Henry James diversas vezes chamara o enredo de "vulgar". Talvez não tivesse realmente *importância* o fato de não conseguirem transformar seu projeto numa história.

Estava ainda em meus primeiros anos de ensino quando, depois de ter testemunhado essa destrutiva onda de medo e sua racionalização umas cinqüenta ou sessenta vezes, comecei a perceber que o problema talvez tivesse menos a ver com uma hipotética "deficiência" de todos aqueles jovens talentosos e mais com uma dificuldade maior que eles partilhavam, um indefinível mistério da própria arte. Ali estava um grupo de jovens muito diferentes, mas talentosos, todos aparentemente aflitos com o mesmo problema. E eu não podia acreditar que todos sofressem da mesma incapacidade inata de contar uma história, embora dissessem repetidas vezes: "Não consigo criar enredos!" Tratava-se, eu suspeitava, de um augúrio que se realizava pelo simples fato de ser pronunciado. Mas as coisas não iam nada bem. Eles viviam rodeando uma situação, uma personagem, uma imagem, uma obsessão. Eu lhes sugeria uma história, mas, ao tentarem contá-la, não conseguiam capturá-la. Era como fumaça. Quando tentavam alcançá-la, ela sumia. Isso os deixava transtornados.

Muitos desses novatos acreditavam que os *verdadeiros* escritores – os poucos afortunados – urdiam histórias por meio de um processo mágico negado aos mortais comuns, como eles. As histórias surgiam para os "escritores de verdade" – essa elite misteriosa – já completas, perfeitas, complexas, desde o momento da inspiração. Bastava que os escritores "de verdade" concebessem uma trama para que seu "verdadeiro" dom abrisse as asas e voasse com fantástica destreza diretamente para o mundo maravilhoso da ficção. *Eles* nunca apareceriam no escritório de alguém com uma pilha de páginas sem enredo nenhum, uma confusão tremenda que serviria apenas para provar que eles não eram absolutamente "escritores de verdade". Meus alunos se sentiam ludibriados. Eram *quase* escritores "de verdade". Chegavam perto, mas não no ponto. Por alguma razão desconcertante, eram incapazes, por sua própria constituição, de desempenhar a tarefa mais básica de todas. Faltava-lhes a capacidade de contar a história, assim como algumas pessoas são daltônicas e outras não têm ouvido para a música. Esse dom decisivo ficara fora de seu genoma. E o pior de tudo é que era disso que eles mais precisavam.

Isso quase sempre era pura bobagem. Esses escritores não tinham nenhuma deficiência de talento. Nem sequer lhes faltava a história. Sofriam porque a história que não conseguiam alcançar ou capturar atormentava-os, enlouquecia-os com a sua *presença*. Estavam sendo torturados pela *proximidade* de uma narrativa que não conseguiam colocar em palavras e nem mesmo definir, a não ser de modo muito vago. Sofriam por *quase* se apoderarem de uma história à qual não tinham acesso – *ainda*.

E tinham começado muito bem. Algumas personagens, situações, imagens ou lugares haviam despertado sua imaginação levando-os a sentir que ali "talvez existisse uma história". Mergulharam e viram coisas boas acontecerem. As personagens surgiram, páginas se acumularam. Às vezes, a prosa era realmente agradável.

Havia momentos fortes, boas falas. Mas ainda não existia propriamente uma história. Cada dia de trabalho começava sem uma narrativa e terminava, sombriamente, do mesmo modo. Depois de alguns dias assim, a inspiração começava a titubear; em seguida, a transformar-se em medo. Haviam contado aos amigos que estavam escrevendo, e os amigos naturalmente perguntavam do que se tratava. E eles não sabiam o que dizer. "Bem, é uma história sobre... sobre..." Atrapalhavam-se. Uma desculpa esfarrapada lhes vinha aos lábios enquanto olhavam para rostos intrigados. Era torturante. Não sabiam qual era sua história, não conseguiam nem sequer formular uma boa frase a respeito dela. Sentiam, por isso, que não passavam de uns loucos e que sua preciosa inspiração era pura bobagem.

Tinham pânico da história! Pânico e desespero!
Então me procuravam.

No capítulo 1, dissemos que a raiz latina da palavra *inventar* significa "descobrir". Os escritores não inventam histórias. *Encontram-nas. Revelam-nas; descobrem-nas.* Às vezes, na vida real. Às vezes, nas profundezas da imaginação. Nos dois casos, inventam histórias *ao* encontrá-las e, por outro lado, encontram essas mesmas histórias *ao* inventá-las. O que vem primeiro? Essa é a parte misteriosa – a inter-relação entre inventar e desenterrar. Sua imaginação nem sempre perceberá a diferença.

As pessoas que me procuravam haviam se esquecido desse fato, ou talvez não o tivessem jamais conhecido. Em meio ao pânico, esqueciam que a invenção da história é uma busca. Tentavam "inventar" a partir do nada. Mas não havia nenhuma história pairando no ar à espera deles. Como não procuravam no lugar certo, não encontravam coisa alguma.

A busca de uma história consiste em persuadir – com calma, vagar, cuidado e tenteios – uma série de coisas ocultas a se tornarem visíveis. Essas coisas podem ser personagens, lugares, situações, cenas, esperanças, temores – as possibilidades insuspeitas do drama que espreita sob tudo o que conhecemos. Uma vez despertada a imaginação, você geralmente percebe a presença desses elementos agrupados ao redor de algo que você reconhece intuitivamente, de modo obscuro, pré-verbal, sem palavras. Devagar e com cautela, você precisa trazer cada um deles à tona e colocá-los em palavras. É um processo de descoberta, e raramente acontece com facilidade ou rapidez. A maioria das vezes essa é a parte mais longa, mais lenta e mais delicada de todo o processo de escrever. Meus apavorados alunos não sabiam que os "verdadeiros" escritores geralmente continuam buscando os elementos básicos de uma história vaga, esquiva, até os estágios finais do processo, e muitas vezes se vêem acrescentando toques importantes e reviravoltas decisivas até os últimos momentos da obra. As pessoas muito verbais têm dificuldade para tolerar que lhes faltem palavras para descrever algo que as empolga, e as que chegavam ao meu escritório eram, na maioria, pessoas desse tipo, que se viam mudas diante de uma história que não convertiam em linguagem. *Ainda*. Elas não sabiam que a narrativa – qualquer uma – começa exatamente com essa ausência de palavras.

COMO CHEGAR À SUA HISTÓRIA

Para encontrar sua história, só há um jeito: *você precisa contá-la*. Ninguém no mundo jamais contou a história que você está para narrar. Você nunca a contou a ninguém, nem a si mesmo. Pode ser que você tenha muitas intuições sobre como ela será, e talvez até tenha uma concisa visão geral do que se trata. Tudo isso é bom e útil; é satisfatório para começar. Mas não basta. Até que você realmente conte a história, a história *toda*, ela não passará de fumaça. Além disso, é provável que não a relate de modo exato logo na primeira tentativa. Você tomará rumos equivocados e usará a chave errada, ou a chave certa na porta errada. Afinal, não há ninguém para guiá-lo. Se você for como a maioria das pessoas, terá de contar essa história mais de uma vez – talvez até várias vezes – antes de conseguir terminá-la.

Saiba que esse processo de tentativa e erro levará algum tempo. Nas fases iniciais, ao trabalhar com o germe da história, você provavelmente não saberá o que está por vir. Palpites, esperanças e possibilidades de toda espécie ficarão voando ao redor da sua imaginação. Mas a história mesmo, não. Tudo bem. Nenhum jornalista, quando começa a investigar um assunto qualquer, pede desculpas por *ainda* não conhecer a reportagem inteira. Sua situação seria diferente? É verdade que você está cavando a história num outro terreno, usando um outro tipo de pesquisa. Às vezes, o assunto vem do mundo. Às vezes, da sua imaginação. Mas, de qualquer modo, é preciso cavar. Assim como um Woodward e um Bernstein[*] da imaginação, tudo o que você consegue ver no início é a pequena ponta de algo maior.

Mas como você "sabe" o que está procurando? É muito difícil entender no início que você pode "conhecer"

---

[*] Jornalistas norte-americanos, pivôs da divulgação do escândalo de Watergate. (N. da R.)

intuitivamente sua história antes de conseguir *contá-la*. O despertar imaginativo que o faz começar a trabalhar – aquela "pulsação" – provavelmente revelará não mais que um aspecto enigmático, um fragmento da história que está por vir. Você percebe sua importância, mas não pode apresentar a narrativa completa, pois ela ainda está enterrada – do mesmo modo que ninguém é capaz de prever o sonho que terá à noite e nenhum cantor consegue entoar uma canção que nunca ouviu. A história, assim como o sonho, está em algum lugar à espera de acontecer, mas não é algo de que se possa falar. *Por enquanto.*

É preciso aprender a tolerar esse estado de espírito desconfortável, preliminar, inarticulado. De início, para voar, você contará com uma só asa e uma prece. A asa é o seu entusiasmo; a prece, sua fé – fé em que sua imaginação foi despertada por algo suficientemente significativo para se tornar uma história. Ainda não é possível vê-la. Uma vez desperta, sua imaginação empreenderá a busca. Você precisa acreditar que ela foi estimulada por algo real, algo maior, talvez muito maior, que o desconcertante fragmento que você vê agora; e que esse fragmento é apenas uma parte de algo que *já está em sua imaginação*, à espera de ser encontrado, desenterrado, assim como o osso da coxa de um dinossauro. "O trabalho do escritor", diz Stephen King, "é... conseguir tirar cada osso do solo sem danificá-lo. Às vezes, o fóssil que você desenterra é pequeno: uma concha marinha. Às vezes, é enorme, um *Tyrannosaurus rex*, de costelas gigantes e dentes arreganhados. Nos dois casos, quer se trate de um conto, quer de um romance colossal de mil páginas, as técnicas de escavação são basicamente as mesmas."[1]

---
1. Stephen King, *On Writing*, pp. 163-4.

Robertson Davies começou seu romance *O quinto personagem* com a simples imagem mental de uns meninos na rua, numa fria cidadezinha do Canadá, fazendo guerra com bolas de neve. "Hesito em comentar isso", explicou Davies, "porque soa místico e talvez absurdo, mas asseguro que não é: quando percebi que a imagem significava algo em que devia prestar atenção, tudo começou a ganhar vida; soube então quem eram os meninos, qual era a situação, e logo tomei consciência do que havia por trás dessa imagem. Uma parte teve de ser inventada, outra teve de ser extraída e rejeitada – muita coisa é rejeitada ao longo desse trabalho –, mas, assim que comecei a trabalhar, tudo já estava lá."[2]

Davies está falando de como é possível "saber" e *ao mesmo tempo* "não saber" a história que está para ser escrita. Pode mesmo parecer um pouco místico, mas, deixando de lado a controvertida questão da literal preexistência da história (em que sentido um sonho preexiste ao sonhar?), posso garantir que é exatamente essa a sensação que se tem. E não se trata de uma estranha visita do além, mas de um processo mental bastante comum.

Vejamos um exemplo do quanto é comum. Se você é como a maioria das pessoas, já "conhece", de modo mais ou menos vago, a história do namoro entre sua mãe e seu pai. É um relato pessoal, um capítulo da história romântica da família, e, embora talvez nunca a tenha contado a ninguém, nem a si mesmo, você a "conhece" – mais ou menos.

Essa narrativa tem vários aspectos, e você pode "conhecê-los" de vários modos. Por exemplo, deve ter ouvido umas mil vezes a versão oficial, contada por seus pais.

---

2. Robertson Davies, entrevista a Elisabeth Sifton, "The Art of Fiction", CVII, *Paris Review*, n.º 110, primavera de 1989, p. 47.

Pode aceitar esse relato como preciso e completo – ou pode ter suas dúvidas. Talvez haja certos detalhes, ou até mesmo partes importantes da história, que pairam nas sombras e não fazem parte da descrição. No entanto, você sabe que aconteceram. Tomou conhecimento deles por meio de outra pessoa, ou seus pais os deixaram escapar num momento de intimidade não muito oficial. A respeito de alguns, sua mãe diz certas coisas; seu pai diz outras. A história pode ter certos meandros que você *pensa* que aconteceram, mas não tem certeza; são apenas uma suposição sua, ou os indícios que você tem não são lá muito sólidos. Também pode haver lacunas em seu conhecimento, coisas que você não sabe, mas pode descobrir. Por fim, você talvez tenha embelezado certas coisas em sua imaginação e pode inclusive ter "esquecido" o que é fato e ficção. Ou simplesmente tem certeza de que certas coisas *não* aconteceram – não de verdade, não de fato. Essas coisas soariam como novidade para sua mãe ou para seu pai, mas elas estão em sua cabeça porque são... reveladoras, ou românticas, ou empolgantes, ou plausíveis, ou formam uma história melhor, ou por qualquer outro motivo.

Todas essas partes do mosaico – até mesmo as que você sabe serem fictícias – são aspectos de uma única história. Você "conhece" cada uma delas, cada qual com um tipo diferente de "cognição". Tudo isso está enterrado dentro de você. Para contar a história completa, você teria de integrar de algum modo esses diferentes *tipos* de "conhecimento" e torná-los um só. Mas, até contá-la, você *ao mesmo tempo* "saberá" e "*não* saberá" a história do namoro de seus pais.

Essa mistura de saber e não saber é o ponto de que partem todos os contadores de história, e é o que dá ao processo de encontrar a narrativa o aspecto de um curioso paradoxo. Aquilo que você encontra dá a sensação de ser algo que você sempre soube; e o que você sempre soube surge como uma revelação.

O processo pode começar lentamente. John Irving trabalha com afinco. Ao se aproximar do final de um livro, ele sempre trabalha dez, doze horas por dia. No entanto: "Quando estou começando um livro, não consigo trabalhar mais que duas ou três horas por dia." Por que tão pouco? "Não *conheço* [grifo meu] um novo romance por mais que duas ou três horas por dia."[3] Os diários de Virginia Woolf revelam que seu processo de escavar a história de *Mrs. Dalloway*, de saber o que havia ali, levou cerca de dois anos. Woolf saiu em busca de *Mrs. Dalloway* muito lentamente, à espera da história. Num diário do começo de 1922, ela diz: "ao escarafunchar minha mente para encontrar a sra. Dalloway, volto de mãos quase vazias"; e acrescenta: "Não gosto de sentir que estou escrevendo depressa demais."[4] Mais tarde, ainda em 1922, Woolf continuava incerta até mesmo quanto ao fio condutor de *Mrs. Dalloway* – isto é, a insanidade: a insanidade de Septimus. Assim que isso ficou claro (o que levou muitos meses), Woolf trabalhou mais um ano inteiro até conseguir ver como encaixar as várias histórias do romance umas nas outras – como ligar, segundo ela, as "cavernas" que havia "aberto" "atrás" de cada uma de suas personagens. Estava tentando encontrar os elos entre as personagens para que todas pudessem "[vir] à luz no momento presente": isto

---

3. John Irving, in *The Writer's Chapbook*, p. 65.
4. Virginia Woolf, *Diaries, Volume II, 1920-1924*, org. Anne Oliver Bell, com a colaboração de Andrew McNeillie. Nova York/Londres: Harcourt Brace and Jovanovich, 1978, p. 189.

é, no momento culminante do jantar de Clarissa Dalloway. Mesmo depois de ter estabelecido mais ou menos essas conexões, Woolf trabalhou outros dez meses até enxergar o livro todo com clareza suficiente para dizer: "Estou escrevendo, escrevendo, e agora vejo claramente o caminho até o final, e irei galopando nessa direção, de um modo ou de outro." Três meses mais tarde – e quase dois anos depois do receio inicial de ir "depressa demais" – Woolf notou que estava avançando com tanta rapidez para o final que não conseguia parar.

A busca da história pode ser lenta – mas ela se acelera. É lenta para muitos, até mesmo para os escritores experientes e bem-sucedidos.

Mas não se engane. *É preciso encontrar a história.* Ainda que não comece com uma história, você *tem* de terminar com uma, e ela deve ser verdadeira, uma trama que fascine e estimule os leitores *e* que você considere plenamente satisfatória. O trabalho é esse. A busca da história começa com o primeiro caderno de anotações e termina com a impressão final da última página, e essa busca prevalecerá sobre tudo o mais que você fizer. É uma arena em que não se pode fracassar. Você não terminará até que *esteja terminado*. Não se deixe desviar pelo canto da sereia da "ausência de enredo", nem pelo repentino grito de pânico *"Não consigo criar enredos!"*, nem por alguma desgastada fantasia acadêmica de substituir a história por estilo, personagens ou idéias. Isso seria a rendição. Seria a derrota.

A FICÇÃO É UMA ARTE NARRATIVA. Escrever ficção significa contar histórias. É assim que essa arte se *define*. Se não gosta de contá-las, se acha que essa atividade é inferior, ilegítima ou trivial, você está no ramo errado. À primeira vista, essa afirmação pode parecer dogmática ou banal. Mas ela é verdadeira, não dogmática, e é controversa demais para ser banal. Deixa muitas pessoas nervosas; e outras tantas zangadas. Muitos dizem que é equivocada, e não são poucos os que chegam a considerá-la imoral. Mas ficção é narrativa. É possível – é claro – escrever romances sem história, e, se você quiser tentar, faça isso. Infelizmente, é provável que o resultado seja ilegível. A pequena lista de romances *interessantes* e *verdadeiramente* sem história compõe-se de exceções que confirmam a regra. Quase sempre, os romances sem história são frouxas concatenações de mini-histórias digressivas, contadas pela metade, e quase-histórias debilmente amarradas numa história grande, solta e atravancada. *Tristram Shandy* é o exemplo clássico.

HISTÓRIA, ESTRUTURA E ENREDO

À medida que você tateia o caminho para encontrar a narrativa, pode ser útil estabelecer uma distinção entre "história" e "enredo". Essas duas palavras são freqüentemente empregadas como sinônimos, e por certo estão intimamente ligadas. Mas, por ora, vamos nos concentrar no que as diferencia.

Uma *história* é um relato de qualquer seqüência de acontecimentos relacionados, sejam eles reais ou fictícios. Assim, a história pode se resumir a uma frase ou ser contada longamente, em toda a sua complexidade. Essa complexidade pode se configurar de maneiras muito diversas sem que a história mude substancialmente. Seu feitio, seu movimento do início ao fim, pode ser sugerido com rapidez e percebido de maneira intuitiva. Em outras palavras, ela pode ser parafraseada.

Contudo, para ser inteiramente contada, toda história deve ter também um *enredo*. Esse enredo consiste naquilo que dá movimento à história: compõe-se das voltas e reviravoltas que conduzem de modo preciso a participação imaginativa do leitor; ele organiza e dirige a curiosidade e a compreensão do leitor; determina quando e como ele se envolverá emocional ou intelectualmente, e por meio de que tipo de suspense – tudo com a finalidade de impeli-lo do início ao fim da história, à medida que ela se desenvolve. Sendo um método de contar a história que organiza e impulsiona a energia narrativa, o enredo é muitas vezes descrito com metáforas mecânicas: fala-se dos "mecanismos" do enredo. Eles nada são se não forem concretos.

Um exemplo. Neste instante, é provável que você tenha certeza de que "conhece" a história de *Hamlet*, e sem dúvida poderia contá-la de modo frouxo, sintético, em menos de um minuto. O único modo de testar esse conhecimento seria, é claro, ir em frente e usar esse minuto para resumir *Hamlet*. Ao fazer isso, você poderia confundir-se ou lembrar-se apenas vagamente de alguma peripécia, mas sua afirmação original não estaria errada: você *de fato* "conhece" a história de *Hamlet*. Se visse a peça hoje à noite, tudo "voltaria" à lembrança.

Já o *enredo* de *Hamlet* consiste em todas as causas e efeitos, reviravoltas e reconhecimentos, estímulos e acidentes, intrigas e contra-intrigas a que Shakespeare recorre para conduzir a história com dramaticidade cênica, desde aquele primeiro momento em que, tarde da noite, os sentinelas das geladas muralhas de Elsinore comentam ter visto, em turno tardio, o que lhes parecera uma aparição do rei recém-morto, até o final, quando o cadáver lacerado e envenenado de Hamlet é solenemente erguido e Fortimbrás diz: "Ide, que os soldados disparem."

É grande a complexidade. Para lembrar-se de tudo, é provável que você precise consultar o texto. Há muita concretude e muita força. Esses elementos conduzem a história para além da consciência vaga, cambiante e sumária do público, fazendo-a ingressar no movimento detalhado, vital, cheia de energia de uma narrativa completa – a peça em si, como ela se dá no palco e na tela.

Portanto, seu "conhecimento" da *história* de Hamlet é bem diferente do seu conhecimento do *enredo*. Parecem quase dois conhecimentos diversos, e de fato são, de certa maneira, semelhantes aos dois tipos de "conhecimento" que o autor tem da história. Um deles, muito intuitivo; o outro, cuidadosamente calculado. Um, vago e sumário; o outro, preciso e concreto. Os dois estarão em ação em qualquer história que você conte. É preciso ter sensibilidade para ambos e, principalmente, para o modo como atuam em conjunto.

O enredo e a história reforçam naturalmente um ao outro em qualquer fase do desenvolvimento, mas lembre-se de uma regra geral e prática: assim como a intuição costuma anteceder o cálculo, *a história antecede o enredo*. NÃO É POSSÍVEL "MONTAR O ENREDO" DE UMA HISTÓRIA DESCONHECIDA. Seria como tentar cantar uma canção que você nunca ouviu ou contar um sonho que ainda não sonhou. Além disso, no início, nenhum aspecto da atividade de escrever é mais intuitivo que a formação da história. Ela provavelmente se apresentará de forma obscura e intuitiva, evidenciando apenas um ou outro fragmento do todo – o fim, talvez, ou o começo, ou uma personagem. Assim como um sonho, a história tem de ser desenterrada das profundezas da imaginação. Você pode descobri-la aos poucos ou vislumbrá-la de repente, como descreveu Truman Capote:

"um prolongado clarão que ofusca o chamado mundo real, tangível, e ilumina apenas essa paisagem pseudo-imaginária que subitamente se avista, esse terreno vivificado por figuras, vozes, salas, atmosferas, climas"[5]. No entanto, quer a história se manifeste de modo completo, quer em fragmentos, ela provavelmente tomará nesse momento uma forma tão intuitiva que se situará no limite extremo do que pode ser colocado em palavras. A criação do enredo somente se torna possível quando esse conhecimento intuitivo emerge com clareza suficiente para que você identifique seus detalhes. Depois disso, os dois processos – *sentir* a história e *imaginá-la* – podem começar a funcionar em conjunto, numa reciprocidade dinâmica a partir da qual a verdadeira forma da narrativa pode emergir num alternado vislumbre de certeza e surpresa.

Capote descreve a diferença entre essas duas espécies de "conhecer": "Invariavelmente tenho a ilusão de que todo o desenrolar de uma história – o começo, o meio e o fim – acontece em minha mente de modo simultâneo, de que vejo tudo num lampejo. Mas, ao longo do trabalho, da composição do texto, acontece um sem-número de surpresas. Ainda bem, porque a surpresa, a reviravolta, a frase que surge do nada no momento certo são o dividendo inesperado, o pequeno e alegre impulso que faz o escritor seguir em frente."[6]

Portanto, a *história antecede* o *enredo*. Isso acontece sempre, até mesmo na "ficção por fórmula" – embora a maioria das pessoas não o perceba, pois, na ficção por fórmula, a história parte de algo já dado, de um clichê tão

---

5. Truman Capote, introdução à 20ª edição comemorativa de *Other Voices, Other Rooms*. Nova York: Random House, 1968, p. xiii.
6. Truman Capote, *Writers at Work*, 1ª série, p. 297.

manjado que o escritor já o conhece antes mesmo de começar. Nesse caso, ela é uma fórmula tão conhecida que o escritor não a "inventa" em absoluto – é coisa padronizada, pré-fabricada. Nela, todas as personagens principais, bem como o começo, o meio e o fim, são automaticamente conhecidas. Escrever segundo essa fórmula é, na verdade, uma espécie de reescrever: muda-se um pouco a história de um jeito ou de outro; mudam-se nomes, lugares, um certo número de detalhes, e empregam-se os mesmos e desgastados "mecanismos de enredo" para produzir a mesma história pela milésima vez. Na melhor das hipóteses, o leitor obtém algumas emoções novas aqui e ali – mas não muitas!

É dessa máquina que saem os folhetins. O folhetim é freqüentemente criticado por dar prioridade à "história" em detrimento da "personagem". Isso não é verdade. Colocar a "história" contra a "personagem" é uma contradição de termos, e dizer isso é um mau hábito intelectual que tem causado danos incalculáveis à arte da ficção. A ficção por fórmula não inventa de modo algum sua própria história, mas usa mecanismos de enredo para repetir *ad nauseam* uma história preexistente, mudando apenas detalhes, geralmente os mais triviais. Há editores de folhetins que enviam a escritores aspirantes planilhas explicando exatamente em que *páginas* do original cada personagem-tipo deve aparecer e exatamente o que essas personagens devem fazer, quando e por quê.

Isso não é escrever. É digitar texto.

Nesse caso, estaria Stephen King se contradizendo ao afirmar que, para o escritor de ficção, a história é sempre "o chefe" e que o enredo é "o último recurso do bom escritor e a primeira escolha do simplório"? A resposta é não – desde que se saiba que a história e seu enredo são duas coisas diferentes, embora intimamente ligadas. A "primeira escolha do simplório" é o molde rígido que reproduz uma história preexistente, ou que usa uma fórmula de enredo para produzir movimento numa história que, de outro modo, seria inerte. O "enredo" entendido nesse sentido – a fórmula que nos faz engolir uma história insossa – é o que todos, de Henry James a Stephen King, desdenham. O "enredo", diz King, "é... a britadeira do escritor. Pode-se retirar um fóssil do solo duro usando uma britadeira, sem dúvida, mas você sabe tão bem quanto eu que a britadeira vai quebrar quase todo o material que conseguir retirar. É canhestro, maquinal, anticriativo"[7]. É verdade, Henry James realmente referiu-se inúmeras vezes ao "enredo" como coisa "vulgar". No entanto, *A volta do parafuso* e *As asas da pomba* contam histórias com um enredo cuidadosamente elaborado, e asseguro que James não as considerava "vulgares". *Toda história*, uma vez escrita, precisa de enredo. De outro modo, ela não avança. O que James achava "vulgar" – e Stephen King também – era a fórmula maquinal que substitui a integridade de uma história legitimamente inventada e descoberta.

Não haveria, no entanto, alguma fórmula em toda história? Os próprios conceitos de comédia e tragédia não seriam, de certo modo, "fórmulas"? Se você seguir o conselho de Richard Rhodes de aguçar seu senso de narrativa com a leitura do grande estudo *Anatomia da crítica*, de Northrop Frye, talvez conclua que toda ficção, sempre e em qualquer lugar, é, em alguma medida, "ficção por fórmula". Você pode até aprofundar essa visão indagando se tanto a vida em si quanto a percepção que dela temos não seriam também uma espécie de fórmula, só que a

---

7. Stephen King, *On Writing*, p. 164.

"fórmula", longe de ser desprezível, é a coisa mais excelsa que podemos conhecer.

Sempre que se cria um drama, usam-se recursos que podem ser tachados de "fórmulas". Não se preocupe se há ou não uma "fórmula" em sua história. O que importa é a autenticidade imaginativa que você encontra para ela, com ou sem fórmula. Essa autenticidade deve resultar do trabalho de suas próprias mãos. Você precisa encontrá-la – *inventá-la* – em sua imaginação e na página, muitas e muitas vezes. As próprias parábolas da Bíblia são formuladas *com o propósito* de manter-se em estado de contínuo desenvolvimento. A verdade da ficção é verdade imaginativa também para nos lembrar que a autenticidade é um fluir cambiante; e toda nova geração, todo grupo e indivíduo de cada geração, deve redescobri-la. Nunca chegamos à Última Palavra.

ESTRUTURA

Para dar forma à narrativa, a estrutura se junta à história e ao enredo: é a terceira força em ação. Para ser contada, a história precisa de um enredo. E, para que o enredo seja coerente, ele precisa de uma estrutura.

A estrutura consiste nas grandes unidades que organizam os movimentos da história e lhe conferem a forma geral. Os contornos gerais de determinada estrutura não são necessariamente específicos de uma única narrativa. Na verdade, a seqüência estrutural básica, universal e invariável de *qualquer* história, como observou Aristóteles com seu modo seco e decisivo, consiste em começo, meio e fim. Isso é um truísmo, e também é profundo. A estrutura de *Hamlet* consiste em cinco atos, cada qual composto de um certo número de cenas. Essa estrutura não está só em *Hamlet*; encontra-se em todas as tragédias de Shakespeare. Todos os concertos de Mozart para piano, com sua sublime inventividade e complexidade, apresentam a mesma estrutura: três movimentos distintos que vão sempre do *rápido* ao *lento* e novamente ao *rápido*. A maioria das peças teatrais modernas – e dos romances e roteiros de filmes – tem três atos. É a mais simples de todas as estruturas: a introdução, a complicação que leva à crise e a solução. E essa estrutura simples pode ser usada para contar uma infinidade de histórias, algumas das quais muito, muito complicadas.

Isso significa que qualquer história que você contar terá um fim "natural" e um começo "natural", e o que torna "naturais" esse fim e esse começo é o meio, que geralmente (nem sempre) toma a forma de um arco, em cujo ápice é provável que aconteça uma crise ou um clímax. Isso parece muito rígido, mas é na verdade incrivelmente flexível. A intuição da estrutura pode lhe oferecer uma idéia vaga da forma bem antes de você ter uma firme concepção do enredo e até mesmo antes de ter uma noção mais clara da própria história.

É provável que a estrutura lhe dê um primeiro e indistinto vislumbre da *totalidade* da história. Russell Banks descreve com clareza extraordinária o papel que a estrutura exerce em seu processo de escrever: "Em geral, num romance, tenho uma boa noção do arco da narrativa e de seus pontos de interrupção. Sei se vai ser um romance em cinco atos ou três, se vai seguir diretamente a um ponto ou exigir uma reviravolta, ou se vai seguir determinado curso por um tempo e, a certa altura, dar a reviravolta e tomar outro rumo. Realmente calculo tudo isso. Também faço um esboço para as próximas cinqüenta ou sessenta páginas, que fico reescrevendo enquanto trabalho. Claro que nada disso é definitivo; posso mudar à vontade, à medida que surgem e se desenvolvem novas idéias, reviravoltas e personagens. A questão, suponho, está em encontrar o ponto de equilíbrio entre o controle e a liberdade que lhe permita fazer seu trabalho...

"Num conto, nunca sei aonde estou indo até efetivamente chegar lá. Só sei por onde entrei. O que me vem é a abertura, às vezes uma simples frase ou oração. Mas, quando se trata de um romance, é como entrar numa enorme mansão: não importa por onde se entre, desde que entre. Em geral imagino o fim, não literalmente, não em detalhes, mas sei com clareza se vai terminar com um enterro ou um casamento; se vou incendiar a casa ou dar um banquete no final. A questão importante – a razão pela qual se escreve um romance – é descobrir como se vai daqui para lá."[8]

A interação entre estrutura, história e enredo é constante e bastante intuitiva, e desde que você compreenda que precisa dar um enredo à sua história e que todo enredo tem de ter uma estrutura, aconselho-o a não ir muito além disso. Você vai precisar se concentrar nos elementos distintos de modo mais concreto quando encontrar algum problema. O grande teste da boa estrutura está em permitir que você conte sua história e, em geral, que a conte de maneira mais *completa*. A boa estrutura esclarece e elucida.

A estrutura pode ou não ser complicada. Uma estrutura complicada – por exemplo, a episódica – não serve para contar uma simples história de amor. Por outro lado,

---

8. Russell Banks, entrevista a Robert Faggen, in *Paris Review*, nº 147, verão de 1998, pp. 62-3.

suponha que você queira contar a história de uma grande família que vive em rixas ao longo de várias gerações. Se acha que será possível encaixar todas essas contendas e romances dentro de uma simples estrutura de começo, meio e fim, pode esperar encrenca.

Há muito o que pensar sobre esse ponto. Alguns dos melhores críticos literários dos últimos cem anos se concentraram na estrutura. Caso tenha interesse, a *Anatomia da crítica*, de Northrop Frye, é um bom começo: enriquecerá consideravelmente sua compreensão dos *tipos* de ficção, dos gêneros dessa arte. Em seguida, você pode ler o grande crítico russo Mikhail Bakhtin – um analista muito perspicaz da estrutura do romance, que vale a pena ler. A crítica, no entanto, não substitui o senso de estrutura proporcionado pela leitura extensiva das obras de ficção de que você mais gosta, das obras semelhantes à que você quer escrever, extraindo delas um apurado sentido das possibilidades.

Examinemos apenas uma variedade de estrutura narrativa, a que chamamos de "episódica". Essa estrutura parece muito complexa em razão de compor-se de diversas histórias curtas, concisas, impactantes, intensas – os episódios –, cada qual com seu começo, meio e quase-fim, todas contidas numa história bem longa, de forma livre e desenvolvimento lento. A forma episódica mais conhecida hoje em dia no Ocidente é a série televisiva semanal: quase todas as séries de televisão e todas as novelas, sem exceção, são episódicas por definição.

Mas a estrutura episódica é também uma forma absolutamente clássica. A maioria dos romances de Dickens, por exemplo, é episódica e, como os seriados de televisão, foi publicada inicialmente em fascículos. Se você colocar em seqüência os episódios semanais de uma série de televisão, o efeito, como observa John Mortimer, será muito semelhante ao dos romances vitorianos de que Dickens é o paradigma. "Se você perguntasse a uma pessoa qual é o enredo de *Casa desolada*, ela não seria capaz de responder, mas *poderia* contar muitas coisas curiosas que aconteceram ao longo da narrativa. Por outro lado, se *Casa desolada* não tivesse um enredo central, essa pessoa não teria continuado a leitura para descobrir essas coisas."[9]

Do Pentateuco à *Família Soprano*, o grande gênero episódico é a saga – a crônica de uma família. Os romances *Guerra e paz*, de Tolstói, *O poderoso chefão*, de Mario Puzo, e *Cem anos de solidão*, de Gabriel García Márquez, são todos sagas. E, se quisermos falar de uma literatura *realmente* influente, a saga também confere estrutura a grande parte do Velho Testamento, dos dois livros de Samuel aos dois livros das Crônicas, além de longas passagens do Gênese e do Êxodo.

Algumas idéias estruturais não são, a rigor, narrativas, mas musicais. A música é de longe o meio mais poderoso descoberto pelos seres humanos para conferir estrutura ao tempo. A narrativa tem de ser influenciada por essa força. Isso não deveria nos surpreender numa época de acesso instantâneo, em que as mentes são entorpecidas por melodias ignotas em qualquer táxi, elevador ou chamada telefônica. Hemingway certa vez comentou sobre a influência de Mozart em seu trabalho, acrescentando: "A meu ver, o que se aprende com os compositores e com o estudo da harmonia e do contraponto é o óbvio."[10] Não há nada de vanguardista no elo estrutural

---

9. John Mortimer, entrevista a Rosemary Herbert, in *Paris Review*, n.º 109, verão de 1988, p. 120.

10. Ernest Hemingway, in *Writers at Work*, p. 222.

da ficção com a música: ele é tão velho quanto a arte. As primeiras grandes narrativas da tradição ocidental – os poemas épicos de Homero, por exemplo – eram cantadas. Os escritores, de Edmund White a Mary Gordon, sempre fizeram um contraponto entre a escrita e a música. Poder ouvir música por horas seguidas enquanto se trabalha é algo que surgiu somente na segunda metade do século XX, mas muitos clássicos antigos têm forte relação com a música. *A cartuxa de Parma*, de Stendhal, seria inimaginável sem as óperas de Mozart. Entre os grandes modernistas, Thomas Mann preencheu suas obras com ecos de Wagner, e as ironias líricas de James Joyce estão embebidas da ópera italiana. Aliás, a insistência do modernismo literário no lirismo condutor da "voz" na ficção deriva dos gênios de Whitman e Joyce, nos séculos XIX e XX, respectivamente, e apresenta claras analogias com o estilo de execução das árias cantadas em modo recitativo, tão compulsivamente importantes para esses dois escritores. A tendência é óbvia em todos os grandes líricos americanos da "voz", de Faulkner a Welty. Consideremos apenas o clássico conto de Welty, o aclamado e quase cantado "Powerhouse"; ou o romance de Susan Sontag, *O amante do vulcão*: "Eu já tinha, de certo modo, a história e o panorama geral do livro. E o que me foi muito útil: uma idéia muito forte de estrutura. Tirei-a de uma peça de música, *Os quatro temperamentos*, de Hindemith – obra que conheço muito bem, pois é a música de um dos balés mais sublimes de Balanchine, a que assisti inúmeras vezes. A música de Hindemith começa com um prólogo triplo, três peças bem curtas. Em seguida, vêm quatro movimentos: melancólico, sangüíneo, fleumático e colérico, nessa ordem. Sabia que ia fazer um prólogo triplo, seguido de quatro seções ou partes que correspondiam aos quatro temperamentos... Sabia de tudo isso, mais a última frase: 'Que se danem todos.' Claro que não sabia quem ia pronunciá-la. Em certo sentido, todo o trabalho de escrever o romance consistiu em criar algo que justificasse essa sentença."[11]

CONFLITO: A CHAVE DE ACESSO

A porta de entrada para qualquer história é o conflito. Isso porque o conflito – isto é, algum embate a ser resolvido entre as pessoas – é a única coisa que nos faz perguntar: *O que vai acontecer?* O leitor que não se interessa por isso não vai se interessar pela leitura, e ponto final. Sem um conflito que mantenha essa pergunta em algum lugar da mente do leitor, a história ficará inerte, condenada à estagnação e a não ser lida. A necessidade de saber o que vai acontecer – de saber qual será a solução para o conflito – não é a *única* fonte do poder psicológico na ficção, mas sem ela as outras ficarão frouxas. Os leitores viram as páginas *somente* quando podem ser induzidos a juntar-se ao autor nessa busca. O estilo por si só, a personagem por si só – nenhuma dessas coisas, por mais esplêndida que seja sua descrição, se sustenta sozinha. "'O gato deitou no tapete'", como diz Le Carré, "não é o começo de uma história, mas 'O gato deitou no tapete do *cachorro'*, sim."[12]

Tudo isso significa que o suspense – *alguma* forma de suspense – paira sobre toda a arte da ficção, qualquer

---

11. Susan Sontag, in *Women Writers at Work*, p. 397.
12. John Le Carré, in *The Writer's Chapbook*, p. 182.

tipo de ficção. Não me entenda mal. Não estou (não necessariamente) falando do suspense de roer os dedos, que nos faz querer ver o final do livro, o suspense da ficção policial. A gama de pensamentos e sentimentos despertados pelo envolvimento imaginativo na busca de um desenlace é muito mais rica e abrangente do que isso. Mas o envolvimento dos leitores na busca de um desenlace é o que os faz *se interessar*. Sem isso, eles não se interessarão. Uma vez que tenha determinado exatamente como uma personagem ou uma situação se encaixa no conflito, você estará a meio caminho.

Nos estágios iniciais, o modo como se define o conflito de uma personagem não deve ser muito rígido. Você está buscando, experimentando. O conflito pode se aprofundar e mudar – talvez várias vezes – antes de ficar pronto. Não se obrigue a uma definição prematura. Deixe as coisas soltas – soltas, mas não vagas no sentido emocional. Como quer que o defina, o conflito deve fazer com que você se interesse por ele – por meio das personagens, é claro. É preciso sentir que o conflito as agarra pelas entranhas, pois agarra você pelas entranhas, e é preciso sentir isso desde o começo. O conflito inicial lhe parece simples demais, a princípio? Parece tosco? Deixe estar. Melhor tosco do que fraco ou falso. À medida que você avançar, a história proporcionará nuanças e dimensão ao conflito. Diz Philip Roth: "No começo, você está procurando algo que lhe ofereça resistência. Está procurando encrenca."[13] Esfregamos os olhos com incredulidade ao saber que Dostoiévski começou o livro que se tornou *Crime e castigo* com a intenção de escrever uma crítica ao alcoolismo em

---
13. Philip Roth, entrevista a Hermione Lee (1986), in *Conversations with Philip Roth*, p. 164.

São Petersburgo. (*Dostoiévski? Escrevendo "pai, pai querido, vamos para casa agora?"*) Mas Dostoiévski se importava muito com os danos que ele via o álcool fazer à família russa, e deixou esse sentimento impregnar o conflito entre a nobre Sonya e seu pai arruinado pela vodca. Os leitores modernos talvez sorriam diante dessas cenas: parecem fragmentos de algum antiquado melodrama de bar. Foi, porém, justamente a partir desse começo pouco elaborado que Dostoiévski produziu sua obra-prima do terror psicológico, de originalidade incomparável.

Mas o conflito também define a forma literária da obra e como você determina o que é relevante para ela. Toda história – assim como toda situação humana – nada no mar infinito da informação e dos detalhes possíveis. Quase toda essa informação é totalmente desinteressante. Uma pequena parte – muito pequena – é reveladora. O que separa os detalhes que interessam dos que não interessam é o campo de força do conflito. É o conflito que leva a informação dispersa a tomar uma forma articulada, extraindo dos detritos do irrelevante os detalhes relevantes. O efeito assemelha-se um pouco às limalhas de ferro da conhecida demonstração do campo de força do magnetismo que vemos na escola. Um montículo sobre uma folha de papel é de repente atraído por uma energia invisível, formando belos arcos concêntricos.

Além disso, o conflito também dá forma à personagem, até mais do que essa coisa amorfa chamada "personalidade". Como é só o conflito que revela quem se importa com o quê na história, ele é a verdadeira força que atribui às personagens o seu papel. A personalidade "específica" da personagem chamada Julieta se define pelo fato de que ela vai amar, e morrer amando, uma personagem chamada Romeu. Julieta tem uma "personalidade", é claro, mas é o seu destino que torna sua personalidade dramática. De modo semelhante, a situação de qualquer personagem na página que você escreve haverá de se definir por seu lugar no conflito mais amplo da história, e a personalidade da personagem deve fazer parte disso.

Por fim, o conflito determina o gênero. A história vai terminar com um funeral, com um casamento, com uma festa ou com um olhar profundo e fixo numa parede de tijolos? Vai nos fazer rir, chorar, ter medo, raiva, admiração, compaixão, doce tristeza, arrebatamento ou o quê? As respostas que você encontrar a perguntas desse tipo determinarão o gênero da sua história. Por "gênero", aliás, não me refiro apenas à ficção de "gênero" exposta nas prateleiras das livrarias – terror, romance, faroeste, espionagem, ficção científica –, toda essa ficção "popular" que se contrapõe, de maneira tão monótona e enganosa, à ficção "literária" do nosso tempo. Refiro-me, nem mais nem menos, ao que Aristóteles quis dizer quando falou dos "tipos" ou "categorias" de histórias. Assim como a comédia e a tragédia, a maioria das "categorias" de história (talvez não todas) é determinada pelos sentimentos que desperta, o efeito emocional a que a história quer induzir o leitor. E esses sentimentos, por sua vez, determinam o desenlace da história, seu final.

A verdade é que os escritores imitam os gêneros assim como imitam a vida. É isso o que John Gardner quis dizer ao afirmar que "a unidade primária de pensamento do artista – sua base primária, consciente ou inconsciente, para selecionar e organizar os detalhes de sua obra – é o *gênero*"[14]. E acrescenta, contestando a velha

....
14. John Gardner, *The Art of Fiction*. Nova York: Vintage Books, 1991, pp. 18-20.

orientação "escreva sobre o que você conhece": "O escritor... apresenta não tanto o que ele conhece sobre a vida quanto o que conhece a respeito de determinado gênero literário. Uma resposta melhor, embora ainda não a resposta ideal, talvez fosse: 'Escreva o tipo de história que você conhece e da qual mais gosta – de fantasma, de ficção científica, uma história realista sobre sua infância, ou o que for.'"

Pensamento narrativo. Você está em busca de uma história. Então faça perguntas que tenham de ser respondidas com uma história. Em vez de indagar o que significa certa coisa, pergunte qual será o desenlace e como chegar a esse desenlace. Faça aquilo que chamo de "perguntas narrativas". "O que acontece?" é a pergunta narrativa por excelência. (Ela apresenta muitas variantes: *O que acontece se? O que acontece quando? O que acontece depois?*) Só pode ser respondida com o que as pessoas fazem – não simplesmente com o que pensam ou sentem, mas com o que fazem.

Por sua vez, a pergunta antinarrativa por excelência é: *O que isso significa?* Bem, é claro que não há nada de errado com *O que isso significa?* É a própria definição de uma pergunta razoável. Mas a resposta para essa pergunta não pode levá-lo aonde você precisa ir.

Você necessita de perguntas que conduzam a uma história – e a maioria delas gira em torno da motivação. Ao observar uma personagem nova, faça a mesma pergunta que fazem Vonnegut e Bradbury: *O que essa personagem quer?* A curto prazo, a longo prazo. Ao andar pela rua, ao abraçar seu destino, as pessoas agem movidas pelo desejo. Quando já sabe o que uma personagem quer, você pode perguntar: *Ela vai conseguir?* E por fim:

Como conseguirá?, ou, por outra, *Por que não conseguirá?* Esse trio de perguntas inter-relacionadas é uma ferramenta poderosa e confiável para a narrativa. Faça as perguntas direito, e elas *invariavelmente* produzirão uma espécie de história.

É possível interrogar a ambientação exatamente do mesmo modo. A grande pergunta não narrativa ligada à ambientação é: *Como é esse lugar?* Trata-se de uma pergunta perfeitamente sensata, e você sem dúvida vai querer respondê-la, mas, a menos que esteja escrevendo um livro de viagem, ela nunca vai levá-lo aonde você precisa ir. Por outro lado, suponha que você pergunte: *Quem vive nesse lugar? Quem quer ir a esse lugar? Quem quer ir embora desse lugar? Por quê?* Agora você pode dizer como esse lugar é no contexto das pessoas e de seus desejos. Agora sua ambientação tem vida, e você pode perguntar: *O que essas pessoas querem? Elas vão conseguir? Como conseguirão? Por que não conseguirão?* Assim você estará exercendo o ofício de escritor.

HISTÓRIA E PERSONAGEM

Uma vez que o germe da história tenha começado a brotar em sua mente, ele poderá de repente entrar num turbulento e descontrolado estado de desorganização. Você crê não ter nada, até que *shazam!*, tem coisas demais, uma multidão ruidosa de histórias em potencial; novas personagens pululam por toda parte; novos enredos, novas, súbitas e sinuosas vertentes se insinuando por todo lado. Você, que tinha começado sem nada, agora está assoberbado.

O que fazer?

Concentre-se na personagem. Quando uma história começa a se multiplicar e se espalhar em todas as direções, a reação natural talvez seja tentar retomar o controle, juntando toda a massa turbulenta e confusa num "enredo" organizado e predeterminado. Isso é um erro, que acaba por limitar a história, em vez de organizá-la. Lembre-se: o que organiza a ficção é o conflito – e somente as personagens vivenciam os conflitos. Portanto, quando a história ficar desorganizada, não se concentre no enredo, mas nas personagens. Volte para o conflito humano predominante na situação e descubra o que motiva as pessoas que o provocam. Acima de tudo, encontre o conflito e a motivação da misteriosa figura principal entre as suas *dramatis personae*: seu *protagonista*.

A palavra *protagonista* talvez soe um tanto escolar, mas ignoremos essa pequena nuvem de pó de giz e admitamos que *protagonista* é uma boa palavra: bem menos controversa que "herói" e bem mais precisa que "personagem principal". Muitas de suas personagens terão algum tipo de conflito, e muitos desses conflitos levarão a algum tipo de desenlace. As personagens podem se apaixonar, morrer, ficar loucas, se tornar assassinas ou heróis inspiradores. Todos os tipos de personagem podem desempenhar papéis importantes. Nem por isso elas são o protagonista – aquele cujo problema é o foco principal da história e cujo destino define o significado dela.

Em geral, numa história há somente um protagonista. Às vezes, há dois: *Romeu e Julieta*. Em raras, raras ocasiões pode haver mais. É mais freqüente que o protagonista enfrente um claro antagonista: a personagem que, de modo mais significativo, personifica o outro lado do conflito vivido pelo protagonista. A identidade de seu protagonista (e talvez também a de seu antagonista) pode mostrar-se risivelmente óbvia logo no primeiro momento em que lhe ocorre a história. Ou pode permanecer indefinida por um longo tempo. O protagonista não precisa ser a personagem à qual é dedicado o maior número de páginas, nem a personagem de cujo ponto de vista a história é contada. O protagonista é *a personagem cujo destino é o mais importante para a história*. É, portanto, a personagem cujo destino é o mais importante para você.

É preciso encontrar essa personagem, pois é nela que se concentra a atenção do autor. O destino dela, de início, pode parecer vago. Deixe que seja vago. Assim como ocorre com a visão do conflito, a visão mais densa e matizada do destino do protagonista virá com a busca do desenlace, que há de resolver e definir tanto o conflito quanto o destino.

Portanto, o sinal de advertência de que a história está se tornando desorganizada costuma ser a existência de demasiadas personagens, e a solução para esse problema é, em geral, a descoberta de uma delas – o protagonista –, cujo destino será o mais importante. Tchecov alertava para a proliferação de personagens: "Não tenha muitas personagens. Deve haver dois centros de gravidade: ele e ela."[15] Edith Wharton também advertia contra a existência de "personagens sem função". (Wharton tinha grandes reservas quanto a elas.) "Nem o romancista nem o dramaturgo deve jamais aventurar-se a criar uma personagem sem antes segui-la até o final da história que tem em mente e ter certeza de que esta ficará mais pobre sem ela."[16]

---

15. Anton Tchecov, carta a seu irmão, Aleksandr Tchecov, Moscou, 10 de maio de 1886, in *Letters of Anton Chekhov*, org. Avrahm Yarmolinsky, Nova York: The Viking Press, 1973, p. 37.

16. Edith Wharton, *The Writing of Fiction*, p. 84.

É verdade que, quando se começa a trabalhar, a proliferação de personagens pode parecer um bem-vindo sinal de vida. Cada qual parecerá destinado a algum papel importante. Mas tão logo você encontre o protagonista, tão logo saiba quem é o centro inequívoco de sua história, alguns desses intrusos começarão a sair de cena. O que proporciona unidade à sua história? Mais do que qualquer outro elemento – mais do que o estilo, mais do que o ponto de vista, mais do que o enredo –, a força unificadora é a singularidade do protagonista e de seu conflito. Tudo o mais se forma ao redor desse centro. Qualquer outro papel tem relação com ele, e qualquer personagem sem uma ligação significativa com o protagonista vai vagar pelas páginas do livro como um intruso desajeitado e perdido, atravancando o caminho.

DRAMA E IMPLAUSIBILIDADE

Dois aspectos finais: *Entregue-se ao drama*. E igualmente importante: *Entregue-se à implausibilidade*. Acima de tudo, não *tema* nenhuma das duas coisas. A verve na ficção quase sempre está na presteza em capturar – e amar – o drama ou a implausibilidade, ou ambos. O drama repousa sobre a implausibilidade, e os dois juntos constituem o recurso primordial para descobrirmos – "inventarmos" – o significado invisível das coisas. Na bifurcação de seus caminhos podem encontrar-se os "acontecimentos excepcionais" que Truman Capote definiu como a própria matéria com que trabalha o escritor. São a alavanca que ergue a carapaça da banalidade e revela o sentido. *Todo* drama se baseia em acontecimentos implausíveis que acometem a vida comum e a fazem mudar. *Toda* narrativa tem alguma relação com o improvável. Parte de seu trabalho consiste, por certo, em tornar verossímil o implausível. Depois disso, depois de torná-lo verossímil, prossiga para torná-lo inevitável. Assim, pode-se chegar à arte.

É desanimador verificar quantos aspirantes a escritor ficaram paralisados ao primeiro sinal de uma ocorrência intensamente dramática e, portanto, implausível. Eles entram em pânico. Têm certeza de que há algo errado. No entanto, a implausibilidade é a *base* do drama, e isso pelo simples motivo de que o drama se baseia no excepcional. Quando este irrompe em sua história, isso não é má notícia. É com freqüência – não sempre, mas com freqüência – um presente das musas.

Não receba esse presente com desânimo, como se fosse um sinal de fracasso. Sua única esperança é tornar tudo mais real que o real. Perdi a conta de quantas vezes sugeri uma possibilidade dramática ao autor de um bem elaborado texto em prosa – porém inerte e, portanto, enfadonho –, e ele, em choque, até mesmo horrorizado, respondeu-me: "Ah, mas eu não gostaria de ser *melodramático.*"

Espere um pouco aí. *Drama* não é *melodrama*. Afora o fato de o melodrama ser uma modalidade artística com uma história rica e respeitável – a ópera, por exemplo, não existiria sem ele –, a incapacidade de distinguir entre o melodrama e seu primo mais simples deixa o escritor absolutamente sem ação. Por incrível que pareça, há pessoas – pessoas inteligentes – que crêem ser sinal de "bom gosto" desdenhar altivamente o drama. Na maioria das vezes, é o contrário: uma lamentável insensibilidade para com a essência da arte, uma falha de entendimento no nível mais essencial. Trata-se, com maior freqüência, não de um sinal de bom gosto, mas de insegurança artística. Sem saber até onde ir, o escritor não vai a lugar nenhum. A falta de vida não é uma forma de elegância que se deva procurar.

Se o drama assusta você, o delicioso desafio da implausibilidade provavelmente o deixará petrificado. No entanto, a implausibilidade é a companheira necessária de todo e qualquer drama. É ela o coração dos maiores clássicos do Ocidente, de *Édipo Rei* a *Hamlet*, de *Otelo* a *Os irmãos Karamazov*. *A prima Bette*, de Balzac, mantém o leitor o tempo todo na ponta do assento, isso porque o deixa o tempo todo no limite do espanto e da incredulidade. Observe o clímax de *O grande Gatsby* – o acidente na estrada que mata Myrtle Wilson e leva seu marido enlouquecido a assassinar Gatsby. Trata-se de um acidente absolutamente improvável, causado e também seguido pela histeria "melodramática" decorrente – veja só! – de um erro de identidade. Fitzgerald recorre a essa absurda implausibilidade com a confiança de um gênio e a eleva à altura de uma inesquecível visão trágica.

John Braine falou com clássica reserva britânica a respeito do que ele chama de "ponto de implausibilidade". "Por mais decorosos que sejam os atos de suas personagens, por mais consistentes que sejam seus motivos, você está contando uma história. Está lançando anzóis para fisgar o leitor; dirigindo a narrativa a seu ponto culminante. Está apresentando seres humanos reais. Mas, ainda assim, a história é uma criação artificial. Nada na vida real é tão claro e organizado, não há verdadeiramente um final, as pontas ficam soltas... vai acontecer algo que não seria possível na vida real. Se você se livrar disso, se substituí-lo por um acontecimento crível, o Ponto de Implausibilidade emergirá em algum outro lugar.

"Não há como se livrar desse ponto; tentar contorná-lo sorrateiramente por meio de um breve resumo torna o inacreditável ainda mais inacreditável. O melhor modo de lidar com ele é ter o máximo de brio; cuide para que ninguém deixe de percebê-lo."[17]

O SENSO DE CORREÇÃO

Todos esses elementos, do mais intuitivo ao mais cuidadosamente calculado, devem funcionar em conjunto numa espécie de sincronia que começa e termina com a intuição. E como traçar o caminho do começo ao fim? Só uma intuição poderá guiá-lo em cada etapa: *seu próprio senso do que é correto*. Mas esse senso só pode surgir depois dos dez mil equívocos apontados pelo seu senso do que é *errado*. O senso de correção e o senso do que é errado não têm existência independente: um é o avesso do outro. A maioria das histórias morre antes de nascer simplesmente porque seus autores não entendem isso. A voz interior lhes diz bem baixinho: "Isso está *errado, tudo errado*", e eles entram em pânico, pensam que fracassaram e desistem. Crêem que essa voz interior – *isso está errado* – é motivo para parar. Na verdade, ela é a melhor amiga de sua arte; é o outro lado da voz que lhe diz o que é correto. Ouça as duas vozes, confiante em que seu intelecto será capaz de atender a suas dicas e discernir muitos de seus significados mudos. Essas vozes estarão presentes durante todas as horas que você passar à escrivaninha, e somente elas poderão guiá-lo no caminho que leva da perplexidade, da complexidade e do conflito ao inevitável. O movimento do

---

17. John Braine, *How to Write a Novel*, pp. 125-6.

implausível ao inevitável é o rumo mais verdadeiro de uma história, e é ele que define sua trajetória de autor.

"Encontrar a forma correta para sua história", dizia Truman Capote, "é simplesmente perceber o jeito mais *natural* de contar uma história. O teste para saber se um autor descobriu ou não a forma natural da história é o seguinte: depois de lê-la, é possível imaginá-la de outro modo? Ou ela faz sua imaginação se calar, como se fosse absoluta e definitiva? Uma laranja é definitiva. É algo que a natureza fez de modo perfeito."[18]

---

18. Truman Capote, in *Writers at Work*, 1ª série, pp. 287-8.

4. COMO DAR VIDA ÀS PERSONAGENS

O melhor modo de desenvolver uma personagem é, sem dúvida, contar a história dela. E o melhor modo de desenvolver uma história é, com toda a certeza, contar o que suas personagens fazem. Afinal, as histórias *são* o que as personagens fazem, e as personagens *são* o que elas fazem nas histórias. Diferentemente dos seres humanos, as personagens não têm vida alguma fora da página. Assim, suas vidas consistem quase exclusivamente na ação. Mas não me entenda mal: quando falo em "ação", não me refiro simplesmente a brigas de rua, perseguição de veículos e ardentes cenas de amor. Refiro-me a qualquer pensamento, palavra ou gesto que envolve a personagem com alguma *outra* personagem, constituindo um acontecimento. Na ficção, a ação consiste em intercâmbios humanos. Por esse motivo, o lugar – o *único* lugar – para encontrar as personagens de suas histórias é a arena dos relacionamentos. É claro que é possível compor personagens solitárias ou isoladas, mas cuidado com a solidão pura e simples. Até mesmo o solilóquio de Molly Bloom, uma das passagens mais narcisistas da literatura moderna, consiste num remoer compulsivo de Molly sobre seus relacionamentos com outras personagens.

Você só criará ação na página quando sua personagem se defrontar com outra personagem que seja, de algum modo, importante para ela. O intercâmbio dramático é a *única* coisa que torna as personagens visíveis, até mesmo para seus autores. Assim como um caçador à espreita em meio às sombras do crepúsculo, sua imaginação nunca detectará a caça até que se *mova*.

Cuide também para não descrever em excesso "atividades" vazias. Nesse ponto, preciso estabelecer uma distinção entre "atividade" e "ação" verdadeira. Defino *atividade* como os atos rotineiros da vida, o tipo de coisa que a personagem faz mais ou menos do mesmo jeito que todo o mundo, como escovar os dentes ou dirigir um carro. A "atividade" entra em qualquer tipo de caracterização; ancore a personagem naquilo que lhe seja típico e significativo. Umas poucas e hábeis linhas descrevendo a pessoa escovando os dentes ajudarão a caracterizá-la como um ser humano. Em excesso, porém, a simples atividade irá soterrar a personagem debaixo de coisas banais e sufocar a história. Mostre o que for típico, mas lembre-se de que um pouco desse típico – precisamente por *ser* típico – é mais que suficiente. O que mais importa é mostrar o que há de especial na sua personagem, e isso significa deixar claro e nítido qual é o papel dela, ou seja, o que a personagem faz com as outras para levar adiante os "acontecimentos excepcionais" da história.

Você encontrará as personagens no mesmo lugar em que descobre a história, naquela região sem nome entre achar e fazer, à qual constantemente retornamos: o reino nebuloso da "invenção" – "invenção" no sentido exposto acima. De fato, não importa muito se suas personagens são inspiradas em você mesmo, em outra pessoa ou em ninguém em especial. "Invente" cada uma delas exatamente como "inventa" a história. Às vezes, você começa com uma situação nítida, povoada de esqueletos de personagens, de figuras nebulosas ou sumariamente esboçadas. Outras vezes, pode iniciar com uma personagem mais real que a própria realidade, embora não tenha nenhuma idéia de qual será o destino dela na narrativa. Ter uma dessas coisas – a situação ou a personagem – é tornar-se claramente consciente da ausência da outra. Não deixe que essa percepção se torne uma desvantagem. A verdade é que tanto a situação quanto a personagem constituem pontos de partida perfeitamente adequados. Você só pode começar jogando com as cartas que sua imaginação lhe der. Afinal, trata-se apenas de um ponto de partida. Então, comece.

A história *é* a personagem. A personagem *é* a história. Você vai ouvir muitas vozes tentando persuadi-lo de que essa antiga verdade não é mais válida. Recomendo com veemência que as ignore. Muitos tentarão opor a ficção "movida pela personagem" à ficção "movida pela história". Essa oposição imaginária é um clichê perigoso que só poderá prejudicar seu trabalho. A idéia de que só é possível ter clareza em relação à personagem ou à história quando se despreza uma em favor da outra é simplesmente um engano. As personagens se definem por meio da história, e esta não consiste em outra coisa além da ação de suas personagens. *Opor* a "personagem" à "história" é como tentar andar com uma perna só. Claro que o *primeiro* passo é dado com uma das pernas, e esse primeiro passo pode ser uma situação clara sem personagens claras. Ou o contrário. Mas depois do primeiro passo vêm o segundo e o terceiro. É com as duas pernas que você vai andar.

Caso o começo se dê com uma personagem, Ray Bradbury aconselha que você "encontre uma personagem parecida com você mesmo, que queira ou não queira algo com todo o coração. Mande-a sair correndo. Apresse-a. Depois, siga-a o mais rápido que puder. A personagem, com seu grande amor, ou ódio, fará com que você a siga até o final da história"[1]. Shelby Foote também começa com a personagem e critica severamente quem não faz isso. "A personagem vem antes. Distingo os bons romances dos maus. O bom livro pode ser descrito como aquele em que uma pessoa, em determinada situação, faz tal e tal coisa. O mau livro trata de uma *situação* em que uma pessoa faz tal e tal coisa. Em outras palavras, o enredo deve se desenvolver a partir da personagem."[2]

"A personagem vem em primeiro lugar." É essa a posição de Shelby Foote, e muitos concordam com ela. Mas nem todos. "A situação vem em primeiro lugar", diz Stephen King a respeito de seu próprio trabalho. "As personagens – sempre planas e sem traços característicos – vêm em seguida. Assim que essas coisas se fixam em minha mente, começo a narrar."[3] E acrescenta: "Meus livros costumam basear-se mais na situação que na história. Algumas das idéias que produziram esses livros são mais complexas que outras, mas a maioria começa com a rigorosa simplicidade de uma vitrine de loja ou de figuras de cera. Gosto de colocar um grupo de personagens (talvez duas; talvez uma só) em alguma situação difícil para depois observá-las tentando se libertar. Meu trabalho não consiste em *ajudá-las* a se libertar nem em manipulá-las para que cheguem a um lugar seguro – trabalho

---
1. Ray Bradbury, *Zen in the Art of Writing*, p. 7.
2. Shelby Foote, "The Art of Fiction", CLVIII, *Paris Review*, n.º 151, verão de 1999, p. 73.
3. Stephen King, *On Writing*, pp. 164-5.

que requer a britadeira ruidosa do enredo –, mas em observar o que acontece e escrever isso."⁴

Edith Wharton provavelmente concordaria com Shelby Foote nesse debate, embora talvez não de modo tão discriminatório. Wharton estabeleceu uma distinção entre "romances de situação" e "romances de personagem e costumes". "Nos primeiros, as pessoas imaginadas pelo autor quase sempre surgem de uma visão da situação e são invariavelmente condicionadas por ela, qualquer que seja o gênio de seu criador; já na forma mais ampla e mais livre, a dos romances de personagem e costumes (ou apenas uma das duas coisas), as personagens do autor nascem primeiro para, depois, desenvolverem misteriosamente seus próprios destinos."⁵

Wharton tem razão. Enquanto certas obras de fato são mais fortes na personagem que na história – ou o contrário –, as situações *inevitavelmente* "surgem" das personagens, e as personagens *inevitavelmente* "surgem" das situações. Embora história e personagem estejam sempre ligadas, cada obra específica as unirá por meio de uma relação própria. É possível, no entanto, fazer algumas generalizações. A maioria das narrativas episódicas, de *Dom Quixote* a *I Love Lucy*, congrega sua longa seqüência de aventuras pequenas e curtas por meio de alguma personagem principal excepcionalmente marcante. Numa *road story* ou narrativa picaresca – Neal Cassady em suas aventuras pelos Estados Unidos ou Holden Caulfield fugindo para casa – um único viajante vivaz mantém a unidade de uma história longa e ampla. Por outro lado, numa história de enredo longo – por exemplo, *O grande*

....
4. Ibid., p. 164.
5. Edith Wharton, *The Writing of Fiction*, p. 125.

Gatsby ou *A sangue frio* –, a situação domina a variedade de personagens, organiza-as, posiciona-as no desenrolar dos acontecimentos. Isto é, determina a função dessas personagens.

Pode-se até começar *sem personagem e sem situação*. É possível inspirar-se em alguma idéia geral a respeito da sociedade, da política, da vida humana em geral, assim como habitualmente acontece com Chinua Achebe. "Creio que a idéia geral vem em primeiro lugar, seguida quase de imediato pelas personagens principais. Vivemos num mar de idéias gerais, e isso não é um romance... Mas no momento em que uma idéia específica se liga a uma personagem, é como se um motor a movesse. Tem-se então um romance em andamento. Isso acontece particularmente nos romances em que há personagens marcantes e autoritárias... quanto a personagens sem personalidade forte, creio que a idéia geral exerça uma influência mais acentuada no primeiro estágio. Mas, tão logo se ultrapasse esse estágio, não há diferença alguma entre a idéia geral e a personagem; as duas coisas têm de funcionar."[6]

PONTO DE VISTA

Muitos professores de redação criativa lhe dirão que, para unificar a história e integrá-la às personagens, é preciso recorrer a algo denominado "ponto de vista" narrativo. Certos puristas insistem até em afirmar que um "ponto de vista integrado" é o *único* modo de a narrativa alcançar unidade. Geralmente, esse argumento se desenvolve da seguinte maneira: para haver história, é preciso

---
6. Chinua Achebe, in *A Writer's Chapbook*, p. 207.

narrá-la. Para narrá-la, é preciso ter alguém. Mesmo quando a narrativa é em terceira pessoa, sua coerência depende de ela se dar por meio da perspectiva de determinada personagem. Como notou Edith Wharton: "Duas pessoas nunca têm a mesma experiência, e... o primeiro cuidado do contador de histórias, depois da escolha do assunto, é decidir a qual de suas personagens aconteceu o episódio em questão, já que não poderia ter acontecido daquele modo particular a mais de uma delas."[7] Portanto, o primeiro trabalho do escritor é encontrar na história a personagem cujas percepções possam servir de substância da narrativa e também de fonte de unidade e força artística. Conseqüentemente, o escritor deve começar com o ponto de vista de alguém.

Esse argumento soa perfeitamente plausível, sendo às vezes adotado em salas de aula ou oficinas para escritores como se fosse uma doutrina infalível e um fato estabelecido – uma chave de acesso para o mundo do prestígio literário. John Gardner, porém, o considera um lugar-comum das salas de aula, uma parte da ladainha que ensina aos alunos "que se deve sempre escrever sobre o que se conhece, que a coisa mais importante na ficção é o ponto de vista, que o enredo e a personagem são características da ficção ultrapassada. Para um leigo sensato e despreocupado, tudo isso pode parecer muito estranho, mas os estudantes universitários são indefesos, e muitas são as recompensas oferecidas para quem sucumbe, sendo a principal delas a doce sedução do elitismo literário"[8].

....
7. Edith Wharton, *The Writing of Fiction*, pp. 85-6.
8. John Gardner, *On Becoming a Novelist*. Nova York: W. W. Norton & Company, 1999, pp. 43-4.

Concordo com John Gardner. A ênfase acadêmica no "ponto de vista" na ficção é precisamente isto: acadêmica. A idéia de que "a coisa mais importante na ficção é o ponto de vista" é uma teoria sedutora, mas vazia, e tem com a verdadeira prática uma relação apenas marginal, além de causar um sem-número de malentendidos.

Para começar, a maioria das obras de ficção – não importa se de boa ou má qualidade, se moderna ou não, se escrita na primeira ou na terceira pessoa – geralmente conta a história, sem rodeios, descrevendo as reações e percepções de mais de uma personagem. Além disso, alcança sua unidade artística por meios que podem ou não ter relação com a consciência isolada de uma testemunha privilegiada. Até mesmo nas grandes obras-primas da narrativa em primeira pessoa, o narrador da história não é necessariamente o protagonista. O narrador de *O grande Gatsby* é Nick Carraway, enquanto o protagonista da obra é sem dúvida o próprio Gatsby, e a unidade da história decorre dos acontecimentos em torno de Gatsby, não da percepção que Nick tem desses acontecimentos. Catherine Earnshaw é a protagonista de *O morro dos ventos uivantes*, mas sua história é contada do ponto de vista de duas personagens aparentemente incidentais. Por outro lado, a protagonista de *Jane Eyre* é Jane, e, embora toda e qualquer percepção no livro pertença a ela, a unidade de sua história decorre do desenlace de seu tumultuoso relacionamento com Rochester.

O fato é que a unidade pode ou não ser obtida por meio de um único ponto de vista. Como afirmou Aristóteles em *A poética*: "Uma história não alcança unidade pelo simples fato de tratar de uma única pessoa, como pensam alguns. Muitas coisas, na verdade um número infinito de coisas, acontecem a uma mesma pessoa, e muitas delas não têm unidade alguma."[9] Claro que um ponto de vista coerente pode de fato ser um guia para a unidade, e com certeza você vai querer que sua história tenha uma estrutura coesa. Mas é um erro presumir que o ponto de vista, por si só, necessariamente proporciona unidade ou coerência. Com demasiada freqüência, essa tese discriminatória restringe desnecessariamente as opções dos escritores e diminui seu campo de ação. Quanto ao argumento de que o leitor não consegue *seguir* pontos de vista múltiplos e mutáveis, isso é decididamente falso. A história do romance é testemunha do contrário, de Jane Austen a Thomas Pynchon. Em inúmeras obras-primas, o ponto de vista narrativo muda de uma página para outra, até mesmo de frase para frase, e isso simplesmente encanta o leitor. Aliás, um dos sublimes pontos fortes da prosa de ficção, que ela ostenta com cômoda superioridade em relação a qualquer outra modalidade narrativa, inclusive o cinema, é sua capacidade de precipitar-se à vontade para dentro e para fora da mente da personagem. Privar-se dessa esplêndida vantagem artística em nome de uma pálida teoria acadêmica é realmente loucura.

Portanto, o que garante a unidade, se não é o ponto de vista? A resposta de Aristóteles é simples e forte. A coerência advém da "unidade de ação". Isto é, a coerência acontece quando o autor identifica o conflito dramático de um verdadeiro protagonista, coloca-o em ação e persegue-o até o desenlace. É isso o que *realmente* proporciona inteireza a uma seqüência narrativa. Essa "unidade de ação" pode ser esplendidamente intensificada e

---

9. Aristóteles, *Poética*, seção VIII.

desenvolvida por meio de diversos outros elementos: uma voz, um estilo, uma obsessão, uma série de imagens e também – sim, de fato – um ponto de vista coerente. Mas esses elementos não podem substituí-la.

No entanto, a exagerada ênfase escolar no "ponto de vista" com freqüência deixa os escritores cegos para uma perspectiva incomparavelmente rica que costuma ficar à margem dessa discussão. Refiro-me à voz, à mente e à "sensibilidade" do romance em si. Em qualquer texto decente de ficção, haverá certas percepções e pensamentos que não podem ser atribuídos a *nenhuma* das personagens. São os pensamentos e percepções da *obra*. A obra vê, abrange e transmite sentidos que são inacessíveis às personagens e que pertencem somente a ela. É a mente não só de Jane Austen, mas de *Orgulho e preconceito*, que nos diz: "É verdade universalmente reconhecida que um homem solteiro em posse de boa fortuna deve estar precisando de uma esposa."[10] A certeza, a severidade, o sorriso irônico dessa frase são um intercâmbio entre o leitor e a história. A voz do romance pertence a todos e a ninguém. Pode ser na terceira pessoa ou na primeira, e, diga-se de passagem, não tem nada a ver com a "onisciência" num sentido filosófico qualquer. A "onisciência" sempre vem à tona nessas discussões, e é um desvio do assunto, uma perda de tempo. A voz do romance está ancorada na inteligência narrativa da prosa. Essa inteligência sempre terá um conjunto ou outro de limitações, mas variações de sua voz podem ser ouvidas nas melhores obras de ficção já escritas.

A supervalorização do ponto de vista, muitas vezes à custa dessa voz, na verdade não passa de uma idéia fixa

....
10. Jane Austen, *Pride and Prejudice*, cap. 1.

do movimento modernista em sua fase média, morna, acadêmica e já esgotada. A afirmação incessantemente reiterada de que apenas uma única sensibilidade é capaz de perceber e dar substância a qualquer história pura e bem forjada não é muito mais que uma fantasia crítica puritana, criada principalmente pela relação idolátrica de Percy Lubbock com as últimas obras de ficção de Henry James (caso em que, concordo, a teoria tem certa plausibilidade) e popularizada por E. M. Forster em seu *Aspectos do romance*, livro de fabulosa influência, que manteve essa idéia bem fixada na cena acadêmica americana por muitas gerações. Não é uma verdade eterna, nem mesmo uma noção exata acerca de como funciona a maioria dos romances. O próprio Forster sabia perfeitamente que Lubbock não se apercebia disso. Ao tratar do ponto de vista aparentemente anárquico de *Guerra e paz*, Forster diz: "Somos lançados para cima e para baixo – onisci333entes, semi-oniscientes, dramatizados aqui ou ali conforme o momento – e por fim acabamos aceitando tudo. O senhor Lubbock não aceita, é verdade: por mais que admire o livro, ele o julgaria ainda melhor se houvesse um ponto de vista; crê que Tolstói não deu aí o melhor de si. Quanto a mim, não creio que sejam essas as regras do jogo de escrever. Um romancista pode mudar seu ponto de vista depois de ter atingido seu propósito, e foi o que aconteceu com Dickens e Tolstói. Na verdade, esse poder de expandir e contrair a percepção (do qual o cambiante ponto de vista é um sintoma)... [é] uma das grandes vantagens do gênero romance, e tem um paralelo em nossa percepção da vida."[11]

---

11. E. M. Forster, *Aspects of the Novel*. Nova York: Harcourt, Brace, and Company, 1927, pp. 122-3.

PERSONAGENS E PAPÉIS, TIPOS E INDIVÍDUOS

Na verdade, é por meio do papel da personagem que personagem e história costumam se fundir. Digamos que algumas figuras lampejem no escuro da sua imaginação, pedindo para tornar-se visíveis. Você deve então perguntar: "Visíveis de que maneira? Visíveis em que papel?" Com o drama ainda a emergir, é possível que você ainda não esteja em condições de atribuir um papel claro a ninguém. Já comentamos a respeito do momento em que sua imaginação salta do ponto no qual há pouco com que trabalhar para aquele em que há muito – ocasião em que seu caderno de repente se enche de personagens exigindo prioridade. Dissemos então que a medida a tomar era concentrar-se não no enredo, mas na personagem e, principalmente, na busca do protagonista. Encontre no conflito a personagem cujo destino você considere mais importante. Assim que souber de quem é o papel principal, é possível determinar os papéis de todas as outras personagens. Mas não antes – pois a identidade do protagonista define todos os demais papéis.

Tudo isso parece muito claro. Infelizmente, decidir quem de fato conduz a história pode ser o trabalho mais difícil, principalmente se a história abranger um todo unificado por um enredo de numerosas personagens entrelaçadas. Pode levar tempo até que uma das personagens se afirme de modo proeminente. Para decidir qual conflito e qual destino são mais importantes, você talvez tenha de conviver com a história por um certo tempo. Pode ser que você hesite em meio a tantos personagens. Suas dúvidas podem parecer insolúveis. Não é possível dar forma à história sem um protagonista, e com uma história sem forma não é possível encontrar o protagonista. Sente-se preso numa armadilha? O único modo de sair do dilema "o ovo ou a galinha" é tatear pelo caminho que leva ao desenlace, observando o trabalho à medida que ele se processa, além de esperar – esperar com a atenção concentrada de um animal predador. Você está à espera do vislumbre de entusiasmo que ilumina a certeza. Ele pode ser sutil, mas deve ser sentido como uma certeza sutil. E deve durar e se fortalecer, até você esquecer que um dia teve dúvidas. É verdade, mas não óbvio – leva tempo e reflexão para ver –, que o protagonista de *A sangue frio* é Perry Smith. Harper Lee estava com Truman Capote quando das primeiras viagens do escritor a Kansas. Ela se lembra de quando o jovem assassino foi trazido algemado para a sala de tribunal e de ter percebido Capote estremecer ao notar, quando Smith se sentou, que as pernas do jovem eram curtas como as dele e não tocavam o chão. Foi nesse momento que ela disse saber que haveria um livro. Talvez você saiba qual é o protagonista já no primeiro dia de trabalho, ou talvez leve algum tempo. É preciso persistir. Sem descobrir a identidade dessa personagem-chave, não haverá história. Você ficará à deriva. E como a reconhecerá? Você a reconhecerá pela *importância* que lhe der.

Tipos e estereótipos. Certos novatos têm tanto medo de permitir que algum vestígio de "estereótipo" se infiltre em sua obra que ficam cegos para uma das verdades mais básicas da arte. A ficção e o drama – toda ficção e todo drama – vêem e reconhecem os indivíduos *somente* pelo prisma dos tipos. Na ficção, não há individualidade sem o típico. O tipo de uma personagem é a porta pela qual ela entra na imaginação do leitor. Se você tem medo de mostrar o quanto uma personagem é típica, tampouco será capaz de mostrar algo especial a respeito dela. Nenhum de nós é *sui generis*. Somos sempre típicos em alguma coisa; aliás, somos típicos em muitas coisas. Ao mesmo tempo, somos todos absolutamente individuais: unicamente nós mesmos, enfrentando sozinhos nosso destino no universo. Tanto na arte quanto na vida, só podemos enfrentar esse destino quando ocupamos no mundo um lugar definível; e nosso individualismo *só* pode se articular por meio da língua franca que advém de nosso papel.

O plano e o redondo. A criação de personagens de ficção é um processo sutilmente análogo à representação por meio de traços exagerados – a grande e incompreendida arte da caricatura. Nenhum escritor pode caracterizar alguém sem *algum* exagero, pelo simples fato de que escolher qualquer traço em detrimento de outro distorce um pouco as coisas. Não há nada de errado nisso: o acanhado medo do exagero, assim como o medo dos tipos e o medo do drama e da improbabilidade, já afundou na banalidade muitos jovens talentos. A verdadeira questão não é exagerar ou não, mas o tipo de exagero.

Aspectos do romance, de E. M. Forster, é provavelmente a mais conhecida discussão sobre caricatura, destacando-se pela famosa distinção entre personagens "planas" e "redondas". Eis como Forster define as "planas": "As personagens planas eram denominadas 'humores' no século XVII, às vezes chamadas de tipos, às vezes de caricaturas. Em sua forma mais pura, são construídas em torno de uma única idéia ou qualidade: quando há nelas mais de um fator, temos o começo de uma curva em direção ao redondo. A personagem realmente plana pode ser condensada em uma única frase, tal como: 'Nunca vou abandonar o senhor Micawber.' Aí está a senhora Micawber – ela diz que não abandonará o senhor Micawber e não o abandona; assim é ela."[12] As personagens planas, portanto, são construídas a partir de algum traço singular que as defina de modo inalterável, aconteça o que acontecer. Esse traço caracteriza todos os seus movimentos. Torna-as memoráveis, previsíveis e puras. As personagens planas não são necessariamente *menores*. Muitas personagens importantes de Shakespeare são bem planas. Iago, por exemplo. Seu traço singular: *Odeio o mouro*. E, embora George Santayana tenha afirmado que as ruas de Londres da metade do período vitoriano estavam repletas de pessoas muito semelhantes às caricaturas presentes nos romances de Dickens, a verdade é que ninguém é "plano" na vida real. Ser plano é uma característica da página. Ou, *mutatis mutandis*, do palco. As *sitcoms* televisivas estão abarrotadas de personagens planas, não porque sejam simples, mas porque são cômicas. Às vezes, a platitude ultrapassa a comédia e chega ao bizarro: a senhorita Havisham, em *Grandes esperanças*, de Dickens, expressa seu caráter plano na forma de loucura – quando se pensa no assunto, vê-se que a distância entre as duas coisas não é grande. A comédia e o melodrama se constroem sobre terreno plano. Toda a arte da paródia, que o burlesco e o humor do rádio e da televisão americanos transformaram numa tremenda força para o riso, baseia-se simplesmente numa per-

---

12. Ibid., pp. 103-4.

sonagem manifestamente redonda que se torna plana. Como não podem mudar, as personagens planas podem prosseguir indefinidamente numa interminável seqüência de aventuras. Isso rende longas temporadas. Mary McCarthy, com seu estilo surpreendente e tipicamente direto, falou da característica plana das personagens cômicas. "Acredito que todas as personagens cômicas são imortais. São eternas. Creio que seja essa também a teoria de Bergson. Ao que parece, ele disse algo a respeito de as personagens cômicas serem *figé*. Assim como o senhor e a senhora Micawber: ambos têm de durar para sempre, têm de ser invulneráveis. Quase todas as personagens de Dickens têm essa peculiar existência eterna, com exceção dos heróis – Pip, Nicholas Nickleby ou David Copperfield... Diria que essa lei se aplica a todos os romances: todas as personagens cômicas são *figé*, são imortais, e o herói ou a heroína existem no tempo, porque o herói ou a heroína são sempre, num certo sentido, munidos de um propósito."[13]

Percebemos então que as personagens redondas são redondas porque vêm "munidas de um propósito". Algo que elas querem ou precisam as torna capazes de mudar. Podem ser bem-sucedidas ou podem fracassar. Depois, serão diferentes. Deixam o passado para trás. Vão da esperança à derrota, ou o contrário. Não estão trancadas na comédia de um destino imutável, que se repete interminavelmente. Como diz Christopher Tilghman: "Toda história tem personagens maiores e menores. Para mim, o fato de serem maiores ou menores pouco tem a ver com quanto tempo permanecem no palco. Tem a ver com o

....
13. Mary McCarthy, entrevista a Elisabeth Sifton (1962), in *Women Writers at Work*, pp. 235, 236.

fato de serem capazes de se desenvolver e mudar ao longo da história."[14]
A tragédia depende dessa característica redonda; a comédia, da característica plana. A platitude torna a personagem engraçada. Mas não é uma marca exclusivamente cômica. Há muitos vilões, como também muitos heróis, que se alimentam da platitude. Sykes, em *Oliver Twist*, é plano, assim como Iago, com sua "malignidade sem motivo". Esses vilões são intrinsecamente maus; é tolice querer, como bons humanistas, dizer que, bem lá no fundo, eles devem ter algo de bom. Não têm, não nessa história. Iago é uma grande personagem e é plano como uma panqueca. A mulher de Iago, Emília – personagem muito comovente, mas menor –, torna-se redonda quando a história transforma seu servilismo tagarela em coragem, em verdade expressa. Há até mesmo algo de plano em Desdêmona, já que ela morre exatamente como viveu: adorável e pura. E Otelo? Otelo é redondo como o mundo.

Suas personagens e você. Sempre digo que é preciso encontrar as personagens na imaginação. Mas, por outro lado, tudo o que há na imaginação foi encontrado antes em outro lugar, não é mesmo? As personagens são sempre uma certa mistura de você com outras pessoas. Mesmo que esteja voando em pura fantasia, *algo* nessa fantasia certamente tocará *alguém* que você conheceu de fato. Às vezes surge um escritor que afirma não usar nenhum tipo de modelo. "Nunca uso ninguém que eu conheça", Toni Morrison faz questão de dizer. "Sou de fato muito escrupulosa quanto a isso. Nunca me baseio em

---
14. Christopher Tilghman, "Passion and Craft", *The Literary Review*, inverno de 1995.

ninguém... Construir uma vidinha para si revirando a vida de outras pessoas é algo sério, que tem implicações morais e éticas."[15] Mas Morrison faz parte de uma minoria. J. K. Rowling é mais típica: "Em geral, a personagem é inspirada por uma pessoa de verdade, mas, assim que se tem na cabeça essa personagem, ela começa a se transformar em algo bem diferente. Tanto o professor Snape quanto Gilderoy Lockhart começaram a partir de versões exageradas de pessoas que conheci, mas tornaram-se bem diferentes quando as coloquei na página. Hermione é um pouco parecida comigo quando eu tinha 11 anos, embora muito mais inteligente."[16]

Qualquer que seja a origem de suas personagens, elas devem aparecer em sua tela mental com a nitidez de um outro ser. É preciso vê-las, senti-las, considerá-las como pessoas separadas, diferentes de você. Isso vale até – talvez especialmente – para aquelas que se baseiam sobretudo em você mesmo. Nos maus exemplos de ficção autobiográfica que já li, a falha mais freqüente é sem dúvida a descrição imperfeita da personagem principal. A maioria dos contos de escritores principiantes tem alguma personagem mais ou menos inspirada no autor. Muitos romances, se não a maioria, são, ao menos em parte, autobiográficos. E a maioria desses esforços fracassa simplesmente porque a descrição da personagem principal é ineficaz e enfadonha. Às vezes, as personagens periféricas são bem formadas; as personagens menores, as antagonistas, as coadjuvantes, as transitórias muitas vezes têm brilho e vida. Mas não adianta: elas não podem sal-

---

15. Toni Morrison, in *Women Writers at Work*, p. 358.
16. J. K. Rowling, entrevista a Amazon.co.uk, http://www.cliphoto.com/potter/interview.htm.

var a obra quando o protagonista autobiográfico é um tedioso borrão. Você não consegue descrever o que sua imaginação não vê e não ouve, e a maioria das pessoas se vê e se ouve muito mal.

Examinaremos detidamente esse problema no capítulo 6. Por enquanto, fiquemos com a observação de que a maioria dos livros de ficção autobiográfica fracassa porque o autor não foi capaz de "inventar" – "inventar" no sentido que a palavra tem para nós – uma *persona* funcional. É preciso ver a si mesmo como uma personagem; é preciso estabelecer uma nítida distinção entre o "você" do texto e o "você" da vida real. Para tanto, é melhor deixar de lado a familiar distinção (todos nós a fazemos) entre "você mesmo" e as "outras pessoas". Substitua-a, se puder, por uma outra distinção: entre você, a pessoa que imagina, e tudo aquilo que você imagina, inclusive "você mesmo".

"Você" contém multidões. Henri Troyat, biógrafo de Tolstói, observa que, embora as personagens mais importantes de *Guerra e paz* tenham sido inspiradas em pessoas reais e podiam ser facilmente identificadas na vida de seu criador, Tolstói também dotou a maioria delas com aspectos de sua personalidade complicada e conflituosa. "Absorto no destino de seus heróis", escreve Troyat, "Tolstói passou a se preocupar menos consigo próprio. Distribuindo suas emoções contraditórias entre várias personagens imaginárias, construiu sua própria unidade e também seu próprio equilíbrio. É significativo que, tão logo começou a trabalhar no livro, por volta do fim de 1863, os registros em seu diário tenham se tornado mais curtos e menos freqüentes."[17] Consideremos a grande peça de

-----
17. Henri Troyat, *Tolstoy*. Nova York: Harmony Books, 1980, p. 337.

Tchecov, *A gaivota*. Todas as personagens masculinas nessa obra-prima claramente se baseiam em alguma faceta da personalidade do próprio Tchecov – e seu vínculo invisível com as mulheres, embora talvez menos direto, é igualmente profundo. Ingmar Bergman nos conta como se dividiu em pedaços que se tornaram as personagens de seu filme *O ritual*, de 1969: "Eu me dividi em três personagens... Sebastian Fischer é irresponsável, lascivo, imprevisível, infantil... hedonista, preguiçoso, cordial, afável e bruto. Hans Winkelmann, por outro lado, é metódico, estritamente disciplinado, tem um profundo senso de responsabilidade, consciência social, bom humor e paciência. A mulher, Thea... é insuportavelmente sensível – às vezes não suporta nem sequer usar roupa."[18]

A nitidez das personagens. O romancista, segundo Trollope, "deseja que suas personagens se tornem íntimas dos leitores, que as criaturas surgidas em sua mente sejam, para eles, pessoas de verdade, que falam, se movem e vivem. E nunca poderia fazer isso se ele mesmo não conhecesse essas personagens de ficção, e nem poderia conhecê-las se não vivesse com elas na realidade plena da intimidade estabelecida. Elas devem lhe fazer companhia quando ele se deita para dormir, quando acorda de seus sonhos. Precisa aprender a odiá-las e a amá-las. Precisa discutir com elas, brigar com elas, perdoá-las, e até mesmo submeter-se a elas."[19]

Muitos escritores falam dessa alteridade viva, do modo como a personagem parece se separar de seu cria-

....
18. Ingmar Bergman, citado por Richard Rhodes, *How to Write*. Nova York: Quill, 1995, p. 98.
19. Anthony Trollope, *An Autobiography*, cap. XII.

dor, até mesmo na imaginação. "As personagens do escritor", escreveu John Gardner, "devem erguer-se diante de nós com perfeita clareza, com uma clareza ininterrupta, de tal modo que nenhuma ação pareça implausível, mesmo quando seus atos surpreendem, como às vezes acontece, o próprio escritor."[20] Patricia Highsmith diz algo semelhante: "É preciso saber qual é a aparência dessas personagens, como elas se vestem, como elas falam; é preciso saber até mesmo como foi sua infância, embora essa infância nem sempre tenha que aparecer no livro. Tudo isso envolve conviver por algum tempo com as personagens e seus cenários, antes de escrever a primeira palavra. O cenário e as pessoas devem ser vistos nitidamente como numa fotografia – sem pontos obscuros."[21]

É preciso chegar a essa nitidez. A maioria das personagens começa com pouco mais que um fugaz vislumbre na mente. Comece com esse vislumbre. Um passo preliminar para dotá-las de alguma concretude é atribuir-lhes alguns dados biográficos. John Braine sugere "umas breves informações biográficas sobre as personagens: idade, aparência física, ocupação, renda, grau de instrução, eventual serviço militar, estado civil, idade dos eventuais filhos e assim por diante"[22]. É surpreendente o quanto esses fatos básicos podem ganhar ressonância. Assim que você tiver alguns deles, começará a sentir algo mais sutil: intercâmbios, desejos e relacionamentos – expressões essenciais da personalidade. Começará a entrever o que seu vislumbre fugaz vai fazer quando encontrar, em algum lugar, de algum modo, um outro vislumbre fugaz.

....
20. John Gardner, *The Art of Fiction*, pp. 45-6.
21. Patricia Highsmith, *Plotting and Writing Suspense Fiction*, p. 37.
22. John Braine, *How to Write a Novel*, p. 28.

O uso de modelos. Talvez você se surpreenda ao saber que não é essencial – nem mesmo muito importante – conhecer tanta coisa a respeito de seu modelo, mesmo quando está dando forma a uma personagem de grande importância. A função do modelo de fornecer informações é apenas secundária. Sua função primordial é conduzir o escritor a um bom começo, impulsionar sua imaginação e dar-lhe rumo. Quando perguntaram a E. L. Doctorow quanto ele havia pesquisado Henry Ford para incluí-lo como personagem em *Ragtime*, ele respondeu: "O suficiente." Muitas vezes uma impressão rápida é mais útil que qualquer informação detalhada, precisamente pelo fato de mais sugerir do que dizer. E. M. Forster tem um bom conselho: "Um recurso útil é, com os olhos semicerrados, rever [seu modelo], descrevendo inteiramente certas características. Fico com cerca de dois terços de um ser humano e assim consigo trabalhar. Não se pode obter uma semelhança absoluta, e não é esse o objetivo, pois um ser humano é o que é apenas em meio às circunstâncias específicas de sua vida, não em outras... Quando tudo vai bem, o material original logo desaparece e emerge uma personagem que só pertence ao livro, a nenhuma outra coisa."[23]

William Styron recorda que, quando estava escrevendo *A escolha de Sofia*, "o cerne da minha personagem, Sofia, era uma pessoa real, uma pessoa muito parecida com a Sofia que criei, que caminhava e falava como a personagem. Era uma mulher jovem que desapareceu da minha vida tão repentinamente quanto havia surgido. A história em si é uma improvisação... o destino da verdadeira Sofia – não sei absolutamente qual foi"[24].

23. E. M. Forster, in *Writers at Work*, 1.ª série, pp. 32-3.
24. William Styron, in *Writers Dreaming*, p. 273.

Como recorda a mulher de Thomas Mann: "O notável nele [era que] captava imediatamente a imagem completa das pessoas... Não as observava com o intuito de retratá-las depois. Depois de ver alguém, ele retinha uma imagem mental dessa pessoa, e, quando surgia uma personagem de ficção parecida com ela, a pessoa ressurgia de imediato, mas não de modo intencional. Não há dúvida quanto a isso. Foi assim com a família Krull. Quando lhe perguntaram sobre seus modelos, Thomas Mann respondeu: 'Certa vez, observei-os por meia hora num barco a vapor, no Reno.'"[25]

John Gardner afirmou que é quase impossível copiar um modelo diretamente da vida real: "[E]xceto como criaturas da imaginação, as personagens de ficção não existem. É verdade que a senhora Eustace pode ter sido baseada na tia Maude de Trollope. Mas, a não ser no texto de uma biografia (e, a rigor, nem mesmo aí), o escritor não pode extrair da vida real uma personagem. Cada mínima mudança que ele fizer na formação e na experiência da personagem terá repercussões sutis. Não sou a mesma pessoa que seria se meu pai tivesse sido rico, ou fosse dono de elefantes."[26]

E se você insistir em extrair uma personagem de ficção diretamente da vida real? Fique à vontade – mas saiba que, mesmo que não sofra um processo judicial, o *roman à clef* pode ser um gênero traiçoeiro. É algo que fica a meio caminho entre a autoridade da não-ficção e o poder imaginativo da ficção. No entanto, caso você deci-

---
25. Katia Mann, *Unwritten Memories*, org. Elizabeth Plessen e Michael Mann, trad. ing. Hunter e Hildegarde Hannum. Nova York: Knopf, 1975, pp. 71-2.
26. John Gardner, *The Art of Fiction*, pp. 45-6.

da retratar uma pessoa de verdade, mesmo suspeitando que isso possa lhe render um processo, meu conselho seria o mesmo de muitos editores. Primeiro, examine sua consciência. Você precisa *de fato* levar isso adiante? Se a resposta for sim, então vá em frente. Escreva o que tem de escrever. Mostre o que tem para mostrar. Exponha tudo. Não se contenha, e não caia na enfadonha falsidade dos "pequenos disfarces". Quando tiver terminado, mas bem antes da publicação, conte tudo a seu editor. Quero dizer *tudo* – inclusive o que for embaraçoso para *você*. E consulte um advogado competente a respeito de cada passagem questionável, expondo-lhe minuciosamente todos os aspectos potencialmente vulneráveis. E siga as recomendações do advogado. Nos Estados Unidos, é infundada a maioria dos receios que os autores têm de incorrer em difamação. Nossa liberdade de expressão é realmente muito ampla. Mesmo assim, um processo por difamação pode lhe acarretar sérios problemas.

O disfarce pobre tende a produzir personagens pobres; por outro lado, traços complexos da vida real podem fundir-se e formar algo novo. O modo mais simples e básico de estimular a imaginação é situar um fato comum num contexto incomum. É um recurso que pode ser aplicado, às vezes, mediante uma pequena mudança gramatical. Como diz Doris Lessing: "É espantoso o que podemos descobrir a respeito de nós mesmos quando escrevemos na primeira pessoa a respeito de alguém muito diferente de nós."[27] Um modelo tirado da vida real pode se transformar profundamente em razão de um único fato fictício. Há hoje boas provas acadêmicas de que Mark Twain baseou sua maior personagem, Huckle-

---

27. Doris Lessing, in *Writers at Work*, 9ª série, p. 145.

berry Finn, não apenas em um, mas em dois meninos pobres que tinham o dom da loquacidade. O modelo número um veio de Hannibal, Missouri, cidade em que Twain passou a infância. Os biógrafos conhecem há muito tempo a identidade desse jovem astuto. Ele era branco. Já o modelo número dois foi um rapaz que Twain conheceu depois de famoso, pouco antes de começar a escrever *Huckleberry Finn*. Esse modelo era garçom em um hotel em que o grande escritor se hospedou, um tipo tagarela e esperto, cuja voz musical o fascinado Twain usou como tema de artigo de revista da época. Foi sua primeira apreensão da voz de Huck. Esse menino era negro. Essa mistura de branco com negro não lhe sugere algo? Considere o tema de *Huckleberry Finn*, o fato de Huck ser branco e seu amigo e confidente, Jim, ser negro, e também o fato de os dois estarem fugindo juntos, mas na direção errada, descendo o Mississippi, rumo à terra da escravidão.

Combinações. É famosa a observação de Flaubert: "Madame Bovary sou eu." Não há dúvida de que ele realmente quis dizer isso, mas também sabemos que a infeliz heroína do grande romance foi baseada em (pelo menos) duas mulheres reais. Uma delas era uma dona de casa amargurada e sem perspectivas chamada Delphine Delamare, uma provinciana cheia de conflitos, desesperadamente atolada em dívidas e envolvida num casamento medíocre, no adultério e numa vida mesquinha. Foi o suicídio verídico de Delphine Delamare que inspirou a jovem mente de Flaubert a escrever o romance. O outro modelo era Louise Colet, uma parisiense sofisticada, da moda, bem-falante, de bons relacionamentos – *exatamente* a mulher que a pobre Delphine Delamare daria tudo, *tudo*, para ser. Quando Louise Colet conheceu Flaubert, ele era um jovem loucamente ambicioso, com grandes idéias e nenhum currículo, que andava em busca de um grande projeto que lhe trouxesse fama; além disso, era muito inseguro e bastante depressivo. Louise Colet era mais velha que Flaubert e tinha uma carreira muito mais bem-sucedida que a dele. Os dois se envolveram num complicado caso amoroso que levou Flaubert a sair da depressão e a tomar um pouco da coragem que lhe faltava. Ele entreteceu esse relacionamento em toda a experiência de escrever o livro. Quem seria então Madame Bovary? Todos os citados, e nenhum deles. Construída a partir de outras pessoas, Madame Bovary é ela mesma.

Uma das personagens mais conhecidas da ficção americana moderna, Don Corleone, de *O poderoso chefão*, de Mario Puzo, é uma personagem extraordinariamente composta. E Puzo escreveu seu famoso livro sem nenhum conhecimento direto da Máfia. "Tenho vergonha de admitir que escrevi *O poderoso chefão* inteiramente a partir de pesquisas. Nunca conheci um verdadeiro gângster. Conhecia bem o mundo do jogo, mas só isso."[28] Quem então teria servido de modelo para o Don Corleone que Marlon Brando interpretou? Puzo procurou perto de casa. "Sempre que Don Corleone abria a boca para falar, eu ouvia em minha mente a voz da minha mãe. Minha mãe era uma mulher bela, maravilhosa, mas uma pessoa decididamente implacável."[29]

---

28. Mario Puzo, *The Godfather Papers and Other Confessions*. Nova York: G. P. Putnam's Sons, 1972, p. 35.

29. Mario Puzo, prefácio à segunda edição de *The Fortunate Pilgrim*. Nova York: Fawcett Books, 1998, p. iv.

Viva suas personagens. Criar uma personagem é interpretar na mente o papel dela, e a interpretação teatral é uma boa metáfora para esse processo. Como diz Richard Rhodes: "Inventar personagens de ficção... [é] como interpretar de improviso. Todas as suas personagens são você mesmo, são você virtualmente; escrever é um processo controlado de dividir-se em personalidades virtuais no porto seguro da página. Não sei explicar como fazer isso, só posso dizer que parece uma auto-hipnose, e é provável que seja. A meditação controlada ajuda. Tão logo inventamos uma personagem e chegamos a conhecê-la, acostumamo-nos com a idéia de representar seu papel e ela aparece."[30] Rhodes acrescenta: "O assombro é voluntário." É uma mistura de magia e técnica. O romancista Desmond Barry diz que, quando escreveu sobre Jesse e Frank James em seu primeiro romance, *The Chivalry of Crime* [A cavalaria do crime], Peter Carey, o ganhador do Prêmio Booker, explicou-lhe o equivalente do método de interpretação de Stanislavski para o escritor. "Ele disse: 'Tudo bem. Não pense em escrever. Apenas se imagine na cena. Entre na sala. O que você vê?' Ele disse apenas: 'Entre, entre.' Então entrei. 'O que você vê?' Então descrevi tudo o que via na sala. Em seguida, ele perguntou: 'O que você sente? Quem é essa pessoa? Como ela faz você se sentir?' Era todo um processo de... visualização."[31] Aliás, Peter Carey fornece um belo exemplo desse mesmo método em seu próprio romance, *The Unusual Life of Tristan Smith* [A vida incomum de Tristan Smith].

....
30. Richard Rhodes, *How to Write*, p. 98.
31. Desmond Barry, entrevista com o autor, março de 2001.

Conheça suas personagens. Lembre-se sempre de que você "conhece" muito mais do que pensa conhecer. As impressões, ainda que fugazes, são também, ao seu modo inesperado, uma espécie de conhecimento. Em uma de suas mais famosas observações, Henry James aconselhou os jovens escritores: "Tentem ser uma dessas pessoas para quem nada se perde." Essa fala aparece numa passagem particularmente brilhante em que James discute precisamente quanto "sabemos" mais do que julgamos saber. "Lembro-me de uma escritora inglesa, uma mulher genial, me dizer que foi muito elogiada pela impressão que conseguira transmitir em uma de suas histórias sobre a natureza e o estilo de vida dos jovens franceses protestantes. Perguntaram-lhe onde ela havia aprendido tanta coisa a respeito dessa recôndita existência e felicitaram-na pela rara oportunidade. Essa oportunidade, na verdade, ocorreu certa vez em Paris, quando, ao subir uma escada, ela passou diante da porta aberta da casa de um pastor, onde alguns jovens protestantes estavam sentados à mesa ao redor de uma refeição terminada. O olhar de relance mostrou uma cena que, apesar de durar apenas um momento, representou toda uma experiência. Ela obteve uma impressão direta e pessoal, que lhe inspirou o tipo. Soube o que era a juventude, o que era o protestantismo; tinha também a vantagem de ter testemunhado o que significava ser francês, e assim conseguiu transformar essas idéias numa imagem concreta e criar uma realidade. Acima de tudo, no entanto, ela fora abençoada com a faculdade de apreender o conjunto a partir de um indício, o que para o artista é uma força muito mais poderosa do que qualquer vivência ou posição que possa ter na escala social. O poder de imaginar o não visto a partir do visto, de descobrir a implicação das coisas, de avaliar o todo a partir de um aspecto significativo, a capacidade de sentir a vida tão completamente a ponto de poder compreender qualquer uma de suas minúcias – essa constelação de dons pode ser considerada a própria definição da experiência, e ela acontece na cidade e no campo, em pessoas dos mais diversos graus de instrução. Se a experiência consiste em impressões, pode-se dizer que as impressões *são* a experiência, assim como (já não vimos isso?) são o próprio ar que respiramos. Portanto, se digo a um principiante: 'Escreva a partir da experiência, e só a partir dela', penso que essa advertência seria bem tormentosa se eu não tivesse o cuidado de acrescentar: 'Tente ser uma dessas pessoas para quem nada se perde!'"[32]

É isso: *o poder de imaginar o não visto a partir do visto, de descobrir a implicação das coisas.* James tem razão, é claro: essa é a experiência a partir da qual surge a ficção. Na maioria das vezes, você usará a experiência a partir de um fundo de conhecimento inexplorado, já existente em sua mente, e pouco notado até agora. Claro que esse conhecimento "interior" terá de ser reforçado e corrigido pelo conhecimento que se adquire "exteriormente": você também vai precisar de informações que possam ser confirmadas. No entanto, em geral é melhor partir da impressão para a informação, e não o contrário. Primeiro, imagine sua personagem. Depois, busque os fatos de que precisa para confirmar ou corrigir o quadro que você obteve. Christopher Tilghman observa, com perspicácia, que quando você imagina pessoas todos os dias, mês após mês: "Mais cedo ou mais tarde saberá quem elas são e como se comportariam. Não é tão complicado

....
32. Henry James, "The Art of Fiction", p. 52.

assim... Passei dois anos trabalhando numa novela a respeito dos Shakers. Não pesquisei o assunto; não quis pesquisar. Por fim, acabei entregando a novela a Caroline [mulher de Tilghman], que... tinha feito muita pesquisa sobre os Shakers. Ela vivia me perguntando: 'Como você sabia disso?' E eu respondia: 'Não sabia, mas não há outro jeito de fazer isso funcionar.' E não creio que fosse assim pelo fato de eu ter um grande poder intuitivo. Creio que fosse porque, quando se passam seis meses pensando em como uma comunidade – nesse caso, uma comunidade celibatária composta de noventa por cento de mulheres e dez por cento de homens – se organizaria, como se comportaria, que tipo de gente haveria lá, é mais fácil acertar que errar. Minha recomendação a quem escreve sobre algo que envolve pesquisa é: escreva primeiro, depois pesquise."[33]

VOZ

A voz de uma personagem é o *som* de sua identidade. É o código sonoro de identificação de sua personalidade. Não há modo melhor de capturar a essência de uma personagem do que registrar os ritmos e as modulações, a música e os maneirismos, a ressonância completa da voz da personagem. Visualize, sim, suas personagens; mas lembre-se de que seu meio de comunicação é a palavra. É preciso ouvi-las também. Quando se pega o jeito de uma pessoa falar, descobre-se muita coisa a respeito

---

33. Christopher Tilghman, "Places and Visions: An Interview with Christopher Tilghman", in *The Literary Review* (Fairleigh Dickinson University), inverno de 1995, v. 38, n? 2, p. 247.

do que ela provavelmente diria – e o fato de saber isso, por sua vez, revela muito sobre o que ela vai fazer. Quando tiver apreendido a voz, talvez você não precise "inventar" a história da personagem. Talvez a própria personagem lhe conte a história. "Evito dizer isso", disse Robertson Davies, "... mas eu ouço a história, a história me é contada."[34] Toni Morrison diz coisa semelhante. Chega um ponto, diz ela, em que "deixo que as personagens me dêem a confirmação. Nessa altura, elas já são suficientemente amigas para me dizer se a maneira como retrato suas vidas é autêntica ou não"[35].

Se, imitando-a em voz alta, você puder captar a voz da personagem, excelente – mas basta ouvi-la com o ouvido mental. Silenciosa ou falada, a imitação o conduzirá para dentro da personagem com uma eficácia que poucas coisas têm. Quanto ao diálogo, leia cada fala ou elocução em voz alta. Ninguém vai ouvi-lo. Você não está concorrendo ao Oscar. Vá em frente. O texto deve soar plenamente satisfatório aos ouvidos. "Se não conseguir dizê-lo em voz alta", observa John Braine, "é porque não é bom."[36] John Steinbeck dá o mesmo conselho: "Se estiver usando diálogos, diga-os em voz alta ao escrevê-los. Somente assim eles vão ter o som da fala."[37] Os romancistas, de Dickens a Philip Roth, são excelentes imitadores, e a mímica permeia sua arte. Dickens adorava a interpretação e a leitura de sua obra, e suas famosas interpretações eram um prolongamento natural de seu processo de criação.

34. Robertson Davies, *The Writer's Chapbook*, pp. 113-4.
35. Toni Morrison, in *Women Writers at Work*, p. 349.
36. John Braine, *How to Write a Novel*, p. 85.
37. John Steinbeck, in *Writers at Work*, 4.ª série, p. 186.

Assim que apreender a voz de uma personagem, você poderá conversar com ela. Será possível fazer-lhe perguntas e levá-la a dar explicações, a você ou aos outros. Poderá entrevistá-la – e a história toda talvez surja num jorro. Há alguma coisa que você não entende? Peça à personagem que lhe escreva uma carta explicando o assunto. Como diz Anne Lamott: "Quando você não sabe mais o que fazer... pode tentar contar parte da história – parte da história de uma personagem sob a forma de carta."[38] A carta pode ser de você para sua personagem, da sua personagem para você, ou de uma personagem para outra. Allan Gurganus acabou usando uma dessas cartas em *Oldest Living Confederate Widow Tells All* [Revelações da mais velha viúva de um confederado]. "Quando comecei... reconheci... que estava escrevendo com a voz de uma mulher que cometia erros gramaticais. Ela dizia muito *ain't**. Seu jeito de falar era muito coloquial, mas mesmo assim fiquei confuso, porque pensava que ela pertencesse a uma família de classe média alta ou de classe alta de uma cidade pequena. Acho muito interessante o fato de ter uma personagem que possa ir a qualquer lugar mas prefira uma perspectiva específica. Estava confuso, não entendia por que ela dizia tanto *ain't*, por isso escrevi no alto da página: 'Por que digo *ain't*'. E foi assim que a explicação que dei a mim mesmo acabou se tornando um capítulo."[39]

....
38. Anne Lamott, *Bird by Bird*, p. 172.
* *Ain't*: forma do inglês coloquial, considerada vulgar, que substitui as formas verbais *am not, is not, are not, has not, have not*. (N. da R.)
39. Allan Gurganus, in *Writers Dreaming*, p. 100.

DIÁLOGO E DISCURSO INTERIOR

O cinema e a televisão convenceram muitos escritores de que diálogos em profusão tornam o romance mais parecido com o cinema e, portanto, bom. Essa fantasia de amadores levou alguns escritores a abrir mão das poucas vantagens de que dispõem em relação à narrativa cinematográfica. O realizador de filmes está restrito ao que a câmera pode ver e o microfone pode captar. Já você tem mais liberdade. Pode resumir as situações. Pode contar as histórias das pessoas de modo direto. É capaz de concentrar dez anos em dez palavras. Vai para onde quiser fora do tempo real. Pode contar – só contar – o que as pessoas estão pensando ou sentindo. Sim, diálogos em abundância podem tornar a história mais leve, mais fácil de ler e cheia de surpresas. Mas, para certas coisas, eles não servem. Para expor fatos, por exemplo: as cinco perguntas – quem, o quê, quando, onde e por quê. É problemático colocar essas informações num contexto visual através da interpretação e do diálogo. Como diz Edith Wharton: "Quando, na vida real, duas ou mais pessoas conversam entre si, tudo o que elas sabem uma da outra fica fora da conversa."[40] Ao conversar, as pessoas não costumam lembrar uma à outra quem são nem de onde vêm.

Se você tem o dom de construir diálogos facilmente, é quase certo que incorrerá em excessos. Trollope conhecia bem essa tentação e alertava: "É muito fácil fazer duas pessoas conversarem sobre qualquer assunto fortuito que o autor julgue conhecer muito bem! Literatura, filosofia, política ou esportes podem ser tratados num estilo

---
40. Edith Wharton, in *The Craft of Fiction*, pp. 74-5.

discursivo indefinido; e, enquanto se compraz em fazer isso, enchendo páginas, o escritor tende a pensar que está agradando ao leitor. Creio que esse seja o maior erro que ele pode cometer."[41] O velho conselho de Wharton em relação a esse assunto costuma ser útil. "O emprego do diálogo na ficção parece ser uma das poucas coisas sobre a qual se pode estabelecer uma regra razoavelmente definida. O diálogo deve ser reservado para os momentos culminantes, deve ser visto como a arrebentação da grande onda da narrativa rumo ao observador que se encontra na praia."[42]

Mas é possível empregar a voz da personagem de muitas outras formas além do diálogo. A voz pode proporcionar cor ao mundo. Mesmo quando se escreve na terceira pessoa, a voz da personagem pode permear qualquer passagem; e, quando se escreve em primeira pessoa, é fácil deslizar imperceptivelmente do tom expositivo e um tanto impessoal para uma voz mais pessoal e íntima. Em *Gatsby*, quando Nick Carraway descreve a viagem de carro de West Egg para Nova York, a voz em primeira pessoa vai deixando de soar como a de alguém pertencente à classe alta americana para soar mais "como um romance". E, quando todos se instalam no Plaza Hotel, a voz de Nick se torna um pouco confessional e volta a soar como sua própria voz.

Essa fusão da "voz do romance" com a voz da personagem é uma das mais poderosas técnicas formais, e somente o romance tem esse recurso. Na terceira pessoa – ou mesmo na primeira –, é possível usar a prosa para imitar a fala interior da personagem, que de outro modo

---

41. Anthony Trollope, *An Autobiography*, cap. 12.
42. Edith Wharton, *The Craft of Fiction*, p. 74.

não seria expressa; é possível fazer isso suave e discretamente ou embutir tudo no som da mente da personagem, articulando pensamentos que ela não gostaria ou não seria capaz de colocar em palavras. Flaubert fala *por* Madame Bovary. Ele dá cor à sua prosa magnífica com o ritmo e o som da linguagem balbuciante, confusa e vulgar da personagem. Dá voz à mente de Madame Bovary mesmo quando – e principalmente – a linguagem de Emma não é falada, ao dizer o que ela é incapaz de dizer, ao misturar suas palavras com as dela, articulando o que ela levará a vida inteira sem chegar a compreender.

Há dois modos de fazer isso. Um deles é por meio do "fluxo de consciência" da personagem, em solilóquios em primeira pessoa. *Ulisses*, de James Joyce, é o exemplo clássico dessa técnica. É o que há de sublime. No entanto, por ser em primeira pessoa, a maioria dos fluxos de consciência revela-se pesada, pouco maleável. O discurso indireto em terceira pessoa é um método mais flexível e fácil de empregar. Por meio dele, a voz narrativa do romance começa a soar como a voz e a mente da personagem, formulando pensamentos seus que de outro modo não seriam formulados.

A rigor, o "discurso indireto" é um recurso gramatical que evita a citação direta ao apresentar em terceira pessoa as palavras faladas. Discurso direto: "'Eu me recuso a ir', retrucou Maurice." Discurso indireto: "Maurice retrucou que se recusava a ir." Em se tratando de ficção, o método do "discurso indireto" ganha uma aplicação bem mais ampla. A maioria de nossos pensamentos e sentimentos não se encontra diretamente ligada à linguagem. Quase sempre sentimos uma emoção e a unimos a um pensamento bem antes de podermos *dizer* de modo preciso o que é uma e outra coisa. A arte do discurso indireto – em termos amplos – permite que esse aspecto mudo de qualquer personagem seja colocado nas próprias palavras da personagem. Fala-se com uma voz que não é nem da personagem nem do autor, mas que vai além de palavras e pensamentos explícitos da personagem, tornando-se a voz da própria ficção e formando uma unidade de consciência.

SIMPATIA E FALTA DE SIMPATIA

"Certa vez pedi a Ethan Canin", relata Anne Lamott, "que me contasse qual a coisa mais valiosa que ele sabia a respeito de escrever, e ele respondeu sem hesitar: 'Nada é tão importante quanto um narrador de quem se possa gostar. Não há nada que dê mais coesão a uma história.'"[43] E uma autoridade do porte de Anthony Trollope parece concordar com isso. "A servidão ignóbil de Rochester a sua esposa demente, em *Jane Eyre*, é uma tragédia. Mas essas histórias nos encantam não pelo simples fato de serem trágicas, mas porque sentimos que homens e mulheres de carne e osso, criaturas por quem podemos sentir simpatia, lutam em meio a suas angústias. Tudo se resume a isso. Nenhum romance é coisa alguma, no tocante à comédia ou à tragédia, sem que o leitor possa ter simpatia pelas personagens cujos nomes ele encontra nas páginas."[44]

Nem todo o mundo concorda com isso. Tom Wolfe, cuja obra se situa bem perto da sátira, rejeita a necessidade desse gostar. Quando *A fogueira das vaidades* foi ataca-

---

43. Anne Lamott, *Bird by Bird*, pp. 49-50.
44. Anthony Trollope, *An Autobiography*, cap. XII.

da em função de suas personagens nada simpáticas, Wolfe respondeu: "Eu... levei em consideração os romances que admiro tremendamente, romances sobre cidades, como *Butterfield 8*, de John O'Hara, *Nana*, de Zola, *A prima Bette*, de Balzac; e é difícil encontrar neles algum personagem importante que desperte simpatia, no sentido habitual da palavra."[45] Aquilo que desperta simpatia pode não ser agradável. O que é agradável pode não despertar admiração. E qualquer combinação dessas qualidades pode ou não ser interessante. Wolfe, no entanto, parece um tanto perplexo, e acrescenta uma nota de rodapé a seu argumento contra essa necessidade de gostar: "Certa vez, deparei com uma teoria de que nunca tinha ouvido falar, segundo a qual não é nobre a personagem que não é amada pelo autor. Afirmavam que eu era incapaz de amar as personagens. O fato era que estava atônito com elas; não podia amá-las direito."[46]

Na verdade, você vai sentir todo tipo de reação diante de suas personagens, e é provável que seu texto acabe sendo um convite para que o leitor compartilhe seus sentimentos. Estes talvez incluam simpatia e amor, talvez não. Wolfe diz estar "atônito" com suas personagens. (Não haveria também aí um leve e divertido desprezo com que o autor se compraz?) Na sátira, a repulsa pode ser tão útil quanto o amor.

Qualquer que seja o sentimento que você ofereça ao leitor, cuide para que seja forte. Se o seu talento estiver ligado à paixão, ele encontrará mil formas de se expressar,

---

45. Tom Wolfe, in *Writers at Work: The Paris Review Interviews*, 9ª série, p. 248.
46. Ibid.

e tamanha será a multiplicidade de sentidos que um simples juízo de valor não será cabível. A verdadeira questão não é se você ama ou odeia suas personagens. Qualquer que seja o sentimento envolvido, a verdadeira questão é a vitalidade e a força daquilo que você sente. O amor é, sem dúvida, o cume mais alto, e há um aspecto sob o qual o crítico de Wolfe tinha razão: se você realmente sentir a nobreza de uma personagem (o tipo de nobreza que é própria do *autor*, algo que *ele* leve a sério), o brilho dessa nobreza se manifestará em algum ponto ao longo do texto. Mas nem todas as personagens são nobres, e muitos outros sentimentos além do amor devem permear aquilo que você faz, caso queira que o texto tenha vida. Deve ser isso que Tchecov tinha em mente quando aconselhou um colega: "Ame suas personagens – mas não em voz alta."[47]

---

47. Anton Tchecov, carta a Tetany Schepkina-Kupernik.

5. COMO INVENTAR SEU ESTILO

O estilo é o veículo através do qual o autor diz o que tem a dizer. É o modo pelo qual ele conta a história. Consiste, portanto, na sua linguagem e no seu jeito de usá-la. O estilo vai sempre muito além da decoração e do ornamento, e é sempre mais que o modo com que o autor veste a história. É o som completo daquilo que o autor escreve. Não apenas as partes decorativas, mas tudo. À medida que escreve, ele precisa "inventá-lo" – inventá-lo em "nosso" sentido – trabalhando novamente naquele domínio situado entre a invenção e a descoberta.

Os escritores costumam falar a respeito de "encontrar sua própria voz", e é exatamente disso que se trata. Na verdade, a maioria dos escritores precisa "encontrar sua voz" muitas e muitas vezes, já que cada novo projeto, com a correspondente mudança de assunto e um novo conjunto de exigências, solicitará mudanças de modo e inflexão. Mas é um pouco enganoso falar de "voz" no singular. Sim, o estilo final terá uma espécie de unidade sintética, mas a maioria dos estilos são, na verdade, combinações de muitas vozes. Algumas delas decorrem da voz característica do escritor. Outras são ecos de outras pessoas. Muitas pertencem a personagens da história.

Umas poucas podem ser as vozes clássicas da própria ficção. Alguns estilistas, intensamente conscientes, alegam ter o controle absoluto de seus recursos e buscam efeitos especiais de todo tipo: Nabokov é o exemplo clássico. Outros desdenham o "estilo". "Quero que minha prosa seja transparente", diz V. S. Naipaul. "Não quero que o leitor tropece em mim; quero que ele veja o que descrevo através do que estou dizendo. Não quero que diga: 'Puxa, como está bem escrito.' Isso seria uma falha."[1] Muito provavelmente, seu *modus operandi*, assim como o de muitos escritores, será uma combinação idiossincrática e pessoal das duas coisas: uma fusão de controle concentrado com um solto deixar acontecer. Então, que seja. Como quer que você a componha, sua prosa terá algum tipo de estilo, quer você goste, quer não. Assim que a história estiver plenamente situada, assim que tiver dito o que tinha a dizer, seu estilo também estará situado. É impossível que isso não aconteça. Talvez você alardeie seu estilo, talvez não. Mas, sem ele, você nunca escreverá uma única frase boa.

Isso porque o estilo é o elemento invisível que torna qualquer frase capaz de sustentar-se por si só. Em uma de suas muitas observações perspicazes, a sábia Eudora Welty afirmou que o estilo é aquilo que conduz do "subjetivo" para o "objetivo" o que o escritor tem a dizer. Ou seja, o estilo permite que a escrita saia de sua obscura e confusa preexistência no estado de mera possibilidade para alcançar o *status* radiante do autônomo e do já escrito. O estilo é, portanto, não só o que apõe na sua prosa a marca do "você", mas também o que a faz distinguir-se de você; o que a faz dizer o que *ela* tem a dizer, do modo

....
1. V. S. Naipaul, "The Art of Fiction", CLIV, *Paris Review*, n° 148, outono de 1998, p. 56.

correto, conversando com você durante esse processo. "Nascemos subjetivos", disse Welty, "e descobrimos nossa idéia de objetividade à medida que caminhamos."[2] O estilo é o som que a escrita terá depois que você finalmente terminar o questionamento interno, aparentemente interminável, sobre o que está certo ou errado em cada detalhe, cada página. Não é nada mais nada menos do que essa correção. Quando ele por fim se fizer presente, parecerá que sempre esteve ali de algum modo, esperando para dizer a você o que deveria fazer parte do livro.

Nesse meio tempo, o estilo apõe na escrita a identidade do escritor – e também isso ele fará de modo parcialmente inconsciente, quer você tente, quer não; quer goste, quer não. Até mesmo a prosa impessoal se torna singularmente própria do escritor, e este é um dos mistérios perenes da escrita. Disse Truman Capote: "Não creio que alguém chegue ao estilo de modo consciente, assim como ninguém decide qual será a cor de seus olhos. Afinal, seu estilo *é* você. No fim, a personalidade do escritor tem muito a ver com a obra, e deve estar presente na obra de modo humano. Sei que personalidade é uma palavra desgastada, mas é dela mesma que estou falando. A humanidade individual do escritor, suas palavras ou gestos diante do mundo, têm de surgir quase como uma personagem que entra em contato com o leitor. Se a personalidade for vaga ou confusa, ou meramente literária, *ça ne va pas*."[3] Patricia Highsmith foi um pouco além: "A maioria dos escritores principiantes crê que os escritores estabelecidos têm uma fórmula para o sucesso... Não há segredo para o sucesso na escrita que não seja a indivi-

---
2. Eudora Welty, *The Eye of the Story*, p. 142.
3. Truman Capote, in *Writers at Work*, 1ª série, p. 296.

dualidade, ou, se quiser, a personalidade. E, como toda pessoa é diferente, cabe ao indivíduo expressar sua diferença em relação ao próximo. Isso é o que chamo abertura do espírito. Mas não é algo místico. É simplesmente uma espécie de liberdade – liberdade organizada."[4]

O modo misterioso pelo qual o estilo torna sua personalidade visível – o modo como *ele* "inventa" o que poderíamos chamar sua "personalidade de prosa" – é aparentemente paradoxal. O estilo é algo criado, feito pelo homem; no entanto, acaba surgindo tão naturalmente quanto a respiração. Em outras palavras, para funcionar, todo estilo tem de ser "natural" – "natural" para você –, mas sua voz "natural" ou suas vozes só podem ser encontradas por meio do esforço e do trabalho. O estilo é verdadeiramente a própria voz do individualismo na prosa, mas só pode ser encontrado – "inventado" – por meio da capitulação do escritor perante a grande comunidade de vozes que, em qualquer língua, constituem sua literatura. O estilo é a personalidade da escrita, e na prosa como na vida você encontrará sua personalidade na interação com os outros.

O problema que derrota muitos principiantes é que eles esperam – e, em seus sonhos, tolamente acreditam – que sua própria voz, aquela que eles sempre tiveram, a voz "natural" que usam na vida diária, a que usam para marcar um encontro ou telefonar para casa dizendo que chegarão um pouco mais tarde, será capaz, de algum modo, por si só, de proporcionar à sua escrita um estilo funcional de prosa. Ingênua e fatalmente – o que é compreensível –, eles pendem demais para o lado "natural" do inevitável vínculo entre o natural e o artificial no to-

---

4. Patricia Highsmith, *Plotting and Writing Suspense Fiction*, p. x.

cante ao estilo. Isso pode ser levado a extremos. Não foram poucas as vezes em que deparei com aspirantes promissores que evitavam ler a obra de outros escritores, não tanto por preguiça, mas por medo: medo de que uma outra voz ou um outro estilo, que fosse suficientemente forte, interessante ou vivo, pudesse de algum modo atrapalhar sua maravilhosa pureza "natural".

O que esses escritores não entendem é que só vão encontrar "suas" vozes no meio das vozes, e *por* meio das vozes, de outras pessoas e de outros escritores. Sim, você tem sua própria voz, e ela tem sua característica individual. O problema é que você não está falando, mas *escrevendo*. E o que escreve não é fala: é prosa. Fala e prosa são entidades diferentes, e, quando se trata de escrever, o bate-papo não funciona. O som da prosa, até mesmo da prosa da sua própria voz, é algo que você precisa *ouvir*.

Muitos escritores afinam o ouvido para a prosa começando o dia com uma leitura estimulante, um pouco de prosa perfeita. "Leio alguma coisa", diz Maya Angelou, "talvez os Salmos, talvez algo do sr. Dunbar, de James Weldon Johnson. E me lembro de quão bela, quão maleável é a língua, de como ela é prestativa. Você a manipula e ela diz: 'Tudo bem.' Lembro-me disso e começo a escrever."[5] Mary Gordon tem um elaborado ritual: "Antes de levar a caneta ao papel, leio. Não consigo começar meu dia lendo ficção; preciso do tom mais íntimo das cartas e dos diários. Desses diários e dessas cartas – material de primeira mão – copio algo que tenha estimulado minha fantasia... Mudo para Proust; três páginas lidas em inglês, e as mesmas três páginas em francês... Depois passo para a ficção que estou lendo seriamente,

---
5. Maya Angelou, in *Women Writers at Work*, p. 290.

aquela que estou usando como diapasão, aquela de que preciso para encontrar o tom que vou adotar na ficção que estiver escrevendo no momento... Copio parágrafos cujo peso e cadência possam me ensinar alguma coisa. Há dias, quando estou com sorte, em que o próprio movimento da minha mão, como uma espécie de dança, começa um outro movimento que me permite esquecer a presunção, a insensatez daquilo que sou."[6] Paul Johnson, um dos mais fecundos ensaístas ingleses, recorre a certos mestres para atender a certas necessidades. "Todo escritor tem seus estimuladores para a prosa. Os meus são a Bíblia do rei James, Bacon, Milton e Hobbes. Alguma coisa de Swift e de Hazlitt; um pouco de Gibbon; as cartas de Byron, sempre. Leio Jane Austen por causa de suas ironias sutis, tão maravilhosamente sob controle, e também por sua capacidade de fazer a história avançar com rapidez sem nunca parecer perder o fôlego. Estudo Waugh por causa de sua capacidade incomum de combinar a magnificência estilística com a estrita economia de palavras."[7] Não lhe faria mal algum ter à mão seus próprios estimuladores, trechos de prosa de que goste e que sejam significativos para você, uma prosa que cante do modo como você quer cantar. Não que vá copiar essas coisas. Você vai fortalecer e guiar sua própria voz com esse som no ouvido.

É claro que vai haver um vínculo íntimo, talvez inconsciente, entre sua voz falada e a prosa que você "inventa", mas aquilo que soa muito "natural" na prosa não será

....
6. Mary Gordon, "Writers on Writing", *New York Times*, 5 de julho de 1999.
7. Paul Johnson, "The Craft of Writing", in *The Pick of Paul Johnson*, p. 14.

necessariamente natural na fala. Quase ninguém, nem mesmo o escritor mais coloquial, *realmente* fala do modo como escreve. Tente ler alguma transcrição de conversa gravada. Quase sempre o texto soa pobre, fraco, repetitivo, enfadonho a ponto de dar sono. Eis o que Toni Morrison diz a esse respeito: "Não confio naquilo que escrevo sem escrever [ou seja, ditado para um gravador], embora trabalhe muito em revisões subseqüentes para eliminar o sabor de texto escrito, para combinar a linguagem lírica, padronizada e coloquial e juntar todas essas coisas em algo que me pareça mais vivo e representativo. Mas não confio em algo falado que me venha à cabeça e seja imediatamente transferido para a página."[8]

E por quê? Por que uma boa fala, quando transcrita, não haveria de resultar em boa prosa?

Porque a fala e a escrita são coisas diferentes, assim como são diferentes o ouvir e o ler. Essa diferença afeta tudo. Como diz Fran Lebowitz: "Numa conversa pode-se usar o *timing*, o olhar, a inflexão, as pausas. Mas na página o que se tem são vírgulas, travessões, a quantidade de sílabas da palavra. Quando escrevo, leio tudo em voz alta para chegar ao ritmo certo."[9]

Além disso, a maioria das falas tem pouquíssimo poder de permanência. Uma vez retirada de seu contexto imediato, sempre desbota e, em geral, morre.

Mas o mais importante de tudo é que o *ponto focal* da fala é totalmente diverso do ponto focal da prosa. A pessoa que fala se concentra na relação entre o assunto e o

....
8. Toni Morrison, entrevista a Claudia Brodsky Lacour e Elissa Schappell, in *Women Writers at Work*, p. 245.
9. Fran Lebowitz, in *The Writer's Quotation Book: A Literary Companion*, org. James Charlton. Wainscott, N.Y.: Pushcart Press, 1985, p. 41.

ouvinte – e esse ouvinte é sempre uma pessoa real, fisicamente (ou telefonicamente) presente na cena, parte do intercâmbio. Nenhuma terceira parte é contemplada. A prosa, por outro lado, tem de concentrar-se numa figura ausente e, na verdade, "inventada" – "inventada" no nosso sentido –, figura essa conhecida como "leitor". A prosa – toda ela – se dirige a essa figura ausente e imaginada, dá forma a si, a essa figura e a suas necessidades por meio de um relacionamento invisível entre esses elementos. No "nosso" sentido, ela tanto "inventa" quanto é "inventada" por essa pessoa absolutamente necessária mas invisível, por essa pessoa incorpórea, multiforme, puramente imaginária. O tom da prosa é criado pela percepção do relacionamento entre aquilo que poderíamos chamar a *persona* do escritor e a *persona* do leitor – ambas inventadas.

Na fala, a *persona* do leitor não existe (talvez haja a *persona* do ouvinte, mas isso é outra história). Contudo, criar a *persona* do leitor é parte essencial (muitas vezes inconsciente) do trabalho do escritor. É claro que você vai querer não o leitor, mas muitos leitores, uma pluralidade: muitas pessoas de carne e osso, "do lado de lá", que peguem sua obra e, ao lê-la, assumam a *persona* que sua prosa inventou para todas elas – gente de verdade que se investe do papel de leitor. No entanto, enquanto escreve, você só pode ter uma idéia muito vaga – geralmente contraditória e confusa – de quem são todas essas pessoas de verdade. Já sua prosa deve "inventar" uma só pessoa e dirigir-se somente a ela: *o* leitor. Não importa se você quer que sua obra alcance milhões ou apenas um seleto grupo: ela vai inventar uma espécie de leitor por meio do tom do discurso, pelo modo de falar e de chamar a atenção, pelo sentimento despertado nesse intercâmbio. Numa palavra, você, com seu estilo, cria o leitor. É assim que você pode partilhar o que tem; e só depois de você criar o leitor é que podem surgir pessoas de verdade que, sutilmente ou nem tanto, se imaginem no papel do indivíduo que você inventou. Elas sem dúvida imaginarão isso de modo tão subconsciente quanto você imaginou. Não importa. O prazer dessa experiência forte, mas delicada, de renúncia ao eu é um dos maiores prazeres do texto.

Por exemplo, uma mesma pessoa pode um dia ler e apreciar inteiramente *Huckleberry Finn*, de Mark Twain, e, no dia seguinte, com o mesmo prazer, passar para *As asas da pomba*, de Henry James. Seria difícil apontar outros dois romances tão diferentes entre si, e um dos grandes motivos dessa diferença é que cada qual se dirige a um leitor absolutamente diferente. A *persona* para a qual Huck Finn se lamenta a respeito de tia Sally e Pa é muito diferente daquela para quem James apresenta as considerações meio cruéis de Kate Croy a respeito da morte, em Veneza, de Milly Theale. No entanto, o verdadeiro leitor de qualquer um desses livros pode, sem esforço, se "tornar" a *persona* de qualquer um deles. Isso acontece sem maior reflexão. É como representar um papel – embora de modo passivo, quase inconscientemente. A pessoa se torna o leitor e continua sendo ela mesma. O leitor de determinado escritor difere do leitor de outro escritor. O leitor de Virginia Woolf permanece sensivelmente atento a cada nuança. O de Elmore Leonard tem uma mentalidade maldosa, durona, terra-a-terra. O de George Eliot tem uma inteligência atilada, sempre alerta a novos modos de ampliar seu ameaçado porém magistral domínio dos motivos e detalhes da vida diária. O de Emily Brontë estremece a cada bater de porta, a cada soluço abafado. O de Philip Roth está pronto para ouvir alguém lhe contar as histórias mais loucas, enquanto o de Henry James, como observa T. S. Eliot, tem uma mente tão pura que nenhuma idéia a pode violar. Já o leitor que ouça Nick Carraway contar-lhe *O grande Gatsby* é, assim como Nick, um respeitável cidadão americano da classe alta, e o de *On the Road* inclina-se para a frente no banco de trás de um carro, passando um baseado de um lado para outro, enquanto o automóvel percorre uma estrada de duas faixas sob um céu estrelado.

Essa invenção do "leitor", testemunha invisível de cada sílaba que você escreve, é um elemento que define o estilo. Assim como tudo o mais em seu texto, ele será composto de todos os fragmentos lingüísticos de que você se lembrar: livros, vozes, pessoas, momentos de encantamento e por aí afora. Isso acaba compondo o estilo, ou seja, acaba por estabelecer um *relacionamento* entre duas criaturas inventadas. É assim que, neste momento, estou inventando você e você está me inventando. Como escritor, você tem muito a dizer a respeito desse relacionamento e de como ele será. Mas isso não está inteiramente em suas mãos. Trata-se, fundamentalmente, de uma colaboração, uma troca, que só pode ser descrita pelos adjetivos que descrevem o relacionamento humano. Qualquer que seja esse relacionamento, ele deve oferecer à pessoa real que lê sua prosa o dom de uma consciência mais ampla e rica.

SUA VOZ – COMO FAZÊ-LA SOAR BEM

John Wray, cujo belo romance inaugural, *The Right Hand of Sleep* [A mão direita do sono], obteve merecida aclamação da crítica internacional, certa vez me disse que "a primeira coisa de que me dei conta tão logo comecei a trabalhar no livro foi que, para ter alguma esperança de que ele ficasse bom, eu precisava, no mínimo, fazê-lo *soar* bem, ao menos para meus próprios ouvidos. Claro que o som agradável não faria necessariamente o livro *ser* bom, mas talvez, se soasse bem – bem mesmo –, o som carregasse a história consigo e ajudasse a conduzir o romance ao longo de todo o percurso. Isso me ajudou. Possibilitou que eu trabalhasse."[10]

Essa observação talvez soe como uma confissão de superficialidade. Isso não é verdade. Expressa uma percepção penetrante de como o estilo funciona enquanto ferramenta básica para a invenção. A voz pode ser justamente a alavanca de que você precisa para trazer a história à existência; pode ter função análoga à da própria história, que serve como alavanca para trazer a personagem à vida. Já observamos que o *som* da voz de uma personagem pode fazer desabrochar o que ela tem a dizer. Entre saber o que uma personagem vai dizer e saber o que ela vai fazer, o passo não é grande. Do mesmo modo, mais do que você imagina, saber como uma história vai soar está bem perto de saber como será a história.

"Fazer tudo soar bem" levanta a delicada questão da influência. Você vai ser influenciado. Quer saibam e admitam, quer não, todos os escritores, sem exceção alguma, trabalham sob a influência de outros escritores. Não pergunte *se* você vai ser influenciado por outros escritores. Pergunte *como*. Você aprendeu a falar ouvindo os outros falarem e continua aprendendo com a fala dos outros. Foi assim que você adquiriu fluência, ritmo, vocabulário, gíria – praticamente tudo –, e todas essas coisas se reno-

....
10. John Wray, entrevista com o autor, 2001.

vam com... mais conversas. Bem, da mesma maneira, os outros escritores o ensinarão a escrever e continuarão a ensiná-lo no decorrer do caminho.

Eu sei, eu sei – isso parece frustrante. Você não está *procurando* as vozes de outros escritores. Está à procura de sua própria voz. E deve mesmo fazer isso. Mas, justamente pelo fato de o estilo ser um intercâmbio, é entre as vozes de outros e no amor que tem por eles que você vai achar sua voz.

Vamos supor, por exemplo, que você goste da voz árida presente na prosa de Raymond Chandler. Quer tentar algo semelhante e não sabe muito bem como fazer isso. A voz é tudo o que você tem, mas talvez seja tudo de que precise. Uma voz semelhante à de Chandler só é capaz de contar certo tipo de histórias a respeito de certo tipo de pessoas. No entanto, as pessoas que Chandler conheceu e sobre as quais escreveu – sua época, a Califórnia de então, até mesmo os tipos de crime –, todas essas coisas já não existem. Não é possível recuperá-las. Mas a voz existe. Não importa o que ela diz, não importa como ela é, continua viva, viva no amor que você tem por ela, viva dentro de você, de um jeito ou de outro. Isso já lhe oferece a base de uma *persona*. Não dá para transformá-la em Philip Marlowe, é claro. Marlowe foi inventado há muito tempo. Mas a voz pode conduzir a algo análogo dentro do *seu* mundo. Você pode encontrar a sua voz na voz de Chandler, através dela ou mesmo contra ela, como fez Walter Mosley ao criar Easy Rawlins.

Suponhamos que você esteja encantado com o estilo maduro de Virginia Woolf, como Michael Cunningham devia estar quando essa voz o inspirou a escrever *As horas*, um romance de grande vendagem. A voz em *Mrs. Dalloway*, assim como a voz de Chandler, só pode contar certos tipos de histórias a respeito de certos tipos de pessoas. O verdadeiro Michael Cunningham vive muito longe da Bloomsbury de 1922. As pessoas presentes nas páginas de Mrs. *Dalloway* há muito se foram. A infância de Cunningham como filho de um oficial do exército foi muitíssimo diferente daquela vivida pela filha inteligente e perturbada de Sir Leslie Stephen em Hyde Park Gate. No entanto, algo presente naquela voz de Bloomsbury proporcionou a Cunningham o ponto focal de que ele precisava para inventar e encontrar, em sua *persona* do Greenwich Village do final do século XX, o leitor e o escritor necessários para a elaboração de *As horas*.

Note que nem Mosley nem Cunningham se assemelham a seus "mentores". Eles os amam. O elo que os une não é a semelhança, mas a paixão. E, ao se apaixonar por qualquer escritor, é geralmente pelo estilo que você se apaixona. Como escreveu o crítico Terry Teachout: "Às vezes é só uma fantasia passageira... às vezes é algo muito mais sério... Às vezes é por um desconhecido, às vezes por um velho amigo que de repente passo a ver sob outra luz. Mas, quem quer que seja o objeto da minha afeição literária, a natureza do nosso relacionamento é a mesma: não quero apenas apreciá-lo, mas me transformar nele, absorver sua essência estilística e ser por ele transformado."[11] Assim como você só pode se encontrar por meio das coordenadas de seus relacionamentos com as outras pessoas, somente encontrará sua voz, seu estilo, seu som procurando-os entre as vozes de outros, entre os estilos e sons que você considera importantes e que cantam silenciosamente dentro de sua cabeça.

....
11. Terry Teachout, "Literary Crushes", *New York Times Book Review*, 12 de setembro de 1999.

É provável, no entanto, que as vozes que você venha a amar já tenham ficado distantes no tempo. Os textos que você amar, como Mosley amava Chandler e Cunningham amava Woolf, já estarão se transformando em literatura. Ao longo do processo, já estarão um pouco ultrapassados. Essa distância no tempo é tanto um obstáculo a ser superado quanto uma oportunidade para estimular seu poder de invenção. Não importa que você não possa *se tornar* Raymond Chandler nem Virginia Woolf. (Você iria *querer*?) As vozes da língua, tanto falada quanto escrita, em suas incontáveis variações, mudam de modo sutil ou nada sutil não apenas de uma geração para outra, mas de um ano para outro. Um esforço obstinado, sem imaginação, para ressuscitar os mortos, um esforço *bruto* para "tornar-se" uma dessas vozes só pode resultar num estilo demasiado "literário" – e, como disse Truman Capote, *ça ne va pas*.

Mas o fato de amar outra voz pode ajudar você a encontrar a sua própria. Qualquer uma, até a sua, será uma mistura de passado e presente. É assim que toda linguagem funciona. Você dará eco à fala que o ensinou a falar, à prosa que o ensinou a escrever. Mas, ao usar a linguagem, você deve cantar com um entusiasmo que seja seu e só seu. Como afirmou John Gardner, o que é "seu" precisa ser diferente do que se fazia em qualquer geração anterior à sua. "Um bom romancista cria imagens poderosamente nítidas na mente do leitor, e é natural que um romancista principiante tente imitar os efeitos criados por algum mestre, pois ele ama o mundo vívido desse escritor. Mas, feitas todas as contas, a imitação não é uma coisa boa. O que os escritores do passado viram e disseram, até mesmo num passado recente, é história. É óbvio que ninguém mais fala como as personagens de Jane

Austen ou de Charles Dickens. É menos óbvio, mas igualmente verdadeiro, que dificilmente alguém com menos de 30 anos fala como as personagens de Saul Bellow e seus imitadores. O romancista principiante pode aprender com seus maiores o recurso de uma observação apurada, mas deve voltar o olhar para seu próprio tempo e lugar..."[12] Quem melhor para comentar essa transição estilística entre gerações do que Martin Amis, filho de outro escritor famoso? "Meu pai me dizia que, quando um escritor de 25 anos leva a caneta ao papel, está dizendo ao escritor de 50 que as coisas não são mais daquele jeito, mas *deste* jeito. O escritor mais velho, a certa altura, vai perder contato com a sensibilidade contemporânea... Quando meu pai começou a escrever, estava dizendo aos escritores mais velhos – Somerset Maugham, por exemplo – que não era daquele jeito, mas *deste*."[13]

Isso é absolutamente verdadeiro. A silenciosa audácia que faz um jovem escritor resmungar a Somerset Maugham, a Saul Bellow, a Kingsley – ou Martin – Amis que "as coisas não são mais *daquele* jeito, mas *deste*", é indispensável para a identidade do escritor como artista. Há nisso uma sombra de provocação edipiana, uma provocação motivada tanto pela negação quanto pelo amor. Nenhum estilo pode ser forjado no isolamento. O estilo, como vimos, é um conjunto entrosado de relacionamentos: tanto com o leitor e a história como com a linguagem do escritor. Assim, é preciso relacionar-se com as vozes do passado. Mas todo relacionamento tem dois lados, e a relação do escritor com sua língua não é igualitária. A lín-

------

12. John Gardner, *On Becoming a Novelist*, p. 27.
13. Martin Amis, *Paris Review*, nº 146, p. 115.

gua pode ser muito maior do que você, mas é você quem deve conduzi-la.

E cuidado com o que é muito fácil de obter. No final da década de 1980 e em grande parte dos anos 1990, o escritor de contos mais imitado por meus alunos era Raymond Carver. (No início da década de 1980, havia sido Donald Barthelme.) Ironicamente, o que esses escritores jovens tentavam imitar era a força indelével da esquisitice crônica – e um tanto comovente – de Carver. Por quê? Para começar, porque era fácil – fácil demais. O estilo de Carver, como também sua pessoa, caracteriza-se por uma qualidade obscuramente travada, tartamudeante, pouco articulada. Em qualquer história, é possível senti-lo a debater-se contra essa dificuldade de se expressar. Isso faz parte do seu *páthos* rude e também de sua força. No entanto, duas gerações de jovens escritores, alguns dos quais se sentiam muito mais à vontade consigo mesmos do que o pobre Carver jamais logrou sentir-se, puseram-se a imitar a eloqüência trêmula e incerta desse homem tão incomodado com sua própria pessoa: a eloqüência monossilábica e impulsiva de uma mente ferida, às quatro horas da manhã.

Carver não tinha como *evitar* seu estilo. Não conseguia manipular as palavras de nenhuma outra maneira. O que lhe proporcionou sua grande força e influência não foi o virtuosismo – ele foi o antivirtuoso de sua época –, mas a força obstinada e canhestra de sua personalidade. Hemingway, o escritor mais imitado do século XX, teria entendido isso. "Em geral, o que os amadores chamam estilo não é senão a esquisitice inevitável de quem tenta, pela primeira vez, fazer algo que nunca antes foi feito. Nenhum novo clássico se parece com os clássicos anteriores. No início, as pessoas só conseguem ver a esquisitice; o caráter clássico, então, não é muito perceptível. Quando a esquisitice é grande, as pessoas a tomam por estilo e a copiam. Isso é lamentável."[14] Deixe que a "esquisitice" de que fala Hemingway seja não a de seu mentor, mas a sua própria. Deixe-se guiar por sua própria empolgação, sua própria sensação de júbilo, seu próprio contentamento com o que dá certo. John Updike, talvez o melhor ouvido de sua geração – o virtuoso –, comenta o papel fundamental dessa sensação de "dar certo" e como ela funcionava em suas primeiras obras. "A maioria das coisas já dava certo logo de início – fundiam-se por seu próprio calor, como dizia Frost a respeito de seus poemas. Se não há fusão, se a história trava, é melhor parar e olhar ao redor. É preciso que na execução haja um 'contentamento' que não pode ser tencionado nem preestabelecido. Algo tem que cantar, fazer 'clique', ou coisa parecida."[15]

AS VARIEDADES DO ESTILO

Assim como a Via Láctea, o registro estilístico da prosa em língua inglesa se estende de horizonte a horizonte, num contínuo de fascinante amplitude e profundidade. Parte do estilo raso e infinitamente variado do linguajar de rua, sub ou semi-alfabetizado; sobe por um estilo médio, flexível, variado, incomparavelmente bem desenvolvido – as muitas modalidades do estilo culto; e daí se ergue para o ápice das mais elevadas possibilidades retóricas da língua: a linguagem de Shakespeare, de

---

14. Ernest Hemingway, entrevista a George Plimpton, in *Writers at Work*, 2ª série, p. 231.
15. John Updike, in *Writers at Work*, 4ª série, p. 436.

Milton e da versão autorizada da Bíblia, as muitas vozes da poesia e do romance lírico, a fina retórica dos grandes historiadores, críticos e filósofos. A arte da ficção é a única modalidade de escrita que é livre para transitar à vontade entre os três níveis retóricos da língua sem ter de se desculpar ou sofrer constrangimento. Como escritor de romances ou contos, você tem liberdade para descer o quanto quiser e escarafunchar a matéria exuberante do linguajar de rua. Pode também misturar e combinar esse linguajar com o nobre estilo médio: o principal modo de exposição – de fornecer informações – em inglês e a voz predominante na ficção em língua inglesa, de Jane Austen a V. S. Naipaul. Por fim, se mantiver o ouvido bem sintonizado, também ouvirá, ainda que apenas a distância, a grandeza do estilo elevado, a da língua inglesa em tom magnífico, a modalidade com a qual essa língua, através dos séculos, tem sido capaz de tocar o sublime e dar-lhe um nome.

Esses três níveis se subdividem em variedades infinitas. O grande estilo se define, em suma, por meio da longa história de extraordinária eloqüência da língua. É a retórica da elegância, do poético, do reverencial, do magnífico. Procura inspirar veneração; desvia-se da fala fácil e decididamente aspira à grandeza. Define-se quase como a linguagem que ninguém empregaria no discurso comum; a linguagem alçada às tonalidades da poesia, da romança, das escrituras sagradas, da quimera, da história, da tragédia e da profecia.

No extremo oposto da retórica encontra-se o baixo estilo, enraizado nos sons da língua falada. Sua distância em relação à plena alfabetização serve para medir sua estatura. A retórica de *Huckleberry Finn* é mais "baixa" que a de *O apanhador no campo de centeio* simplesmente porque

Huck é analfabeto e Holden não é. O estilo baixo alimenta-se da fala, e, quanto mais baixo chegar, mais bruta e tosca será a fala: indefinida, direta, não literária, descuidada ou mesmo grosseira, imediatamente tirada das ruas. O estilo baixo é o que se ouve na voz caipira de Huck Finn, nas bisbilhotices de Eudora Welty, nas personagens desbocadas de Denis Johnson.

No meio se encontra, é claro, o estilo "médio". Essa é a voz da palavra clara, bem articulada e expositiva. Em vez da cor e da intensidade do baixo estilo, ela oferece a prosa simples, culta, consciente, hábil, que, não por acaso, se baseia na fala das classes média e alta. O estilo médio é o que se vê no texto principal do jornal diário, e suas diversas variantes compõem a voz de quase todo texto de não-ficção. Hemingway tornou-se o escritor mais influente do século XX ao estabelecer, por volta de 1925, um novo padrão para o estilo médio de ficção. Mas o espectro é grande. Stephen Crane escreveu simplificando radicalmente a retórica média de seu tempo; Henry James elaborou-a e reelaborou-a.

E o grande estilo? No século XIX, a obra-prima americana do grande estilo foi *Moby Dick*. Já no século XX, a principal referência é James Joyce e os muitos escritores que se renderam a seus encantos retóricos. Entre os americanos, o mais significativo é sem dúvida William Faulkner. O ouvido de Faulkner – incomparável, magnificamente inebriado de si mesmo, mas longe da perfeição – inunda todos os seus romances, desde *Enquanto agonizo* até *Absalão, Absalão!*, de ecos e mais ecos da mais magnífica retórica em língua inglesa. Essa magnificência baseia-se e consubstancia-se – Faulkner pegou o jeito de Joyce – no impulso de erguer e transfigurar a mais baixa das linguagens. O grande estilo se afina naturalmente com o baixo estilo. Como na relação entre Lear e o Bobo, o baixo tende para o alto, e o alto, para o baixo. Como fenômeno moderno, essa tendência já é visível em *Moby Dick*, mas no século XX foi Joyce quem a estabeleceu claramente. É, no entanto, audível, por exemplo, em *Viagem ao fim da noite*, de Céline, que procura elevar a fala parisiense de rua à altura do profético. *On the Road*, de Kerouac, tenta alcançar a mesma coisa com o jargão *hipster*. Algo bem semelhante acontece com Dickens, que, assim como Faulkner, se move entre a linguagem de rua e o sublime, e os mistura com maravilhosa verve – cadências de fala de rua, irrupções de grandeza teatral, vôos sombrios de gótico fantasmagórico e outras empolgantes demonstrações de virtuosismo oratório. Os dois escritores têm por base – oficialmente – o estilo médio, embora eu suspeite que esse estilo os aborrecesse. Mas são muitos os que se aborrecem com o estilo médio. Tom Wolfe é um deles, como veremos logo adiante.

O estilo médio é o veículo básico e predominante para quase toda prosa expositiva e discursiva, e assim tem sido há trezentos anos. É onipresente, e seu espectro é tão amplo que ele raramente é reconhecido como um estilo isolado. Como está em toda parte, é invisível como o ar. É claro que certos ares – a crítica de Virginia Woolf, por exemplo – são tão puros que nos embriagam. Há outros que costumam cheirar mal. O estilo médio pode se desenvolver de modo pobre ou brilhante. Possui inúmeras possibilidades e variações. O que você está lendo no momento é um exemplo desse estilo, que pode alcançar o nível alto, médio ou baixo. A variante alta é o que se lê no *New Yorker*, e não é por acaso que o mais influente manual de redação já publicado nos Estados Unidos teve como co-autor um dos editores que fundou essa revista.

Refiro-me, é claro, a *The Elements of Style* [Os elementos do estilo], de William Strunk Jr. e E. B. White, que sucintamente codificou, de uma vez por todas, o nível mais refinado do estilo médio americano no século XX.

E o estilo médio sempre esteve ligado ao jornalismo elegante. Numa excelente passagem de *The Lives of the Poets* [As vidas dos poetas], Samuel Johnson mostra como, no final do século XVII e início do XVIII, esse estilo tomou forma na prosa de Joseph Addison. "A prosa [de Addison] é o modelo do estilo médio; em assuntos sérios não é formal, em ocasiões amenas não se rebaixa; é puro sem ter cuidados excessivos, exato sem ser manifestamente elaborado; sempre uniforme e sempre fácil, sem palavras fulgurantes nem frases ostentosas. Addison nunca se desvia do caminho para colher um adorno; não busca ornamentos ambiciosos nem tenta inovações arriscadas. Sua página é sempre luminosa, mas nunca rebrilha com inesperado esplendor.

"Seu principal empenho parecia ser o de evitar toda aspereza e severidade de dicção; assim, ele é às vezes prolixo em suas transições e conjunções e, às vezes, desce demais para a linguagem coloquial; fosse, porém, menos idiomática, sua linguagem teria perdido um tanto de seu genuíno caráter inglês. O que tenta, ele realiza; nunca é fraco, mas não quer ser vigoroso; nunca é rápido mas tampouco é inerte. Suas frases nunca são estudadamente extensas, nem afetadamente concisas; seus períodos, embora não se apliquem a ser arredondados, são fluentes e fáceis. Quem quiser escrever num estilo inglês comum mas não grosseiro, elegante mas sem ostentação, deve dedicar dias e noites ao estudo dos volumes de Addison."[16]

....
16. Samuel Johnson, "Addison", in *Lives of the Poets*.

Esses parágrafos ilustram, com duzentos anos de antecedência, o ideal estilístico do *New Yorker* no auge de sua influência, no final do século XX. William Shawn, por muitos anos editor da revista, devia tê-los em seu escritório, gravados numa placa.

Enquanto o grande e o baixo estilo tendem a procurar um ao outro, o estilo médio costuma se aproximar do baixo principalmente ao reproduzir diálogos, e só em raras ocasiões põe-se na ponta dos pés para alcançar o grande estilo, em geral por um ou dois momentos de arroubo. Note-se o modo como Virginia Woolf tipicamente termina seus ensaios em *O leitor comum*. Eis aí um exemplo de excelente crítica escrita em estilo médio. Tem a sonoridade da fala culta em sua variante mais britânica, impecável e moderna. Essa voz ondulante, de mestre, muito bem articulada, permanece precisamente dentro dos limites coloquiais da fala média ao longo de quase todos os ensaios – a não ser no último momento, quando Woolf muitas vezes termina com uma espécie de aguilhoada, uma única frase em grande estilo. (Um recurso que talvez tenha assimilado de Addison.) Como esta, por exemplo, sobre Charlotte Brontë: "Era capaz de libertar a vida de sua dependência em relação aos fatos; com poucas pinceladas, indicar o espírito de uma face, de modo que ela não precisasse de um corpo; ao falar dos ermos da Inglaterra, fazer o vento soprar e o trovão rugir."[17] Ou sobre George Eliot: "Buscou cada vez mais conhecimento e mais liberdade, até que o corpo, sob o peso desse duplo fardo, sucumbiu, exausto; e devemos depositar sobre sua

---

17. Virginia Woolf, *The Common Reader*, 1ª série [ed. anotada], org. Anderw McNeillie. Nova York e Orlando: Harcourt Brace & Co., 1984, p. 161.

sepultura o que nos for possível encontrar de louros e de rosas."¹⁸ As partes finais sobre o trovão e os louros são fragmentos, súbitos e sutis, de autêntica sublimidade. Raramente se estendem além de umas poucas palavras. O efeito é sempre grandioso.

O romance e o jornalismo foram acalentados no mesmo berço, e o estilo médio é a sua origem comum. Ele caracterizou também o estilo ficcional de Jane Austen a Nadine Gordimer e V. S. Naipaul. Decerto, o chamado "romance de arte" em língua inglesa – Joyce foi seu grande mestre no início do século XX, e Nabokov, seu principal expoente em meados do mesmo século – francamente desdenha a raiz que partilha com o jornalismo, mas nem mesmo esses grandes representantes poderiam negar o tremendo impacto do estilo médio sobre a ficção, e isso desde os seus primeiros dias. Jane Austen, na virada do século XIX, foi a primeira a aperfeiçoá-lo como veículo narrativo. George Eliot e Trollope avultam entre os mestres desse estilo no século XIX. É a voz que nos fala de amor e dinheiro na famosa primeira frase de *Orgulho e preconceito*.

Por ser coloquial, como lembrou Samuel Johnson, o estilo médio é dotado da sedutora habilidade de equilibrar a clareza impessoal e o tom individual da voz de qualquer escritor que o utilize. Quando Hemingway o emprega, o leitor *ouve* Hemingway. No caso de Jane Austen, o leitor *ouve* Austen. Se George Eliot o usa, o leitor *ouve* George Eliot. Isso vale tanto para Judith Krantz quanto para John Steinbeck e Henry James. Não ouvimos literalmente suas vozes, é claro; mas ouvimo-las como prosa.

---

18. Virginia Woolf, *The Common Reader*, 1ª série, p. 172.

Esse estilo é, ainda, adaptável para sexo e classe social. Pode soar como classe alta (como em Virginia Woolf ou Henry James); classe média (como em Somerset Maugham ou Kingsley Amis); ou classe trabalhadora (como em Richard Price ou Stephen King). É o mesmo para mulheres e homens – fato que pode parcialmente explicar por que, desde o início, muitos dos grandes mestres do estilo foram do sexo feminino.

Vangloria-se de muitas outras virtudes, algumas um tanto "bem-comportadas". Orgulha-se de ser preciso, franco, agradável, cortês, sincero e confiável. E também *ponderado*. Faz questão de exercer o máximo controle não apenas sobre seus fatos como também sobre seus sentimentos e seu relacionamento com o leitor. Na verdade, o controle discreto é o seu fetiche. Truman Capote, que aprendeu com o *New Yorker* e escreveu uma pequena obra-prima do estilo médio, *A sangue frio*, dizia exatamente que era preciso ter "o controle". "Quer dizer, manter um domínio estilístico e emocional sobre o material trabalhado. Que se dê a isso o nome de preciosismo, dane-se, mas acredito que uma história pode ruir por causa de um ritmo imperfeito – principalmente se isso acontecer perto do fim – ou de um erro na divisão dos parágrafos, ou até mesmo de um erro de pontuação."[19]

Não há uma palavra sequer na observação de Capote da qual William Shawn teria discordado.

No entanto, todas essas boas qualidades vêm acompanhadas de um grande empecilho. Um estilo que se recusa a empolgar-se constitui um veículo pobre para transmitir uma emoção poderosa. Eis um comentário de Richard Rhodes sobre o estilo médio, escrito em estilo

---

19. Truman Capote, in *Writers at Work*, 1ª série, p. 287.

médio: "A voz de Strunk e White – o bom inglês padrão – é a do discurso acadêmico, aquela com que se espera seja escrita a maioria dos textos universitários... a dos artigos e livros acadêmicos, ao menos daqueles não sufocados pelo jargão. É, aliás, uma prosa mais inglesa que americana, descendente do estilo de prosa preferido dos historiadores vitorianos e eduardianos de Oxford e Cambridge. Espera-se que seja uma voz econômica, ponderada, racional em vez de emocional; mas, uma vez que a razão e a emoção estão inextricavelmente ligadas, nas pessoas e nas palavras, ela muitas vezes soa simplesmente inibida."[20]

Faulkner, Walt Whitman, Soljenitsyn, Kerouac, Dostoiévski, Poe, Céline – todos esses são demasiadamente grandes e apaixonados, irrefreadamente movidos e possuídos pelo conteúdo de sua voz, senhores de um entusiasmo excessivamente intenso para se fixar no estilo médio. A maioria deles desprezaria esse estilo e seus ideais, acusando-os de complacência burguesa. Imagine só apresentar *The Elements of Style* a um Kerouac, a um Soljenitsyn, a um Whitman, a um Céline. Imagine a eclosão de riso desdenhoso que um tal presente haveria de provocar.

Muitos escritores abominam o estilo médio. Diante dele, na época em que armava seu grande ataque ao *New Yorker*, no começo da carreira, Tom Wolfe sentia o estômago revirar. "A voz do narrador, na verdade, era um dos grandes problemas nos textos de não-ficção. A maioria dos escritores de não-ficção, sem o saber, escrevia conforme uma tradição britânica já ultrapassada de um século, a qual partia do pressuposto de que o narrador deveria assumir uma voz calma, culta e elegante. A idéia era que a própria voz do narrador fosse como as paredes

---

20. Richard Rhodes, *How to Write*, pp. 40-1.

branco-gelo ou amareladas que Syrie Maugham popularizou na decoração de interiores... um 'fundo neutro' contra o qual algumas partes coloridas se destacariam. *Atenuar* era a regra. É inimaginável a força que a palavra 'atenuar' tinha dez anos atrás entre jornalistas e homens de letras. Há muito o que falar a esse respeito, é claro, mas o problema é que, lá pelo início da década de 1960, a atenuação havia se tornado uma verdadeira mortalha. Os leitores estavam terrivelmente entediados sem saber por quê. Quando se viam diante desse pálido tom bege, passavam a esperar inconscientemente o reaparecer da conhecida chateação, do 'jornalista', da mente prosaica, do espírito fleumático, da personalidade mortiça, e não havia como se livrar dessa desbotada cantilena senão abandonando a leitura. Isso não tinha nada a ver com objetividade e subjetividade, com posição ou 'compromisso' – era uma questão de personalidade, de energia, de ímpeto, de vigor... em uma palavra, de estilo... A voz padrão do escritor de não-ficção era como a voz padrão do anunciante... enfadonha, monótona...

"Para evitar isso, eu tentaria qualquer coisa."[21]

Para evitar isso, Wolfe inventou o estilo que o tornou famoso.

LEGIBILIDADE

Observou Anthony Trollope: "Entre os requisitos de um livro, o principal é a legibilidade."[22] Nem todo o

---
21. Tom Wolfe, "Introduction", *The New Journalism*, org. Tom Wolfe e E. W. Johnson. Nova York: Harper and Row, 1973, pp. 17-8.
22. Anthony Trollope, *An Autobiography*, cap. XIX.

mundo concorda. Nem todo o mundo sequer entende o que ele quis dizer. Muita gente pensa que legibilidade significa somente uma leitura fácil. Se pressionados, muitos diriam que isso leva a um "nivelamento por baixo". No entanto, até mesmo os partidários da legibilidade identificam-na com a clareza. Trollope, por exemplo. "O primeiro requisito [para um romancista] é fazer-se agradável. Para tanto, não basta escrever corretamente. Aliás, ele pode ser agradável sem ser correto – o que é provado pelas obras de vários romancistas de destaque. Mas precisa ser inteligível – inteligível sem complicações; e também harmonioso... Não basta que se possa garimpar um sentido na frase; é preciso que a linguagem seja tão translúcida que o sentido apareça ao leitor sem esforço; não apenas um esboço de sentido, mas o próprio sentido, nada mais e nada menos do que aquilo que o escritor quis expressar por meio das palavras."[23]

Bem, Trollope tem razão em parte. Nessa recomendação, não há nada que se aplique a Dickens, e este sempre teve muito mais leitores que Trollope. Dickens nem sempre é "translúcido", nem sempre é harmonioso, nem sempre é agradável. No entanto, as pessoas o lêem e relêem.

Pois o que realmente faz a legibilidade não é a clareza, mas a *atitude*: a atitude da prosa diante de nosso indefinível amigo leitor e do papel que o escritor inventou para essa criatura inventada num mundo inventado. É precisamente nesse relacionamento com o leitor que encontraremos a maioria das clássicas falhas de estilo: pretensão, condescendência, servilismo, obscurantismo, grandiosidade, vulgaridade e coisas semelhantes – até mesmo o academicismo. É por isso que a maioria das falhas graves de estilo

---

23. Ibid., cap. XII.

podem ser descritas com palavras aplicáveis ao relacionamento humano. Seu estilo é franco e aberto? Ou tem algum propósito oculto? Pretende provar alguma coisa que não admite ou não possa admitir? Tenta impressionar? Exibir-se? Ou talvez, ao contrário, mostrar-se obsequioso? Rebaixar-se? Seria, por acaso, passivo-agressivo, com uma voz baixa e resmungona que reluta em se explicar? Tenta convencer? Provocar comoção? Ajudar? Seduzir? Dar prazer? Ou talvez seu objetivo seja infligir dor? Gostaria que o leitor se sentisse desconcertado, envergonhado, punido? Estaria pronto para dar? Ou preferiria receber? Que equilíbrio encontra entre essas duas coisas? Não há aspecto do trabalho do escritor que seja mais sensível à psicologia do relacionamento humano do que o estilo.

Mas a relação com o leitor não é a única fonte de problemas. O estilo forma um triângulo com o leitor e o assunto, e suas falhas também podem encontrar-se na relação com o assunto. Aliás, as falhas nessa relação são tidas como a principal causa dos erros de estilo ao longo da história do Ocidente. Esse tipo de falha foi notado e condenado pela primeira vez no século I d.C., quando o escritor conhecido como Longino o qualificou de "frieza". John Gardner explica: "A falha que Longino identifica como 'frieza' ocorre na ficção sempre que o autor, por meio de um lapso qualquer de autocomplacência, se revela menos ocupado com suas personagens do que deveria estar... A rigor, a frieza caracteriza o escritor que apresenta informações e não as desenvolve – não as trata com a atenção e a gravidade merecidas. Ampliaria o termo para aplicá-lo também a uma insensibilidade maior: a incapacidade do escritor de reconhecer, antes de mais nada, a seriedade das coisas; ao escritor que se afasta dos verdadeiros sentimentos, ou vê apenas o superficial num conflito de vontades, ou nada sabe a respeito do amor, da beleza, do sofrimento, exceto o que alguém poderia aprender com um texto de cartão-postal. Com o sentido assim ampliado, a frieza parece ser uma das falhas mais evidentes na literatura e na arte contemporâneas. É a frieza que às vezes leva os escritores a remendar a forma de modo cada vez mais obsessivo; que leva os críticos a aderir a linhas de crítica que demonstram cada vez menos interesse na personagem, na ação e nas idéias explícitas da história... A frieza é, em suma, uma das piores falhas na literatura, e muitas vezes é a base de outras..."[24]

* * *

E por falar em falhas, a ficção não depende de um estilo "impecável". Na verdade, o estilo – no sentido de uma prosa polida e altamente desenvolvida – nem mesmo é um elemento necessário da grandeza. Linha a linha, de modo geral, Truman Capote escreveu num inglês melhor que o de George Eliot, e muito melhor, segundo se diz, que o russo de Dostoiévski. Porém, não é melhor escritor que os dois. Como disse Somerset Maugham: "As pessoas fazem grande alvoroço a respeito de estilo. Tentam escrever melhor, sofrem para ser simples, claras e sucintas, buscam o ritmo e o equilíbrio, lêem suas frases em voz alta para ver se soam bem, esforçam-se ao máximo. A verdade é que os quatro maiores romancistas que o mundo já conheceu, Balzac, Dickens, Tolstói e Dostoiévski, escreveram em suas respectivas línguas com bastante indiferença. Isso prova que é possível contar histórias, criar personagens e tramar incidentes sem dar a mínima importância ao modo de escrever – desde que

24. John Gardner, *The Art of Fiction*, p. 117.

haja sinceridade e emoção. Mesmo assim, é melhor escrever bem do que mal."[25]

Ora, poderíamos entrar numa calorosa discussão sobre a prosa "indiferente" de Dickens e Tolstói, mas Maugham tem sua razão. Em vez de buscar a perfeita elegância estilística, esses dois escritores, cheios de vontade, mergulhavam fundo no mundo que estavam criando, e essa absorção mobilizava seus imensos dons lingüísticos para compor um universo em que o leitor pudesse se mover com uma liberdade sem precedentes. Raymond Carver, com seu jeito comovente e desajeitado, comenta a esse respeito: "Alguns escritores têm muito talento; não conheço nenhum que não tenha talento algum. Mas um modo singular e exato de ver as coisas, de encontrar o contexto para expressar esse modo de ver, é isso que diferencia os grandes. *O mundo segundo Garp* é, por certo, um mundo maravilhoso de acordo com John Irving. Há outro mundo de acordo com Flannery O'Connor; e outros, de acordo com William Faulkner e Ernest Hemingway... Todo grande escritor, ou escritor muito bom, refaz o mundo de acordo com suas próprias especificações.

"Tem relação com o estilo, isto que estou falando, mas não é só isso. É a assinatura específica e inconfundível do escritor em tudo o que ele escreve. O mundo que ele cria é dele, e não de outra pessoa. Essa é uma das coisas que distinguem um escritor de outro. Não é o talento. Há muito talento por aí. Mas um escritor que tem um modo especial de ver as coisas e que dá expressão artística a esse modo de ver, esse escritor pode continuar presente por algum tempo."[26]

....
25. W. Somerset Maugham, *A Writer's Notebook*, p. 291.
26. Raymond Carver, "Introduction", *Fires*, p. 13.

6. A HISTÓRIA DO EU: FATO, FICÇÃO E A MUSA AUTOBIOGRÁFICA

Assim como a diferença entre os sexos, a diferença entre ficção e não-ficção é óbvia, onipresente, crucial e nem sempre tão importante quanto todo o mundo diz. Há, sem dúvida, momentos em que essa diferença é quase tudo. Mas, na maioria dos casos e na maior parte do tempo, os dois opostos são mais semelhantes do que diferentes. Caminham com as mesmas pernas, respiram o mesmo ar e vêem o mesmo mundo através dos mesmos olhos. São diferentes em sua semelhança. São semelhantes em sua diferença. A ficção e a não-ficção se unem pela diferença, e esse fato nunca é tão óbvio quanto no domínio da autobiografia.

A definição mais simples nos diz que a ficção é "inventada", enquanto a não-ficção se atém aos fatos. Essa definição é simples, verdadeira e tende a gerar mal-entendidos. Em toda escrita, os fatos e a imaginação servem um ao outro numa parceria simbiótica. A narrativa – seja pura ficção, pura não-ficção ou algo intermediário – não tem escolha: precisa abraçar os fatos *através* da imaginação. E essa parceria assume várias formas, mas está sempre presente. Um historiador usará a imaginação para abraçar os fatos de um modo muito diferente do escritor de ficção científica. Mas os dois precisam fazer a fusão. Ver os fatos como adversários da imaginação e a imaginação como hostil aos fatos é simplesmente tomar a batida rodovia da opinião geral e rumar para a derrota. Todo escritor percebe de algum modo a unidade que liga o fato à ficção. Essa unidade está bem perto do âmago secreto de muitos projetos. Na incubadeira silenciosa da maioria das obras de não-ficção, há um romance não escrito; e uma história verdadeira assoma nas sombras de quase todo romance ou conto. As duas coisas pairam próximas; embarcar em uma é vislumbrar a outra, por causa da origem que têm em comum: a fusão da imaginação com o fato. Basta entrar nesse caminho para tocar algo vivo, um elemento essencial da arte de contar histórias.

A título de ilustração, consideremos estas três verdades básicas acerca da autobiografia como forma literária.

- *Toda autobiografia tem de "inventar" sua história.* Digo "inventar" no nosso sentido, é claro. Nenhuma coleção de fatos em estado bruto jamais contou, por si só, história alguma. *Toda* história, seja de ficção, seja de não-ficção, é minerada entre os fatos para depois ser modelada a partir deles. Além disso, nenhuma história, seja de ficção, seja de não-ficção, existe realmente até que seja *contada*. Essa invenção, em ambos os casos, é uma busca que só o escritor pode empreender.
- *O assunto da sua autobiografia não pode ser "você".* Em todo caso, ela não pode tratar de uma pessoa isolada. A autobiografia deve falar de você e *alguma outra coisa* – que, em geral, é sua relação com algo intrinsecamente interessante e maior que sua pessoa. Uma autobiografia não é nada sem um verdadeiro assunto – pois *"você" não é um assunto* nem uma história, mas uma *pessoa*. Ao mol-

dar sua história e seu assunto, verá que essa pessoa – o "você" real, vivo, mutável, imperfeitamente captado, infinitamente multifacetado e amorfo – começará a tomar forma na página como uma *personagem* reconhecível, mas muito diferente, até mesmo ligeiramente desconhecida: um "você" em papel e tinta, um "você" que deve ser descoberto e inventado do mesmo modo que o assunto e a história.

- *A autobiografia não pode recapturar o passado*. Ela fala sobre o passado, é claro, e você deve tentar resumi-lo e descrevê-lo do modo mais eficaz possível. Mas, como você, o passado não é uma história. É o passado. Ele pode lhe fornecer acontecimentos entretecidos pela memória, mas só você seria capaz de compô-los na forma de uma história. Embora esta possa parecer implícita nos fatos, deve ser organizada no presente a partir do passado. O passado não é estático: está ligado ao presente e encontra-se num estado de mudança constante e dinâmica. Deve ser visto através dos olhos daquela personagem "inventada" aqui e agora para representar o "você" que viveu e desapareceu num tempo anterior. Tudo isso fará da autobiografia uma criação nova, uma história nunca antes contada.

Essas três verdades são básicas. Acredite: por mais que pareçam contrárias ao senso comum, as três são verdadeiras. E cada uma delas liga o autor da autobiografia à escrita ficcional.

FATOS E FICÇÃO

O vínculo íntimo entre ficção e não-ficção é quase tão antigo quanto a literatura. Escrevendo em 322 a.C.,

Aristóteles observou: "O poeta não difere do historiador porque escreve em versos, e o outro em prosa... mas porque o historiador relata o que aconteceu, e o poeta, o que poderia acontecer."[1] Disse várias vezes que a história deve ser "desenterrada". Toni Morrison compara esse processo a uma espécie de "arqueologia". "A partir de algumas informações e um pouco de adivinhação, você viaja a um sítio arqueológico para descobrir quais vestígios permaneceram e reconstruir o mundo que eles indicam."[2] Quando Morrison lê as narrativas de escravos dos séculos XVIII e XIX, ela desenterra – isto é, descobre – o que elas sugerem, uma memória adquirida que pode ser utilizada para a ficção, a não-ficção ou ambas; em seguida, liga livremente a "arqueologia" histórica das narrativas de escravos à "arqueologia" mais pessoal de seus romances, "desenterrada" de dentro de si mesma. "É difícil dizer como me senti quando meu pai morreu. Mas consegui escrever *O cântico de Salomão* e imaginar, não ele, não sua vida interior, mas o mundo que ele habitava e a vida particular ou interior das pessoas que ali viviam. Do mesmo modo, é difícil dizer como me sentia ao ler para minha avó enquanto ela se revirava na cama (ela estava morrendo e não se sentia bem), mas eu podia tentar reconstruir o mundo em que ela vivia... Essas pessoas são minha via de acesso a mim mesma; são o portal de entrada para minha vida interior. É por isso que as imagens que flutuam ao redor delas – os vestígios, por assim dizer, no sítio arqueológico – surgem em primeiro lugar,

....
1. Aristóteles, *A poética*, cap. IX.
2. Toni Morrison, "The Site of Memory", in *Inventing the Truth: The Art and Craft of Memoir*, org. William Zinsser. Boston & Nova York: Mariner Books, 1998, p. 192.

e de modo tão nítido e poderoso que as reconheço como um trajeto para a reconstrução de um mundo..."³

Morrison conclui: "Por definição, a ficção é diferente do fato." No entanto, completa, "a distinção fundamental, para mim, não é a diferença entre fato e ficção, mas a distinção entre fato e verdade. Porque os fatos podem existir sem a inteligência humana, mas a verdade, não."⁴

Maya Angelou diz coisa bem semelhante: "Escrevo autobiografias, e não obras de ficção. Tenho que me lembrar dos fatos e usar o talento, a arte ou a criatividade para contar a verdade a respeito deles. A meu ver, há uma imensa diferença entre a verdade e o fato. O fato nos oferece os dados: os números, os lugares, as pessoas e as épocas. Mas os fatos podem obscurecer a verdade."⁵

Isso não parece contrário ao senso comum? É certo que a ficção precisa de uma base factual e que esses fatos devem ser relatados com precisão – não há dúvida a respeito disso. A mera precisão, no entanto, não pode definir a verdade de que falam Morrison e Angelou. O que define a *verdade* dos fatos – não sua precisão – é a *história*. É esse o critério de seleção do escritor; a *história* é seu padrão de relevância, seu teste de significado. Todo fato presente na história deve ser capaz de resistir aos testes de precisão; mas somente a história como um todo pode resistir a um critério mais amplo de verdade: sua *autenticidade*.

Quem escreve uma autobiografia convive com essas realidades de um modo particularmente íntimo. Como muitos dos fatos pertencem apenas a você, eles são refratários a testes padronizados de precisão. Na verdade, a

---

3. Toni Morrison, *Inventing the Truth*, p. 185.
4. Ibid., p. 192.
5. Maya Angelou, in *Writers Dreaming*, pp. 27-8.

perspectiva pessoal do escritor constitui por si só uma espécie de ficção. Eis o que diz William Zinsser em *Inventing the Truth: The Art and Craft of Memoir* [A invenção da verdade: a arte e o ofício da autobiografia], sua indispensável coletânea de comentários sobre a arte da autobiografia feitos pelos próprios autores: "Os autores de autobiografia precisam compor um texto impondo ordem narrativa a um amontoado de acontecimentos mais ou menos bem recordados. Com essa manipulação, eles chegam a uma verdade que é apenas deles, diferente da de qualquer um que tenha presenciado os mesmos acontecimentos."[6] Frank McCourt faz uma observação conclusiva: "A autobiografia não é a tentativa de recriar os fatos da vida – é a impressão que você tem da sua vida. Os fatos estão presentes, mas que impressão eles deixam?"[7]

Dê uma olhada em qualquer autobiografia que você conheça e aprecie. Abra o livro ao acaso, em qualquer página. Que proporção do texto se limita a relatar "fatos"? É surpreendente, não? A maior parte da página é ocupada por interpretações, dramatizações e intuições – *impressões* – que são, decididamente, do próprio escritor. Certos trechos até parecem ficção. Há narrações, descrições, talvez até diálogos. Na narração, cenas tomam forma, as personagens agem, e os acontecimentos são conduzidos em direção ao clímax e à conclusão. Na descrição, caracterizam-se pessoas, épocas e lugares; captam-se e nutrem-se estados de espírito; examinam-se motivações e condutas. Por fim, dependendo do autor, pode até haver muitos diálogos.

....
6. William Zinsser, in *Inventing the Truth*, p. 6.
7. Frank McCourt, entrevista a Sarah Mosle, *New York Times Magazine*, 12 de setembro de 1999.

E tudo isso é "inventado". Num tribunal, as testemunhas devem ater-se aos fatos e não apresentar conclusões. Você não está num tribunal. Aqui, nós *queremos* conhecer as conclusões das testemunhas, as suposições do autor, suas fantasias e sonhos. Russell Baker adora as memórias de Mark Twain em *Roughing It* [Dando duro] e *Life on the Mississippi* [A vida no Mississippi]. "Ninguém melhor do que Twain entendeu que as memórias não são um mero relato biográfico, mas uma forma de arte. Que prazer é vê-lo enriquecer, com invenções da mente, enfadonhas passagens de fatos áridos."[8]

É perfeitamente possível encher páginas e páginas com o que Baker chama de "invenções da mente" sem negar os fatos uma vez sequer. Suponhamos que você descreva da seguinte maneira uma chuva de granizo: "o granizo alvejou nossa casa como uma metralhadora". Não é um grande símile, mas embeleza a chuva de granizo sem negar a realidade do que realmente aconteceu. Ou seja, continua sendo não-ficção. Mas suponhamos que você esteja reconstituindo fielmente uma discussão que de fato se deu e, de repente, lhe ocorra uma resposta maravilhosamente mordaz que uma pessoa *poderia* ter dado. A fala é *perfeita*; ilumina tudo. *Poderia* ter sido dita, mas não foi – e você sabe que não.

Você chegou, por um caminho perfeitamente fácil e natural, ao limiar de um mundo mágico. Não há nada de vergonhoso em ceder à tentação de entrar nele. Seria tão *fácil* se desviar dos fatos e nem por isso deixar de contar... uma *espécie* muito real de verdade. Não a verdade literal, mas *uma* verdade: a verdade *não* factual. Essa fala perfeita mas nunca dita, essa fala "inventada" – ou será

....
8. Russell Baker, *Inventing the Truth*, pp. 203-4.

"encontrada"? – é infinitamente mais reveladora que a banalidade que realmente foi dita. Não é só mais dramática, luminosa, interessante e comovente do que a fala factual, como é também mais *verdadeira*. Uma luz rebrilha nos olhos do autor: a luz da verdade da ficção.
Há aí uma decisão a tomar.

Sua *persona*: fato ou ficção? É comum que os críticos se queixem das memórias e dos romances autobiográficos "autocomplacentes", e você deve mesmo ficar atento a esse risco óbvio. Como diz Henry Louis Gates Jr.: "Quando o autor escreve autobiografia ou memórias, está sendo indulgente com sua própria sentimentalidade. Encontrei algumas formas de me precaver contra isso: usando a ironia, o bom humor e a autocrítica, e também sendo franco, ou revelador, quanto ao sofrimento e ao medo."[9]

No entanto, quando as autobiografias fracassam, a "autocomplacência" não me parece ser a *causa mortis* mais freqüente. Por certo, na maioria das vezes, a grande falha se encontra na personagem principal – mas a "autocomplacência" é um aspecto menor. O problema não está no excesso de *persona* do autor, mas em sua *ausência*, ou, mais precisamente, em sua incapacidade de ser convincente, vívida e realmente imaginada. Virginia Woolf notou isso com sua visão sempre certeira: "Eis aí uma das dificuldades do escritor de memórias – uma das razões pelas quais muitas fracassam, embora eu leia várias. Elas deixam de fora a pessoa a quem as coisas aconteceram. O motivo é que é muito difícil descrever qualquer ser humano. Então os autores dizem: 'Foi isso que

---

9. Henry Louis Gates Jr., *Inventing the Truth*, pp. 108-9.

aconteceu'; mas não contam como era a pessoa a quem isso aconteceu."[10]

Na maioria desses fracassos, onde deveria haver uma figura central, viva, a respirar, há um borrão de palavras vago, descaracterizado, indefinido e muito enfadonho a encher a página. Personagens periféricas e situações distantes funcionam maravilhosamente: o autor não tem dificuldade para vê-*las* por inteiro. É a monótona não-*persona* no centro – não desenvolvida, pouco dramática, invisível – que faz o barco afundar. A figura que ocupa mais espaço não é verdadeiramente descrita. O trabalho primordial em qualquer autobiografia consiste em dar forma a uma *persona* nítida, firme e vital – a uma *personagem* – que surja da massa amorfa de tudo o que se chama "você". É uma transformação muito delicada e, em geral, não dá certo – por causa não da autocomplacência, mas de falha da imaginação. O autor não imagina a *si mesmo* e, assim, incorre num erro fatal. Afinal, pensa ele, por que trabalhar em *mim mesmo*? Não preciso *me* "inventar"! Ou preciso?

Tomemos *O clube dos mentirosos* ou *As cinzas de Ângela* como exemplo do que se deve fazer. Nessas duas obras, a *persona* autobiográfica se espalha por todas as páginas. Nenhuma delas parece autocomplacente. No entanto, um número surpreendente de colaboradores de William Zinsser em *Inventing the Truth* confessou sem rodeios que suas primeiras versões fracassaram bem nesse ponto. Como disse Virginia Woolf, eles tinham uma boa história – mas deixaram a si mesmos de fora. A respeito

---

10. Virginia Woolf, "A Sketch of the Past", in *Moments of Being* (2ª ed.), org. Jeanne Shulkind. San Diego/Nova York/Londres: Harvest Books, 1985, p. 65.

da primeira versão de *Growing Up* [Crescer], Russell Baker observou: "Cometi o grave erro de tentar escrever um livro sobre mim mesmo no qual eu não aparecia."[11] A falha de imaginação radica-se, muitas vezes, numa falha de técnica. Considere esta simples pergunta: qual é a *idade* da sua *persona*? Ela é "você" agora? Ou noutra época? Provavelmente, será uma combinação das duas coisas. Ora, o que seria essa combinação de passado e presente senão uma "invenção"? Como observou Woolf, é preciso "incluir o presente – o suficiente para servir de plataforma de apoio. Seria interessante fazer com que as duas pessoas, o eu de agora e o eu de outra época, contrastassem uma com a outra. Além disso, esse passado sofre muita influência do momento presente. O que escrevo hoje, não escreverei daqui a um ano"[12].

Na ficção, várias criações importantes do século passado se *definem* pela invenção de uma *persona* ficcional claramente baseada no autor. Stephen Dedalus é uma personagem de ficção, mas quem não o vê como uma *persona* de James Joyce? Em *Retrato do artista quando jovem*, Joyce "inventou" a personagem de um romance e o autor de um outro: Ulisses. Em *Em busca do tempo perdido* – a extensa obra-prima autobiográfica que muitos consideram o maior romance do século XX –, Proust inventou um "Marcel" que o conduziu ao longo de sua meditação épica sobre a memória como redenção. Ernest Hemingway deu forma ao "herói Hemingway" a partir do lutador em sua batalha consigo mesmo, batalha perdida que durou a vida toda. Por qual motivo o grande fantasista do século XX, Franz Kafka, teria dado aos protagonistas de

---

11. Russell Baker, in *Inventing the Truth*, p. 33.
12. Virginia Woolf, *Moments of Being*, p. 75.

O processo e *O castelo* a letra K para a inicial do sobrenome? Com rara engenhosidade, Philip Roth criou várias obras de ficção a partir das facetas de um eu autobiográfico. O mesmo fizeram Woody Allen, Garrison Keillor e – como ignorá-lo? – quase todos os grandes comediantes de rádio e televisão. Os "fatos" autobiográficos reverberam na ficção com tons sempre novos, cujas variações são inumeráveis.

Caso espantoso é o do grande romance autobiográfico de Virginia Woolf, *Rumo ao farol*, em que a *persona* da autora é a personagem mais "inventada" em um rol imenso de pessoas reais fielmente retratadas. *Rumo ao farol* mostra os verões da verdadeira infância de Virginia Woolf. Apresenta retratos de seus irmãos e, principalmente, de seus pais – estes últimos recordados de modo tão preciso que Vanessa Bell, irmã de Woolf, viu os Ramsey como uma verdadeira ressurreição de seus genitores. É a própria Virginia Woolf que é difícil encontrar no romance. A pintora "inventada", Lily Briscoe, por cujos olhos Woolf contempla sua infância, substituiu-a no papel do observador no centro do livro. Eis aí um grande exemplo para um experimento instrutivo: "Ficcionalizar" uma história autobiográfica, tentar apresentar todas as pessoas como elas são – menos *você*. Substitua "você" por um estranho que tenha algum interesse na história.

A maior parte das obras de ficção de Colette é quase autobiográfica, e ela muitas vezes deu o papel principal a uma personagem chamada "Colette", criatura inventada e, sob muitos aspectos, mais sábia, melhor, mais sensual, mais concentrada, mais inteiramente presente na vida do que sua criadora. Essa "Colette" é menor *e* maior que a "verdadeira" Colette. Consideremos também *Em busca do tempo perdido*. Nesse romance, "Marcel" é psicologicamente mais são, sexualmente menos torturado e moralmente mais coerente que seu criador. É também, misteriosamente, um observador mais penetrante e sensível do que o próprio Proust, um ser dotado de intuição e eloqüência ainda mais prodigiosas que as do sublime neurótico que adoeceu e acabou se matando de fome, à base de café e brioches, para inventá-lo. O "Marcel" criado dotou o verdadeiro Proust da sanidade e do equilíbrio de que precisava para escrever seu livro. Como é *possível* que uma criação na página seja mais eloqüente, mais perspicaz, até mesmo mais *inteligente* que seu criador? A resposta é misteriosa, mas é simples. É fácil ver que uma *persona* pode ser moralmente superior, ou mais bondosa, ou mais sã do que quem a criou. Qualquer "personagem" bem concebida facultará ao autor o acesso a alguma parte dele mesmo que "lhe" seja "superior", superior até mesmo em inteligência, em poder de percepção, em capacidade para alcançar a verdade. Sem "inventar" essa personagem, o autor talvez nunca alcance a parte de si que é capaz dessas coisas.

* * *

Durante a década de 1990, as memórias estiveram em voga em grande parte do mundo editorial. *As cinzas de Ângela*, de Frank McCourt, *O clube dos mentirosos*, de Mary Karr, e *O beijo*, de Kathryn Harrison, são apenas três das obras que obtiveram grande êxito de vendagem. Alcançaram um sucesso comercial tão coruscante que os críticos, ofuscados, deram para declarar que o romance autobiográfico era coisa do passado. Por toda parte, no mundo das publicações comerciais, os editores encomendaram uma profusão de memórias.

Vieram então várias memórias não tão bem-sucedidas.

Mas a moda das biografias tem algo a nos dizer. Não uma receita para enriquecer nem a idéia de que a ficção autobiográfica está morta; o que nos mostra é o *poder* da realidade observada. Essa moda demonstra que as grandes transfusões de vida real, se esta for observada com frescor, são capazes de revitalizar formas literárias desgastadas. Os fatos vistos de um modo novo constituem uma fonte da qual a prosa pode se servir para recuperar a força perdida.

E sempre foi assim. A guerra entre a fantasia exaurida e o fato robusto é o coração da comédia em *Dom Quixote*. Em 1719, os leitores de *Robinson Crusoé* – a primeira história de "sobrevivência" – compraram um romance "baseado numa história verdadeira". "A verdade não é apenas mais estranha que a ficção," observou Somerset Maugham, "é mais reveladora. Quando sabemos que algo realmente aconteceu, o relato ganha uma agudeza e uma ressonância emotiva que um texto sabidamente fictício não tem. Foi por isso que alguns autores fizeram todo o possível para dar a impressão de estar dizendo a verdade pura e simples."[13] Na década de 1970, Tom Wolfe louvava a força rejuvenescedora dos fatos para promover o "novo jornalismo", enquanto atacava a pretensiosa opinião tradicional a respeito do romance e sua suposta superioridade em relação ao jornalismo. No entanto, no final dos anos 1980, Wolfe empregou argumentos *idênticos* – quase palavra por palavra – para promover a *ficção*, ou ao menos um tipo de ficção rica em pesquisa, repleta de retratos, sociologicamente equipada: o tipo que ele escreve tão bem. Hipocrisia? Nem um pouco. Durante anos, as barreiras psicológicas entre o jornalismo e a ficção fascinaram Wolfe: o tema é reiterado ao longo de

---

13. W. Somerset Maugham, *A Writer's Notebook*, p. 248.

suas primeiras obras. Mas, no final dos anos 1980, a situação havia mudado. Wolfe finalmente encontrara seu próprio caminho da não-ficção para a ficção, numa transição que se deu não como um louco salto sobre um abismo, mas, antes, a passos modestos sobre uma linha sinuosa e borrada bem aos seus pés. Ele transpôs calmamente essa linha e conseguiu levar para o outro lado a maior parte de seus preceitos sábios e perspicazes, bem como seu grande talento.

Outros escritores postulam uma outra combinação de imaginação e fato. Martin Amis descarta a visão de Wolfe: "Tom Wolfe... disse que os escritores estão negligenciando o mundo real... Sugeriu uma proporção de setenta por cento de pesquisa para trinta por cento de inspiração. Mas o problema é que o mundo real provavelmente não vai caber no romance. Em certo sentido, é melhor fazer a pesquisa na própria mente. Os detalhes e parâmetros são necessários, mas não um excesso de verdade, um excesso de fatos. Eu inverteria a proporção: trinta por cento de pesquisa, setenta por cento de inspiração. Talvez até mesmo trinta por cento de pesquisa sejam demais. O autor precisa ter alguns vislumbres do mundo real, mas deve filtrá-lo na psique e reimaginá-lo. Não transcrever, mas reimaginar. O fato bruto não tem possibilidade de ser formalmente perfeito. Vai se colocar no caminho, vai atrapalhar."[14]

Quem teria razão, Amis ou Wolfe? Os dois. Todo artista pode e deve encontrar seu equilíbrio entre o factual e o imaginado. Lewis Carroll teria algo mais a dizer – algo muito diferente – a respeito dessa combinação. Dickens, idem. Não há resposta certa, nem um plano a seguir.

---

14. Martin Amis, *Paris Review*, n° 146, pp. 128-9.

Mas há sempre uma combinação, e ela tende a definir tanto o estilo da obra quanto seu tipo específico de verdade. O que, segundo Tchecov, é indispensável à ficção? "A verdade na descrição das personagens e das coisas."[15] Trollope também afirmava que o que liga o leitor ao texto é a verdade factual: "Tudo reside nisso. O romance não é nada... se o leitor não consegue simpatizar com as personagens cujos nomes encontra nas páginas. Que o autor conte sua história tocando o coração do leitor, arrancando-lhe lágrimas; assim, terá feito bem seu trabalho. Que haja verdade – nas descrições, nas personagens, na humanidade de homens e mulheres. Se houver essa verdade, romance algum será irrealista."[16] Assim também pensa Stephen King: "Agora vem a grande pergunta: sobre o que você vai escrever? E a resposta, igualmente grande: qualquer coisa. Qualquer coisa... *desde que você diga a verdade.*"[17]

Enfim, até mesmo na ficção mais fantástica, a verdade – isto é, a autenticidade – repousa, de algum modo, no leito de rocha dos fatos. Tal leito pode estar manifesto ou ser quase invisível. Pode ser claro como a tinta sobre o papel, ou cuidadosamente camuflado. *Guerra e paz* tem uma relação direta com os fatos históricos, mas *Alice no País das Maravilhas* está, do mesmo modo, firmemente enraizada na realidade: a realidade de uma menina chamada Alice Liddell. Há uma ancoragem nos fatos ao longo de toda *A fogueira das vaidades*; outra, bem diversa, já não desponta tão visivelmente em *O iluminado*; e outra

....

15. Anton Tchecov, carta a seu irmão, Aleksandr Tchecov, Moscou, 10 de maio de 1886, *Letters*, Yarmolinsky, org., p. 38.
16. Anthony Trollope, *An Autobiography*, cap. XII.
17. Stephen King, *On Writing*, p. 158.

ainda em *As ondas* ou em *O castelo*. Mas a ancoragem nos fatos está sempre presente, em algum lugar.

Isso fica ainda mais óbvio na autobiografia, seja de ficção, seja de não-ficção. Nas duas formas, geralmente percebemos de que modo foram extraídas da vida, ainda que jamais a definam claramente. Qualquer um que mergulhe de cabeça em Jack Kerouac ou Marcel Proust – ou mesmo no excelente romance autobiográfico *Winnie the Pooh* – lerá o texto sentindo e *sabendo* que, de algum modo, o que se passa na página é extraído da vida real. No entanto, é justamente essa consciência do fato que intensifica a consciência da ficção. Percebemos a transformação e encantamo-nos com ela; e essa magia, por sua vez, proporciona à ficção a autoridade e a "agudeza" do fato de que fala Maugham. Quando, em *O caminho de Guermantes*, Proust descreve a morte "da" avó, lemos com a semiconsciente certeza moral de que a avó em questão é, certamente, a avó verdadeira do verdadeiro Proust. E estamos certos. Contudo, ninguém sonharia em dizer que tal fato diminui a força imaginativa do relato. Ao contrário. O quarto da enferma, o ruído dos tanques de oxigênio, o sussurro dos médicos, a atmosfera, a agitação: Proust apresenta todos os fatos, e nossa sensação de que ele deve tê-los vivido em pessoa lhes intensifica a força. Aliás, quando os acontecimentos se tornam um pouco extravagantes – como no momento em que a voz da avó começa involuntariamente a "cantar" sob o oxigênio –, sentimos a força da experiência vivida, confirmando o que, a princípio, talvez estivéssemos propensos a descrer. Os "fatos", porém, não predominam nessa grande passagem. A morte da avó, em Proust, é uma transfiguração, e é este o seu verdadeiro tema. É isso que importa.

Eudora Welty sabiamente observa que é a relação da ficção com os fatos que lhe garante a "autenticidade". No entanto, cada escritor usará a seu modo o tipo de fato que lhe convier. Em sua obra, Welty usava os fatos de tempo e lugar para tornar a história "autêntica". Esses fatos – o delta do Mississippi, a Depressão – ancoram a história. Não basta que sejam verdadeiros; devem ser também precisos. "Tempo e lugar compõem a estrutura sobre a qual toda história é construída. Para a mente, a autenticidade do escritor de ficção começa exatamente aí, na verdade dos fatos de tempo e lugar. A partir disso, a imaginação pode levá-lo a qualquer ponto."[18] Mas há escritores que ancoram sua autenticidade em acontecimentos de outro tipo. A "autenticidade" de *Alice no País das Maravilhas* consiste na fidelidade do autor à personalidade de Alice Liddell. A dos romances de Michael Crichton baseia-se na autoridade de fatos compulsivamente pesquisados. É como se a precisão de Crichton em relação a cada guloseima que suas personagens comem, a cada traje que elas vestem, até mesmo aos tijolos de que são feitas suas casas, fosse justamente o que permite à fantasia voar para dentro do improvável e do bizarro. Às vezes, o escritor é fiel apenas a uma voz. Quando Henry Louis Gates Jr. escreveu *Colored People*, seu guia foi a voz de seu pai, da qual ainda se lembrava.

Assim, cada escritor deve encontrar seu modo de ser "fiel" aos acontecimentos. Suponha que você tenha decidido escrever uma história autobiográfica – ficção ou memórias, não importa. Certos fatos são dispensáveis. Podem simplesmente ser deixados de fora. Já outros, se você estiver escrevendo ficção, podem ser modificados: se forem

---

18. Eudora Welty, in *Women Writers at Work*, p. 176.

modificados, reformados, diluídos ou invertidos, o projeto não será prejudicado – pelo contrário. Outros fatos, no entanto, são essenciais e imutáveis. *Devem* ser respeitados. Se você os omitir ou mudar, talvez comprometa ou modifique todo o projeto. *Eles* são sua âncora; compõem o núcleo do que você está fazendo. São *eles* que definem seu princípio de relevância, sua "autenticidade".

A mesma coisa vale para sua *persona* no texto. Se tentar encaixar nela *todo* o seu ser – esse mar sem limites que é sua pessoa e suas experiências –, você fracassará. Confie em mim: fracassará. É preciso encontrar o ponto de equilíbrio entre uma personagem "inventada" na página – um ser dotado de um conjunto nítido, limitado e significativo de traços – e a pessoa real chamada "você". Nesse ponto, a "autenticidade" pode ser testada pela relação entre fato e verdade. Você pode, como fizeram Colette e Hemingway, dotar-se de seus próprios traços, melhorando-os e até aperfeiçoando-os. Essa melhora do eu através da invenção pode ser transcendente, como no caso do "Marcel" de Proust; mas pode também não ser outra coisa senão falsidade e presunção: uma impostura. Se você deixar de lado ou mudar certas coisas, poderá abrir uma janela para a verdade; se deixar de lado *outras* coisas, estará simplesmente mentindo. Talvez mais ninguém saiba da mentira, mas você *saberá*.

E é triste viver com medo de ser desmascarado.

TOMAR POSSE DOS FATOS

Quem melhor para comentar o vínculo entre fato e ficção do que Shelby Foote, historiador e consumado romancista? "Não há muita diferença entre escrever romances e escrever história, exceto que se há uma personagem chamada Lincoln no romance, e não se trata de Abraham Lincoln, você poderá lhe dar olhos de qualquer cor. Mas, se quiser descrever a cor dos olhos do *presidente* Lincoln, terá de saber qual era essa cor. Ele tinha olhos cinzentos. Nesse caso, estará trabalhando com fatos extraídos de documentos, assim como num romance trabalha com fatos extraídos da sua mente, ou, o que é mais provável, da memória. Assim que adquirir controle sobre esses fatos, assim que tomar posse deles, você poderá trabalhá-los exatamente do modo como um romancista trabalha seus fatos. Nenhum bom romancista seria infiel a seus fatos, e certamente não se admite que um historiador o seja. Nunca tive conhecimento, ao menos em se tratando de história moderna, de um caso em que a verdade não fosse superior à distorção, sob todos os aspectos."[19]

Duas expressões se destacam em meio a essas sábias palavras. Foote fala em *"adquirir controle* sobre os fatos" e de *"tomar posse"* deles. A simples informação *nunca* é suficiente. Por outro lado, tampouco o é a simples imaginação. Dois bons indícios de uma imaginação saudável são a ânsia por fatos e a vontade de atender a essa ânsia. Se você não alimentar com fatos sua imaginação, ela definhará. Tentará alimentar-se de si própria – e isso a fará adoecer, talvez até morrer. Mas os fatos por si sós são inúteis. Vivemos num universo de infinitos fatos; a maioria deles indubitavelmente mortos. É preciso assimilá-los com riqueza e confiança suficientes para fazê-los viver numa página. Simplesmente senti-los, ler a respeito deles, registrá-los – na vida, num texto impresso, numa tela – nunca será o bastante. *Você precisa tomar posse deles.*

---

19. Shelby Foote, *Paris Review*, nº 151, p. 56.

Isso exige tempo – e uma curiosa combinação de esforço consciente e inconsciente. Primeiro, é preciso agarrar com firmeza o fato. Depois, é preciso revirá-lo na mente repetidas vezes até torná-lo seu, de modo consciente e inconsciente. Visualize. Formule conceitos. Lembre-se. Invente um contexto. Dê-lhe uma linguagem. O trabalho só estará terminado quando o fato estiver falando com você, até mesmo nos sonhos.

Se você realmente adquirir controle sobre o fato, se realmente tomar posse dele, fixando na linguagem esse processo todo, *a origem material do fato não terá mais importância*.

Isso lança uma luz especial sobre o velho bordão "escreva sobre o que você conhece". "Nada é mais tolo", afirma John Gardner, "do que a máxima dos professores de redação criativa: 'Escreva sobre o que você conhece.' Mas, quer você esteja escrevendo sobre pessoas, quer sobre dragões, a percepção pessoal de como as coisas acontecem no mundo – como as personagens se revelam – pode transformar uma cena morta numa cena cheia de vida."[20] Gardner captou a distinção mais importante. Não escreva sobre o que você conhece, mas sobre aquilo de que conseguiu tomar posse. Se os fatos recolhidos vieram do Bronx ou do século XII, tanto faz: eles só ganharão vida quando entrarem para o território da imaginação. A experiência pessoal é um guia, mas sejamos francos: em geral, ela é muito insípida. Como escritor, você entra no ramo dos "acontecimentos excepcionais". Uma vez que sua imaginação tenha tomado posse de um fato, a *origem* deste já não será importante – quer tenha sido extraído de um momento muito significativo

---

20. John Gardner, *On Becoming a Novelist*, p. 71.

da sua vida, quer da lista telefônica. O que conta é como você o tornou seu.

* * *

O método em si varia de pessoa para pessoa e geralmente surge durante o próprio processo de escrever. Samuel Eliot Morison, o grande historiador das viagens de Colombo, atravessou duas vezes o Atlântico numa pequena embarcação a vela, refazendo as rotas originais. Ao escrever as memórias de sua família, Ian Frazier aprendeu a perguntar: "Que história esse objeto conta? Muitas vezes tive de sair de casa e ir a uma biblioteca pública, ou ao lugar onde se dera algum acontecimento específico. Para entender as pequenas informações que conseguimos reunir, temos de estar preparados para fazer uma série de coisas diferentes a fim de dotá-las de sentido.

"Por exemplo, fiz um bolo de claras. Minha avó era famosa por fazer esse tipo de bolo. É difícil prepará-lo... O fato de executar algumas dessas tarefas me fez entendê-las melhor e deu-me autoridade para escrever sobre elas."[21]

Quer você descreva a Viena de 1938, quer sua própria sala de estar na tarde de ontem, sua imaginação deve ter tomado posse dos fatos por meio da curiosidade, do interesse, da empolgação e do amor. Eis novamente Shelby Foote: "Tudo o que tenho a dizer a respeito de escrever história foi resumido por John Keats em dez palavras numa carta, que constituem uma espécie de telegrama enviado quase duzentos anos atrás. Ele disse: 'O fato não vira verdade até que você o ame.' É preciso ligar-se à coisa sobre a qual se escreve – em outras palavras, 'amá-la' –

---

21. Ian Frazier, in *Inventing the Truth*, pp. 169-70.

para que ela tenha algum significado real. É absolutamente verdadeira a afirmação de que nenhuma lista de fatos jamais lhe dará um relato válido do que aconteceu."[22]

AS FERRAMENTAS DA MEMÓRIA

Em sua grande autobiografia, *Fala, memória*, diz Vladimir Nabokov: "O ato de recordar vividamente um segmento do passado é algo que, segundo me parece, tenho feito com o máximo empenho durante toda a minha vida."[23] A memória, depois da linguagem, é a mais importante ferramenta do escritor, e, por ironia, ela desempenha um papel fundamental em ajudá-lo a tomar posse de qualquer fato que esteja fora de sua experiência pessoal. A memória é tão essencial para o texto de ficção quanto para a biografia.

Assim é porque a memória tem o poder soberano de nos contar *como as coisas foram sentidas*. Usá-la de modo proveitoso significa, no entanto, atribuir-lhe tarefas que ela possa executar. A memória, somente ela, é capaz de nos contar como as coisas foram sentidas, que aparência, que cheiro, que som elas tinham. *Somente* a memória, imaginativamente transposta para se ajustar aos fatos, pode contar-lhe como foi levar uma pedrada na cabeça aos 11 anos de idade. Do mesmo modo, *somente* a memória pode nos dizer o que era levar uma pedrada na cabeça na Londres do século XVIII. Ela é indispensável, mágica, para evocar cenas e fornecer detalhes. Sua capacidade de

---

22. Shelby Foote, *Paris Review*, n.º 151, p. 57.
23. Vladimir Nabokov, *Speak, Memory*, in *Novels and Memoirs*, p. 420.

recordar as texturas da experiência, de reavivar os sentidos, de estabelecer ligações totalmente novas e inesperadas com as coisas, os lugares, as épocas e os sons é quase sublime. Seu poder de lançar nova luz sobre as recordações lhe será útil ao longo de toda a vida de escritor.

Por outro lado, sua memória perde todo o poder e mostra-se totalmente incompetente quando se trata de *compreender* o que você recorda. A memória não tem capacidade para compreender coisa alguma. Ela *apenas* se lembra. E até mesmo uma boa memória provavelmente será uma fonte muito pobre de fatos. Sem a orientação de um registro escrito, é provável que ela confunda terrivelmente os acontecimentos. A memória faz associações, mas não consegue fornecer a estrutura necessária para dar forma a suas recordações. É a inteligência narrativa organizadora que deve fazer isso. A memória tampouco é capaz, por si só, de mostrar a você o sentido da história. É uma débil filósofa. É *você* quem deve fazer essas coisas.

Além disso, a memória percorre caminhos sinuosos, e isso é o que ela faz melhor. Numerosas biografias – romances também – fracassam porque o escritor espera que essa sinuosidade sirva de substituto para a estrutura. Assim, o texto vagueia da memória para a associação, para a recordação, para as idéias fortuitas. Fica confuso, perde o rumo, a força, e acaba se tornando enfadonho. Você terá sorte se, a partir da mera recordação, obtiver mesmo um vago contorno das coisas. O milagre de Proust vai muito além de sua espantosa capacidade de recordar: mais impressionante que isso é seu poder de reunir todas essas recordações num fluxo narrativo controlado e estilisticamente coerente; e não há outra coisa que demonstre de modo tão persuasivo a força de sua inteligência ordenadora.

"Escrever um romance", diz John Braine, "é, acima de tudo, recordar. É preciso aprender a ficar em silêncio, tranqüilo, deixar as lembranças chegarem. Além do tempo ocupado com a escrita, é preciso ter períodos de silêncio, durante o qual o escritor possa esvaziar a mente dos acontecimentos do dia, fechar-se para o presente. Não é preciso ir a lugares silenciosos. Nem mesmo a solidão é necessária. Precisa-se apenas de tempo."[24] Às vezes a busca da lembrança pode ser árdua. Hemingway começa *Death in the Afternoon* [Morte na tarde] falando de uma viagem a Madri a fim de recapturar com nitidez a experiência de ter presenciado, numa tourada, a cena em que um touro rasga tão profundamente a coxa de um homem que lhe deixa o osso visível.

O melhor conselho que conheço a respeito de como direcionar a memória foi dado pelo escritor e memorialista Ian Frazier. Quando estiver tentando fixar uma série de lembranças, diz Frazier, ESTABELEÇA UM PONTO PRECISO. "Parti da premissa de que devia estabelecer ao menos um ponto preciso. Minha analogia vem da caça. Um principiante que esteja num campo e veja um bando de codornizes saírem voando, leva a arma ao ombro e ATIRA. Vê aqueles pássaros todos, atira e não acerta nenhum. Se você quiser acertar algum, escolha *um* pássaro e atire...

"Então, primeiro, estabeleça um ponto preciso – algo que você realmente queira dizer. Feito isso, olhe para ele e veja o que ele sugere, pois esse detalhe ou observação que lhe parece tão belo muitas vezes aponta para a narrativa. Esse pode ser o primeiro passo de uma seqüência

---

24. John Braine, *How to Write a Novel*, p. 42.

de detalhes igualmente evocativos. É como uma semente de cristal..."[25] Portanto, quando tentar recordar algo, não tente lembrar-se de *tudo*. Você ficaria atolado, soterrado. Procure lembrar-se de *uma* coisa, mas faça-o com precisão. Deixe que isso seja sua "semente de cristal". Assim que adquirir o controle sobre ela, observe o que surge daí. Uma das passagens mais belas e divertidas em *Fala, memória* trata de uma francesa que foi professora particular de todas as crianças da família Nabokov na distante Rússia da infância do escritor. Nabokov conseguiu acessar os vastos recursos de sua memória daquela mulher, que as crianças chamavam "Mademoiselle", por meio de um detalhe que a trouxe de volta até ele, exatamente como se tivesse seguido o conselho de Frazier. Esse detalhe eram as *mãos* de Mademoiselle: "Quando crianças conhecemos bem as mãos, pois elas vivem e pairam no nível da nossa estatura; as de Mademoiselle eram desagradáveis por causa do brilho anfíbio de sua pele salpicada de manchas marrons, semelhantes a equimoses. Antes dela, nenhum desconhecido jamais tocara meu rosto... Todo o seu jeito de ser me volta à lembrança quando penso em suas mãos."[26]

PRIMEIROS PASSOS RUMO À HISTÓRIA

Ian Frazier prossegue: "A pergunta que você deve fazer é: que história esse objeto tem para contar?" De-

---
25. Ian Frazier, in *Inventing the Truth*, pp. 178-9.
26. Vladimir Nabokov, *Speak, Memory*, in *Novels and Memoirs*, p. 447.

pendendo da sua abertura e do seu talento, você obterá um número maior ou menor de fragmentos de possibilidades narrativas. É possível que recue diante de alguns deles, e se tiver um temperamento muito crítico, como eu, será fácil encontrar um rótulo depreciativo para quase tudo que lhe vier à cabeça. Isto é clichê, aquilo é sentimental, essa outra coisa é embaraçosa, estúpida, excessiva, enfadonha, banal. Essas palavras são assassinas, e o que elas matam é a criatividade. Estarão ansiosas para invadir sua mente, vociferantes, irônicas, arrogantes, dizendo-se amigas e guardiãs, a prova de seu aguçado discernimento, e – *por falar nisso, sobre essa idéia tola que você acaba de ter* – acertarão em cheio o alvo.

É claro que acertam bem no alvo – *no início*. Toda idéia é vulnerável ao ridículo, *no início*. É um milagre que elas consigam atravessar a barreira crítica e alcancem a linha de chegada. É preciso aprender a aceitar essa vulnerabilidade, e mais: é preciso aprender a defender suas idéias diante das pessoas que as continuam atacando, ainda que uma delas seja você mesmo. Qualquer idéia que o mobilize ou empolgue merece o privilégio de permanecer durante mais ou menos um mês em seu caderno, totalmente protegida dos abusos da crítica. Isso porque qualquer idéia pode morrer em razão desse abuso no estágio inicial.

Acima de tudo, tome cuidado ao aplicar a uma idéia o rótulo traiçoeiro de "banal".

Qualquer idéia que lhe ocorra será banal *de algum modo*. E isso é bom, não mau. A familiaridade pode ser a base do interesse. Suponhamos que você tenha fugido de casa quando era jovem. Assim como milhões de outros jovens. Assim como o filho pródigo. Sua história é um dos lugares-comuns da experiência humana, um mito fundador da cultura. Isso a torna um clichê? Talvez sim, talvez não. É possível que seus leitores se interessem por ela, não apesar dos milhões que fugiram de casa, mas *por causa* deles; não apesar do filho pródigo, mas *por causa* dele. Em seu comovente livro *When Memory Speaks* [Quando fala a memória], Jill Ker Conway afirma que a vida de todo o mundo se desenrola segundo narrativas básicas latentes e espantosamente poderosas; "histórias de vida" que, consciente ou inconscientemente, aceitamos como nossas. "Todos temos na cabeça uma história de vida, e poucos de nós a submetem a uma análise crítica. Mas contar histórias faz parte da nossa natureza. Por isso, é muito importante que você examine sua história e verifique se é esse mesmo o enredo que você realmente quer... É importante examinar cuidadosamente o enredo que interiorizou e verificar se ele representa exatamente aquilo que você quer ser, pois tendemos a encenar esses enredos de vida quando não refletimos sobre eles."[27]

E, mesmo que façamos isso, essas "histórias de vida" não são necessariamente clichês: podem ancorar o escritor e sua experiência na história coletiva do seu tipo e espécie; podem fazê-lo participar da história coletiva de uma narrativa. É provável que sejam inspiradas pelas profundas narrativas clássicas da humanidade: as histórias primordiais de busca, redenção, exílio, lutas e guerras, volta ao lar, renascimento, amor romântico. Sem dúvida, podemos e devemos usar a consciência para dar-lhes forma. Isso *é* possível. *Podemos* mudar o enredo – um pouco. Contudo, no entendimento de Russell Banks, essas "histórias de vida" em muito se assemelham ao destino. "No início, você intui e começa a criar padrões

----
27. Jill Ker Conway, in *Inventing the Truth*, p. 56.

de imagens e formas narrativas que são centrais na mitologia americana. Se começar a associar as imagens mentais e as seqüências de sua vida pessoal a esses padrões e formas, eles alimentarão o modo como você imagina sua própria vida. Logo a escrita se tornará, para o escritor, um ato autocriativo. A narrativa que inicialmente me atraía era a fuga da civilização, em que um jovem vestindo *tweed* foge da Colgate University e se torna uma espécie de Robin Hood em trajes militares na selva do Caribe. Essa fantasia é uma história para mim mesmo. É também uma história americana muito básica e uma fantasia básica dos homens brancos. Uma bela reciprocidade se desenvolve entre a literatura e a vida. Isso parece inescapável."[28]

---

28. Russell Banks, *Paris Review*, n.° 147, pp. 59-60.

7. Trabalhar e retrabalhar: primeiras versões e técnicas de revisão

Todo escritor tem de aprender a escrever o livro que está escrevendo, e o professor é sempre o próprio livro. A escrita se torna boa por acréscimo. Constrói-se sobre si mesma; apanha suas próprias pistas, segue suas próprias sugestões. É raro, se é que possível, alguém começar já sabendo o que está fazendo ou o que está por vir, e, quando se chega à metade, raramente se sabe o que fazer para sair são e salvo dali. O projeto deve ser seu guia, e ele só terminará de ensinar-lhe no dia em que você escrever a última página. Depois disso, se você tiver sorte, ele o libertará.

Os estágios pelos quais o projeto conduz o escritor a essa iluminação são representados pelas sucessivas versões. Há muitas obras *quase* boas, publicadas ou não, que não cumprem sua promessa simplesmente porque seus autores não tiveram força, ou determinação, ou tempo, para produzir mais uma ou duas versões.

Dissemos no início que toda escrita vive de uma pulsação alternada entre se deixar levar e assumir o controle. Outro termo que designa essa alternância rítmica é a *revisão*, e, como diz David Remnick, editor de *The New Yorker*, "a revisão é tudo". Há escritores que imaginam que fazer uma única versão é sinal de grande destreza.

Isso simplesmente não é verdade. Os fatos biográficos são claros: a maioria dos escritores, inclusive os melhores e mais competentes, produzem muitas versões de suas obras, e fazem isso do início ao fim da carreira. Tampouco é verdade que, à medida que se adquire mais confiança e destreza, o número de versões diminui. Às vezes, o que acontece é o contrário: quando era meu aluno, Madison Smartt Bell escrevia uma prosa brilhante e, invariavelmente, fazia isso em uma única versão. Tenho a impressão de que seus primeiros romances publicados não foram muito revisados depois da primeira versão. No entanto, à medida que a carreira desse virtuoso foi fazendo dele um escritor cada vez mais realizado, Bell passou a fazer mais revisões, não menos.

Estou convicto de que muitos novatos e até mesmo alguns profissionais resistem à revisão não por preguiça ou porque se enganem, mas simplesmente porque não sabem como fazê-la. Ninguém nasce sabendo revisar, mas, embora raramente sejam ensinadas, as técnicas básicas da revisão são fáceis de comunicar. Você desenvolverá seus próprios métodos, é claro, mas, por favor, não tente reinventar sozinho a roda da revisão. Neste capítulo, vamos falar das primeiras versões e dos métodos básicos de revisar. No capítulo seguinte, trataremos das versões intermediárias e da finalização.

A DEFINIÇÃO DE "VERSÃO"

A "versão" é uma redação de seu projeto escrito do início ao fim. Pode ser a versão de um conto inteiro, de um romance inteiro, de uma biografia inteira, de um capítulo inteiro, de um ensaio inteiro – de qualquer coisa, desde que inteira. A ênfase está na palavra *inteiro*. Um movimento completo, do início ao fim, define a versão. Antes de ter percorrido esse trajeto todo, você não terá uma versão. Não se engane: nos tempos da máquina de escrever, era comum amassar umas vinte e seis folhas de papel ao revisar uma página. Não eram vinte e seis versões, mas outros tantos projetos para uma única página difícil.

Escrever em uma única versão. Os escritores que realmente produzem uma única versão são a minoria, mas entre eles encontram-se alguns de bastante destaque. Quando Kurt Vonnegut chega ao final da primeira versão de um livro, ele tem um livro acabado, pronto para ser impresso. Quando Susan Sontag completa uma página (em sua ficção, pelo menos), ela passa à próxima e, no dia seguinte, à posterior. Sontag escreve, diz ela, "assim como se vive a vida". O jovem John Updike confessou: "Não mudo muita coisa, e nunca fui daqueles que fazem esboços, nem eliminam parágrafos inteiros, nem sofrem muito. Se a coisa funciona, tudo bem; se não funciona, acabo parando e desisto."[1] Cynthia Ozick é escritora de uma só versão. Quando completa uma frase, passa para outra, para outra, para outra, e não volta atrás. "Não preciso revisar no final"[2], diz Shelby Foote, clássico escritor de uma só versão. "Revisar é uma tarefa de cortar o coração." "Reescrever um livro inteiro é algo que me aborreceria"[3], disse Anthony Burgess. Contam que Tho-

---

1. John Updike, entrevista a Charles Thomas Samuels, in *Writers at Work*, 4ª série, p. 452.
2. Shelby Foote, *Paris Review*, nº 151, p. 55.
3. Anthony Burgess, entrevista a John Cullinan, in *Writers at Work*, 4ª série, p. 332.

mas Mann produzia uma ou duas páginas por dia, em geral em uma única versão – embora eu possa indicar uma passagem em seus diários em que ele esboça planos de revisões importantes para *A montanha mágica*. A escrita em versão única não tem necessariamente a ver com descuido, nem mesmo com rapidez. Longe disso. Flaubert passou cinco anos dedicando dias a um único parágrafo e muitas horas a uma única linha. E produziu a perfeição que é *Madame Bovary* em uma única versão.

Por motivos óbvios, a maioria das versões únicas avança em passo muito lento, e, com freqüência, não tem nada de fortuito. No entanto, para um famoso escritor de tempos mais recentes, adepto da versão única, a velocidade era essencial. Jack Kerouac transformou sua recusa em revisar numa espécie de princípio arqui-romântico. Embora haja provas conclusivas de que revisou *On the Road*, Kerouac afirmava considerar a revisão *imoral* – uma espécie de desonestidade, uma afronta ao carma. Disse ele: "Quando não revisa o que escreveu, você simplesmente apresenta ao leitor o modo como sua mente funciona durante o próprio ato de escrever: confessa seus pensamentos a respeito dos fatos de um jeito imutavelmente seu..."[4] Só para provar que não se rebaixava a isso, ele datilografou grande parte de sua obra, com a maior rapidez possível, em longos rolos de papel de teletipo, consignando seu livro numa única e interminável página.

Essa descida frenética pelo papel em rolo não representa o método de trabalho da maioria dos escritores bem-sucedidos que aderem à versão única. A maioria re-

---

4. Jack Kerouac, entrevista a Ted Berrigan, in *Writers at Work*, 4ª série, p. 364. Ver também *Beat Writers at Work*, org. George Plimpton. Nova York: Modern Library, 1999.

visa enquanto escreve, e revisa muito. São esses que enchem o cesto de lixo com vinte e seis projetos para uma única página. O escritor de uma só versão, arrastando-se rumo à perfeição, pode concluir uma página ou duas por dia. Três seriam muito. Talvez não seja esse o seu ritmo. Como diz John Irving, um escritor de múltiplas versões: "Escrevo muito depressa; reescrevo muito devagar. Levo quase tanto tempo para reescrever um livro quanto para chegar a uma primeira versão."[5] Certas partes de uma obra surgem mais facilmente que outras. Certas páginas não são jamais retocadas. Mas uma primeira versão obtida rapidamente – no ritmo de um Kerouac – quase sempre exige uma revisão extensa. Terá inúmeras virtudes, mas, provavelmente, uma estrutura bem desenvolvida e um bom acabamento não estarão entre elas.

Programe-se para fazer uma segunda versão.

Múltiplas versões. Quantas versões devem ser feitas? Quantas forem necessárias.

Não há norma rígida, mas o mais freqüente é que sejam três. A única que realmente importa é a versão final, mas a recomendação de que sejam três parece corresponder ao ritmo básico do processo. Em primeiro lugar vem a concepção. Depois, o desenvolvimento. Por último, o acabamento. Bernard Malamud diz o seguinte: "A primeira versão situa [a história]. A segunda regula o foco, desenvolve, refina. Na terceira, a maior parte do excesso já foi retirada... As primeiras versões servem para deixar claro a que se refere o conto ou o romance. A revisão trabalha com esse conhecimento para ampliar e enriquecer uma idéia, para re-formá-la... A primeira versão

---

5. John Irving, in *The Writer's Chapbook*, p. 65.

de um livro é a mais incerta – exige coragem e capacidade de aceitar o imperfeito até conseguir melhorá-lo." E, com uma frase que atingirá o coração de todo escritor de múltiplas versões, Malamud acrescenta: "Amo os frutos da reflexão posterior."[6]

Por motivos óbvios, os contos tendem a sofrer um maior número de revisões que os romances. Ray Bradbury diz fazer seis ou sete versões de seus contos (e chama-os de "pura tortura"), enquanto Raymond Carver afirma que seu "verdadeiro trabalho" num conto começa depois de três ou quatro versões. (Carver, aliás, era apaixonado pela revisão. "É algo que adoro fazer, inserir e retirar palavras."[7])

Por acaso isso parece excessivo? Bem, escrever é uma profissão difícil, mas talvez lhe sirva de consolo saber que, provavelmente, uma ou duas versões serão feitas bem depressa. Aliás, a velocidade é um dos traços que definem a versão.

VERSÕES RÁPIDAS E VERSÕES LENTAS

Como dissemos, você talvez seja um dos que fazem a primeira versão muito rapidamente. Se for mesmo, é provável que sua segunda versão avance de modo lento. Se, por outro lado, a primeira versão progredir bem devagar, quase parando, aconselho-o a avançar o mais rápido possível na versão seguinte, a fim de dar bom uso ao do-

---
6. Bernard Malamud, entrevista a Daniel Stern, in *Writers at Work*, 6ª série, p. 167.
7. Raymond Carver, entrevista a Mona Simpson, "The Art of Fiction", LXXVI, *Paris Review*, n° 88 (verão de 1983), p. 211.

mínio interno que você conquistou sobre o material ao longo do lento trabalho anterior. Se uma versão for rápida e descuidada, é provável que a posterior seja lenta e meticulosa. Se uma for esquemática, a próxima deve ser clara e cristalina; se a primeira for condescendente, a seguinte deve ser autocrítica; se uma for feita de conjeturas, a outra deve ser pesquisada. Uma versão rápida estará cheia de lacunas, de premissas incertas, de idéias incoerentes e de coisas que não funcionam. Raymond Carver escrevia suas primeiras versões o mais rápido que podia, passando por cima das dificuldades, apenas para chegar ao fim. "Deixo algumas cenas para a segunda ou terceira versão, porque fazê-las como devem ser feitas exigiria muito tempo na primeira versão."[8] Frank O'Connor costumava citar o conselho de Guy de Maupassant sobre as primeiras versões: "Ponha o preto no branco... Não dou a mínima para o aspecto da redação; escrevo qualquer bobagem que cubra as linhas principais da história, então começo a contemplá-la... Escrevo por alto o que aconteceu... Para mim, o mais importante é o esboço da história, que revela os vazios na narrativa, vazios que devem ser preenchidos de um modo ou de outro. Estou sempre atento ao esboço da história, não ao tratamento."[9]

A primeira versão provavelmente será rápida, e muitos escritores recomendam que seja mesmo. Por outro lado, há escritores que não conseguem renunciar ao controle sobre o processo de redação, o que é necessário para fazer uma primeira versão realmente rápida. Quase todos os escritores que optam por fazer rapidamente a primeira versão têm em comum a disposição – até

---
8. Ibid., pp. 209-10.
9. Frank O'Connor, in *A Writer's Chapbook*, p. 91.

mesmo a necessidade – de renunciar ao controle como parte essencial da vida de trabalho. Mas a primeira versão *não precisa* ser rápida. A rapidez não dá certo para todos, nem do ponto de vista psicológico, nem do criativo. Philip Roth, como se sabe, sempre começa devagar. Você pode arrastar-se ao longo da primeira versão e correr como o vento na segunda ou na terceira. Há um tipo de versão lenta que costumo chamar de "versão de pesquisa". Ela pode, ou não, resultar de um grande volume de pesquisas externas: nos dois casos, trata-se de uma versão em que a informação soterra a história. Pode ser um texto de ficção histórica ou um texto que trate de um cenário ou grupo de pessoas muito incomuns, algo que exija do escritor o conhecimento de um mundo específico, como aconteceu com García Márquez ao compor seu ditador latino-americano. Isso pode acontecer, e freqüentemente acontece, nas biografias. Alfred Kazin, Eileen Simpson e Russell Baker, três dos muitos que contribuíram para *Inventing the Truth*, produziram primeiras versões laboriosas, até extremamente densas, de suas memórias. Talvez tivessem de fazer isso. Tiveram de esperar a segunda versão para atingir aquele grau de intimidade com a história que permite que esta "escreva a si própria". Pode ser que isso funcione para você também.

A conveniência de alternar versões rápidas com versões lentas tornou-se tantas vezes evidente para mim que acabou se transformando numa regra. Cito a seguir uma situação clássica, com a qual deparei pela primeira vez no meu segundo ano como professor, e o fato de a ter conduzido a bom termo foi pura sorte de principiante. Uma jovem me procurou com uma montanha de textos que queria transformar num grande projeto, um original que estivera desenvolvendo exaustivamente havia muito tempo, a respeito de seu casamento infeliz. Começamos a trabalhar juntos, lutando para avançar, para dar um bom encadeamento àquele conjunto desengonçado de páginas. O avanço era lento. Eu dava uma sugestão e a discutíamos. Na semana seguinte, o material voltava com novas complicações. As personagens se acumulavam sem propósito. Tentávamos soluções e as descartávamos. Tentávamos outra vez. As páginas estavam repletas de raiva, de reflexões sobre o que fazer, de ressentimento, e o tema do amor perdido ressurgia seguidamente à medida que o texto se arrastava adiante. Tudo o que já fora trabalhado precisava ser retrabalhado. O projeto, bem como o ânimo da escritora, parecia afundar sob o peso de algo que eu ainda não tinha experiência suficiente para reconhecer: tratava-se de um caso típico de inércia causada pela lentidão. Eu tentava ser útil e incentivá-la, mas já começava a ter dúvidas, cuidadosamente disfarçadas, quanto à possibilidade de aquilo vir a formar um todo coeso. Enquanto isso, o temido prazo final se aproximava cada vez mais. Era inflexível. A escritora se preocupava. Lutava para não afundar no mar estagnado de suas próprias páginas. Estava perdendo a fé, e eu, idem; mas nem eu nem ela podíamos confessá-lo.

Por fim, ao término de uma reunião já perto do prazo de entrega, respirei fundo e, intuitivamente, disse-lhe: "Veja, você *conhece* sua história. É uma história vívida, perturbadora, interessante, apaixonada, e é toda sua. Nesse original, você explorou todos os detalhes muitas e muitas vezes. Não há mais nada a explorar. Agora preciso lhe dizer que você não pode entregar isso. Sei que trabalhou muito, mas lamento: isso é um caos tremendo. Espero que saiba e acredite que estou totalmente do seu lado. Só tenho mais um conselho a lhe dar: esqueça o que já fez. Esqueça essa versão toda. Nunca mais volte a olhar uma página sequer, nem tente consertá-la. Não há tempo para consertar nada. Vá para casa, sente-se diante de uma página em branco, lembre-se do que tem a dizer e *simplesmente diga*."

Palavras duras. O prazo se aproximava celeremente do fim. A aluna saiu da minha sala em pânico e já não tentava, nem mesmo secretamente, fugir do desespero. Tinha entendido que era para valer. Já não haveria longas e sinuosas conversas a respeito do significado daquilo tudo. Já não haveria um combate para tentar dar um jeito no sétimo capítulo. O tempo estava chegando ao fim. Ela produzira um original péssimo ao cabo de meses e meses de trabalho, e eu acabara de lhe tirar o último fiapo de fé naquilo. Aquela versão simplesmente não funcionava. Praticamente lhe disse que o trabalho não prestava, e ela acreditou em mim. O que poderia esperar agora senão conseguir seu diploma e, de algum modo, deixar a escola sem sofrer demais? Além disso, quem ainda haveria de se *importar*?

Minha aluna desapareceu por três, talvez quatro semanas. Não veio me ver no escritório nem deixou mensagem alguma na secretária eletrônica. Nenhum vestígio dela em lugar algum do *campus*. Sempre que pensava nela, ficava taciturno e me remoía por dentro, perguntando-me se havia feito a coisa certa, e temendo que não.

No último minuto da última hora do último dia de prazo, uma jovem exausta e desgrenhada entrou tropeçando na secretaria do departamento e jogou em cima da mesa o original, como se atirasse uma toalha.

O original foi encaminhado a mim. Era fino. Eu tinha esquecido quantas centenas de páginas havia na surrada pilha de papéis da primeira versão, mas aquele maço de folhas estava limpo, era esguio e bem compacto. Fui ao meu escritório e sentei-me para ler. E a primeira página era... clara. Tinha viço e brilho. Nada mau. Continuei a ler. Não é que era... *bom*? Talvez até *muito* bom. Onde estava aquela prosa aleatória, bombástica e empolada contra a qual havíamos lutado durante tanto tempo? Onde estava a selva dentro da qual havíamos andado perdidos? O texto reluzia. Não havia um só parágrafo enfadonho. Tudo era ágil, cheio de vida. A história era a mesma, tudo bem. O texto que eu lia falava do mesmo casamento infeliz que havíamos explorado profundamente, mas a velocidade – a velocidade *desesperada* – o tornara limpo, claro, direto, concentrado na própria história. Lá pela página trinta, inclinei-me para trás na cadeira e comecei a rir – rir – de tão bom que aquilo se revelava. Lia num atordoamento de espanto, alívio e alegria. Ela tinha *conseguido*. Um dos leitores de sua tese, uma romancista famosa, que, sabia-se, não costumava tratar com delicadeza os originais de alunos, começou seu parecer do seguinte modo: "Este romance é esplêndido..." Um importante editor comprou e publicou o livro no ano seguinte. A autora escreveu no meu exemplar a frase: *"Simplesmente diga!"*

Que lição tiramos desse episódio? Não é – asseguro – que todo livro pode ou deve ser escrito em três semanas de desespero. É que algumas pessoas não conseguem "simplesmente dizer" o que têm a dizer antes de passar pelo processo longo, introspectivo, sofrido, às vezes quase estagnado, que resulta numa primeira versão elefantina e inapresentável. Certas coisas precisam ser dominadas tanto interiormente quanto na própria página antes de ser possível "simplesmente dizê-las".

Sei que muitos escritores, entre os quais muitos novatos, não fazem uma primeira versão rápida nem lenta, mas algo intermediário. O método mais comum é o de parar e voltar, dando dois passos para a frente e um para trás. Richard Price descreve bem esse método: "Geralmente, o que faço é escrever uma página, relê-la, editá-la, escrever mais meia página, depois voltar à primeira coisa que escrevi de manhã. É semelhante à cantiga infantil 'The House That Jack Built'*[A casa que Jack construiu], em que, a cada estrofe, você volta ao primeiro verso e acrescenta mais um no final, e assim sucessivamente. Portanto, não sei se estou editando, reeditando ou criando algo novo; é um jeito de escrever arrastado, feito de pequenos acréscimos. Nunca tenho muita certeza de para onde estou indo."[10]

"The House That Jack Built" é um modo perfeitamente razoável de combinar revisão e primeira versão. Eu mesmo uso uma variante desse método. Mas ele traz certas desvantagens. Perdem-se, por exemplo, os benefícios da velocidade, como inibir a autocensura, favorecer o desbloqueio e desencadear o impulso narrativo. Além disso, esse método se aplica melhor ao começo do livro. Você volta muitas vezes ao início, ao passo que, ao final, você chega de uma vez, já exausto. Você vai ver. Se trabalhar desse jeito, lembre-se que precisará dar especial atenção ao final.

DEVE-SE MOSTRAR A PRIMEIRA VERSÃO?

A maioria dos especialistas concorda: a primeira versão em bruto deve se destinar somente aos olhos do

---

* Essa cantiga é uma parlenda, ou cantiga de encadear, muito comum nos livros didáticos do ensino fundamental.
10. Richard Price, *Paris Review*, nº 138, primavera de 1996, p. 141.

autor. Stephen King a chama de "versão a portas fechadas". Se você é orientado por um professor, ou se está participando de uma oficina de redação, isso talvez não seja possível. A primeira versão, rápida ou lenta, provavelmente conterá muitas coisas que você não quer mostrar a outras pessoas: a pressa, as conclusões precipitadas, os equívocos, as fantasias absurdas, os embaraços. É raro o leitor que veja além dessas coisas, enxergando o potencial da obra.

Pode ser difícil manter a porta fechada. É natural que você queira comunicar-se e mostrar aquilo que lhe parece bom. Seria agradável ouvir alguém lhe dizer que você não é louco. Resista a essas tentações. Um *feedback* errado pode derrubá-lo com um simples toque. Até mesmo uma crítica justa pode intrometer-se num processo que deve ser pessoal; e uma crítica desajeitada só vai confundir tudo. King expressa isso muito bem: "Dê a si mesmo a chance de pensar enquanto a história ainda é um campo coberto de neve recém-caída, sem outras pegadas além das suas."[11] Daqui a pouco um outro par de olhos poderá ser útil.

Muito bem, e o que se *deve* fazer depois de terminar a primeira versão?

Primeiro, alegre-se. É verdade que você ainda não terminou, mas já fez algo. Venceu uma etapa de uma longa jornada – mais longa do que imagina. Uma versão da sua história já está no papel. É real. Está ali. A história agora está ao seu alcance, como nunca esteve antes.

Tome uma taça de champanhe. Comemore. Aprecie o sentimento de satisfação.

....
11. Stephen King, *On Writing*, p. 210.

Em seguida, descanse.

Você terá de se distanciar dessa versão; isso o ajudará a encará-la com objetividade. Então uma pausa, dedicar tempo a algum outro projeto, pode ser saudável. Não deve ser uma pausa longa – apenas um período razoável para refrescar. Resista à tentação – que será forte – de ler e reler compulsivamente o que escreveu. Cada autor recomenda um certo tempo de distanciamento, de uma semana a dois meses, no máximo. Não mais que isso. Você não quer *esquecer* essa versão, quer apenas tomar distância suficiente para revê-la depois com olhos renovados, sem cansaço. O que pretende é sair do papel de escritor para tornar-se seu primeiro leitor.

Depois desse período de descanso, prepare-se para ler a versão completa. Isso deve ser feito, na medida do possível, de uma vez só. Se for um conto, um capítulo ou mesmo um romance curto, leia tudo numa única seqüência. Se seu projeto for longo demais para isso, planeje o menor número possível de sessões de leitura. Esse momento é muito especial. Tenha calma. Muna-se de bastante tempo. Feche e tranque a porta. Tenha à mão seu bloco de notas e *post-its*.

E prepare-se para uma viagem cheia de solavancos.

Poucas mudanças de humor são tão rápidas quanto as que você vai sofrer agora. O objetivo, diz Richard Bausch, é "ler com o frio distanciamento de um médico que olha uma radiografia"[12]. Boa sorte. Se você for um escritor medianamente autocrítico, encontrará muitas coisas que vão fazê-lo querer gritar: pieguices, bobagens, passagens incompreensíveis, passagens enfadonhas, embaraços.

---

12. Richard Bausch, *Letters to a Fiction Writer*, p. 29.

Não entre em pânico. Seus dois amigos, a percepção do certo e do errado, lhe servirão de guia e estarão muito ocupados. Quando ouvir uma voz dizer "isso não está bom", não fuja; simplesmente anote "ruim", "cortar ou melhorar", "precisa ser mais trabalhado", "sentimental". E vá em frente. Haverá também certos estímulos: "bom, muito bom", mas não comemore; apenas anote "bom", e vá em frente. Resista ao impulso de começar uma revisão profunda nesse momento. Se, de repente, sentir-se tomado por uma idéia brilhante que conduza tudo a uma dimensão nova, muito bem, anote-a. Mas agora você está lendo. Então não escreva, leia. Sinta com clareza o seu grau de envolvimento com a leitura. Você consegue esquecer de si mesmo e continuar lendo, absorto, envolvido? Parabéns. Assinale na passagem: "bom". A absorção de repente se desfaz quando você ouve o familiar "isso é mau"? Parabéns de novo. Sente-se entediado? Sua mente fica vagando? Lê a mesma passagem dez vezes? Que bom! O enfado *sempre* aponta para um problema. Quando não faço um corte na hora, assinalo a passagem enfadonha com o acrônimo PEOC – "Pensei em outra coisa" –, indicando que aquele trecho deixou de prender minha atenção. Acima de tudo, resista ao impulso de reagir de modo exagerado. Combata o pânico *e* o êxtase. Você vai resolver todos esses problemas. Continue fazendo essas observações concisas até o fim.

Quando tiver terminado, *não faça nenhum julgamento.* Seu original não está pronto para ser julgado. É hora de melhorá-lo. Além disso, seu juízo talvez não esteja em boa forma nesse momento. Sua mente estará sofrendo um bombardeio de reações conflituosas e até mesmo confusas. Suas anotações estarão nas páginas. E, quando seu tumulto interno diminuir, você terá uma coisa que até então não possuía: o conhecimento da história. Ao menos o suficiente para poder tomar posse dela, plenamente.

Cuide da história. Os problemas mais comuns são o esquematismo, a caracterização superficial das personagens, a ação mal delineada, a descrição vaga – sem falar na voz titubeante e pouco clara. Você terá de consertar tudo isso.

Mas comece por cuidar da história. Embora a primeira versão completa não lhe dê pleno domínio sobre a história – coisa rara nessa altura do trabalho –, você ao menos conseguiu contá-la uma vez. Uma vez só, é verdade, mas já tem a *base* para conseguir esse domínio na segunda versão. Lembra-se da observação, feita alguns capítulos atrás, de que há muitos modos de contar uma história e, por isso, você talvez precise contá-la várias vezes até encontrar o jeito certo de fazê-lo? Chegou a hora de contá-la de novo. Porém, você certamente não quer ter de recontá-la toda vez numa versão completa. A vida *é* curta.

Esse talvez seja o momento de escrever uma sinopse. Isto é, talvez você possa escrever um resumo curto, mas detalhado, ou uma paráfrase, da história formada na primeira versão. Esse resumo pode servir de mapa para a segunda versão.

Note bem: estou sugerindo que escreva a sinopse *depois* – não antes – de terminar a primeira versão. Você não estava em condições de escrever uma sinopse antes disso. Ainda não conhecia bem a história.

Nenhuma história está realmente completa se não puder ser contada com outras palavras. A paráfrase é um dos instrumentos de compreensão mais poderosos da mente: o que não pode ser parafraseado provavelmente não foi entendido. Lembra-se dos primeiros tempos, em que corava, gaguejava e se sentia um verdadeiro idiota quando lhe perguntavam sobre o que era sua narrativa? Começou a escrever a primeira versão sentindo, adivinhando, que talvez tivesse uma história. Esse tempo se foi. A história está diante de você, qual um continente inexplorado. Agora você precisa de um mapa.

Caso decida escrever uma sinopse, escreva várias. Conte a nova história muitas e muitas vezes até que tenha, numa cápsula, uma versão forte e digna de crédito, que o impulsione para uma nova versão. Se quiser, primeiro resuma sua versão original. Depois, tente outros modos de contar a história. Mude o começo, o final, os pontos de vista e as perspectivas. Faça sempre um resumo curto e nunca tente dedicar mais de um dia de trabalho a nenhum deles. Você não está reescrevendo. Está fazendo resumos, testando possibilidades. Se seu projeto é um conto ou uma novela, não vá uma sílaba além de 350 palavras. Se estiver escrevendo um romance, o resumo não deve ter mais que três mil palavras. É provável que esses números sejam até muito generosos. Atenha-se à história. Não converse consigo mesmo *a respeito* dela: conte-a para si mesmo de modo concentrado. Não se entregue a reflexões caprichosas sobre o tema nem teorize. Mas inclua imagens, motivos, momentos que possam levar a história adiante, anotando-os numa forma taquigráfica que você entenda claramente. Lembre-se que isso é apenas para você. Um bom modelo é a sinopse de Flaubert para *Madame Bovary*, que aparece no apêndice de um dos melhores livros que conheço sobre o parto de um grande romance: *Flaubert e Madame Bovary*, de Francis Steegmuller. É verdade que Flaubert (em *Madame Bovary*, pelo menos) fez uma única versão e escreveu a sinopse antes de compô-lo. Mas o documento é especialmente útil porque mostra claramente como as imagens e os momentos visualizados com nitidez podem servir de eixo e apoio para levar a narrativa adiante, ao passo que certas cenas dramáticas, até mesmo efervescentes, do romance – o suicídio de Emma, por exemplo – são apresentadas em poucas e calmas sentenças. Trabalhe depressa. Não se arraste. A cada nova versão, reconsidere, mude, faça ajustes, revise. John Braine, com quem aprendi essa técnica de sinopse, recomendava fazer uma sinopse por dia, mesmo que isso significasse deixar para o dia seguinte a tarefa de lidar com determinada incoerência ou determinado problema. "Se você escrever depressa – produzindo um bom resumo a cada sessão de trabalho –, isso se refletirá no resultado final do romance. A narrativa terá uma unidade orgânica; não será um monte de episódios frouxamente relacionados. E fluirá livremente, sem parar e recomeçar, sem corridas nem tropeços."[13]

Quando estiver plenamente satisfeito, você terá um mapa para a segunda versão.

REGRAS DE REVISÃO

Na hora de começar a segunda versão, é melhor se preparar psicologicamente para reescrever – não polir, mas reescrever – o projeto todo. Isso será óbvio se você tiver escolhido uma sinopse significativamente diferente do que aparece na primeira versão. Em todo caso, prepare-se para retrabalhar tudo.

13. John Braine, *How to Write a Novel*, p. 23.

Se imagina que a segunda versão consiste em começar da primeira página e seguir dando polimento a cada linha, pare: você está para cair numa armadilha clássica. Ainda não está pronto para polir coisa alguma. Inúmeras vezes vi novatos trabalharem arduamente no polimento de primeiras versões em estado bruto antes de se ocuparem para valer dos alinhamentos de forma, estrutura e personagem da história. Ainda não tinham tomado posse da voz narrativa, ainda não sabiam de fato quem eram suas personagens. Como o polimento era a única técnica de revisão que conheciam, continuavam polindo na esperança de que isso lhes trouxesse as coisas de que precisavam, do mesmo modo que Aladim esfregava a lâmpada para fazer surgir o gênio.

Não é assim que acontece. *Não comece a polir a desordem.* O polimento não pode dar forma à história, não pode indicar a ação necessária nem revelar o papel das personagens, não pode sequer dar o *tom* de seus diálogos ou da sua voz. Na segunda versão, transfira grandes trechos de prosa para lugares totalmente diversos, corte capítulos inteiros, elimine personagens irrelevantes e acrescente outros, relevantes. Com ou sem a ajuda da sinopse, trate da estrutura. Será um trabalho árduo, mas o bom disso é que, uma vez terminado, é provável que esteja pronto. Você não terá que reestruturar muita coisa na terceira versão ou nas versões finais. É nessas últimas que será feito o polimento.

Então...

Revise primeiro a estrutura. O trabalho de refazer a versão deve começar com a solução do problema de seqüência. Sempre. Assim como qualquer revisão, por menor que seja. A estrutura determina não apenas a forma geral da história, mas também cada parte, cada parágrafo, cada detalhe do ritmo de cada frase. Há uma seqüência implícita em *tudo* o que você faz. Em qualquer romance, história, capítulo ou passagem, há uma seqüência necessária: de blocos de informação, de acontecimentos, de frases. Nenhuma outra servirá. Você *tem de* encontrar essa seqüência, e deve procurá-la o tempo todo. A lógica lhe indicará parte do caminho. A intuição, mais um trecho. O indispensável impulso de edição no sentido de simplificar a ordem das coisas lhe indicará outro tanto. Com a sensibilidade de um arrombador de cofres, você precisa *sentir* o clique da combinação certa. Essa ordem, aliás, está sempre presente. Se o seu ouvido for suficientemente apurado, sempre a encontrará. Acerte a combinação, e a porta do cofre se abrirá.

Desenvolva o que não estiver desenvolvido. Cortar as partes ruins não basta. Se você tiver feito uma primeira versão rápida, é provável que a segunda seja mais longa, mais complexa, talvez de ritmo mais lento que a primeira. Não será necessariamente assim quando você terminar a terceira versão. Agora é a vez do desenvolvimento. Praticamente tudo numa primeira versão precisa se tornar mais nítido, mais coerente, mais forte. O segundo enfrentamento com sua prosa deve permitir-lhe ver *mais*, não menos. Aproveite todas as idéias. Coloque-as no papel. Encha parágrafos e páginas com elas. Tenha em mente sua grande vantagem sobre os roteiristas: você não perde impulso nem público se ousar fazer uma pausa para explicar ou saborear algo por mais de dez segundos. Desde que o conteúdo seja suficientemente interessante, dinâmico, sugestivo, você *ganha* impulso com a expansão.

Revise o enredo. Lembre-se de que o enredo segue a história e de que, enquanto as histórias podem ser parafraseadas e resumidas, os enredos só podem ser uma massa concreta. Chegou a hora de dar atenção total a essa concretude, encontrando e colocando por escrito o *modo* exato como os acontecimentos ocorrem na narrativa e como essas mudanças a conduzem adiante. Até aqui, como a história ainda não tinha forma, não havia sido possível dar muita atenção aos "mecanismos" do enredo. Enfim, agora você poderá acertar esses detalhes. Como exatamente funcionam as voltas e reviravoltas da história? Aristóteles fala de "peripécias e reconhecimentos". Quais são suas "peripécias e reconhecimentos" e de que modo preciso ocorrem? Ao fazer a segunda versão, em algum momento, você precisa ter perfeita clareza de todos esses elementos.

E por falar em clareza...

Revise para dar clareza. A força mais destrutiva na maioria das obras inaugurais de ficção é a simples ilegibilidade. Como vimos, o coração da legibilidade é sua relação com o leitor. A clareza é um elemento essencial dessa relação. Logo que comecei a ensinar, às vezes tinha a impressão de que estava cercado de jovens escritores fascinados, por algum estranho motivo, pela obscuridade e a opacidade como formas artísticas, um bando de Gertrudes Steins e Mallarmés. Nunca tinha lido tantos originais em estágio tão inicial. Eram vários textos espantosamente bem escritos cujo sentido, no entanto, eu tinha muito trabalho para desvendar. No início, pensei que essa obscuridade fosse intencional. Quase nunca era. Aquelas passagens eram cristalinamente claras para seus autores.

Eles entendiam tudo, com todas as nuanças e minúcias, e com muita clareza. Por que não eu?

As primeiras versões, até mesmo as muito boas, podem ser de leitura penosamente difícil para outra pessoa que não o autor. A questão primordial, linha a linha, não é o sentido maior. É o sentido básico. O que estava acontecendo? Estaria John falando com Mary, ou com Bill? Estamos em Iowa ou na Guatemala? Nada é tão exasperador quanto não ser entendido; mas, se um leitor de inteligência mediana não sabe do que você está falando, o problema é seu. Não coloque a culpa no mensageiro por causa da mensagem. O leitor não é um tolo. Se você não está sendo entendido, o problema é *seu*.

Infelizmente, seus primeiros leitores talvez relutem em lhe dizer a verdade a respeito da falta de clareza. É certo que muitos (principalmente numa escola) farão um grande esforço para esconder o embaraço diante de um texto que não entendem. Em vez de correrem o risco de ser considerados obtusos ou de mentalidade estreita, muitos leitores, entre os quais vários dos que deveriam entender bem do assunto – editores, professores, instrutores de oficinas –, preferem ignorar a obscuridade a admitir que não entenderam nada.

No entanto, a clareza nunca é demais. Sempre deixe seu texto um pouco mais claro do que você acha necessário. Isso o deixa nervoso? Tem medo de que algum esnobe zombe de sua escrita e a chame de "óbvia"? Não tenha. Se a clareza revelar que a cena é *realmente* simples demais, se mostrar que o diálogo é *realmente* insípido, então ela lhe terá prestado um grande serviço. É muito fácil cortar o "óbvio". Por outro lado, se a cena for rica, sutil, preciosa, a clareza somente poderá coroar de perfeição essas virtudes. O enigmático – o enigmático puro e simples – não funciona. "Quando se escreve com clareza suficiente", diz Hemingway, "todo o mundo percebe o que é falso... O verdadeiro mistério não deve ser confundido com incompetência na escrita..."[14] Já é hora de deixar para trás as pretensões escolares: nenhuma obra literária jamais ficou melhor *meramente* por ser ilegível ou obscura. Tenha sempre em mente aquele "leitor comum" com quem, como nos lembrou Virginia Woolf, dr. Johnson gostava de concordar. Sei que é exasperante quando alguém que você respeita lhe diz que "simplesmente não entendeu" aquele parágrafo reluzente que você julga talvez ser o mais belo e misterioso que já escreveu. É preciso saber lidar com isso. Essa pessoa está lhe fazendo um grande favor.

A SOLUÇÃO DOS DEZ POR CENTO

Dizem que Fred Astaire certa vez deu o seguinte conselho a um jovem cineasta: "Faça o melhor que puder. Depois, corte dez minutos." Espero que Astaire realmente tenha feito esse comentário, que é profundo e digno de sua jovial perfeição. Tal comentário está à altura de um outro que Blaise Pascal fez numa carta, ao dizer que a deixaria mais curta se tivesse tempo.

Há uma máxima de sabedoria sobre revisão que eu tentava incutir na cabeça de cada nova turma de alunos, sempre imaginando que eu mesmo a tivesse inventado. Ela acabou se tornando tão central em meu curso que

....
14. Ernest Hemingway, *Death in the Afternoon*. Nova York: Scribner Classics, 1999, p. 50.

passou a ser conhecida na escola, com uma ponta de ironia, como a "solução dos dez por cento, de Koch".

A solução dos dez por cento é absurda e maravilhosamente simples.

Corte dez por cento.

Corte dez por cento de *tudo*.

Se sua história tem dez páginas, deixe-a com nove. Vinte páginas? Deixe-a com dezoito. Se sua versão tem trezentas páginas, deixe-a com 270. Uma pilha de páginas – qualquer número – que precisam ser trabalhadas? A única maneira de fazer isso é lavá-las e pré-encolhê-las com a "solução dos dez por cento".

Muito dificilmente surgirá alguém para quem tal solução não funcione. Arrisco um palpite: uma pessoa a cada cinqüenta. O melhor e mais sábio guia para o corte é o seu próprio tédio. Elmore Leonard expôs isso muito bem quando aconselhou a eliminar as partes enfadonhas. Seu olhar se distrai durante a leitura? Corte. *Você* não se sente capturado pelo texto? Corte. Não há nada novo? Parece repetitivo? Corte, corte, corte. Quando você se sentir entediado – realmente entediado –, nem sequer *tente* consertar a passagem. Simplesmente corte. Há nessa passagem alguma sentença expressiva? Ótimo. Poupe-a, mas corte o resto. Esqueça as transições e as explicações: corte *corajosamente*. Receia que algum trecho enfadonho seja essencial? Se for realmente essencial, ele acabará voltando à página, mas, espera-se, de modo mais vivaz.

Corte o que for artificial. Há certas passagens que você inclui com a única intenção de impressionar as pessoas. Isso acontece comigo, e é quase certo que aconteça com você também. Não conheço escritor algum que não passe por isso. Mas a pretensão literária é a maldição da era pós-moderna. Cada um tem seu modo predileto de se exibir, e eles raramente são úteis. Quando você identificar sua megalomania, não seja complacente. Quando Georges Simenon era um jovem aspirante em Paris, ávido de reconhecimento, ninguém menos que a própria Colette o advertiu de que sua prosa era "literária demais, sempre literária demais". Depois disso, Simenon passou grande parte de sua espantosa carreira contendo seus esforços para impressionar. "É o que faço quando escrevo", disse ele, "o trabalho principal quando reescrevo... [corto] toda palavra que estiver ali apenas para causar efeito. Cada frase que estiver ali sem motivo... Corte-a."[15]

Um dia descobri que a solução dos dez por cento não era minha coisa nenhuma. Stephen King, em *On Writing* [Sobre a literatura], diz que aprendeu essa regra quando teve um trabalho seu recusado, na época em que fazia o curso secundário, em 1966. Sua história fora devolvida com um bilhete no qual um sábio editor rabiscara: "Nada mau, mas *inchado*. Revisar para diminuir o tamanho. Fórmula: 2ª versão = 1ª versão − 10 por cento." King escreveu a fórmula num cartão e colocou-a sobre sua escrivaninha: "A segunda versão é igual à primeira menos dez por cento."[16]

Coloque também essa equação em *sua* mesa.

REVISE EM VOZ ALTA

Quando se trata de trabalhar linha a linha, o ouvido é um excelente editor – em geral, muito mais preciso,

---

15. Georges Simenon, entrevista a Carvel Collins, in *Writers at Work*, 1ª série, p. 146.
16. Stephen King, *On Writing*, p. 222.

perspicaz e sagaz do que o olho. Quando pequena, a filha de Dickens, Mamie, teve o singular privilégio de passar vários dias lendo e descansando num sofá do estúdio do pai, a portas *bem* fechadas, enquanto ele trabalhava. Ninguém mais tinha tal oportunidade, mas Mamie estava convalescendo de uma doença, era a queridinha do papai e tinha prometido ficar em silêncio. Já adulta, Mamie escreveu uma recordação do tempo que passara no santuário do pai. À medida que Dickens ia mergulhando mais e mais no trabalho, escreveu ela, "evidentemente, sem me ver, ele começava a falar depressa, em voz baixa"[17]. De tempo em tempo, ele se levantava, ainda murmurando, e corria ao espelho, diante do qual fazia várias caretas estranhas. Em seguida, corria de volta à escrivaninha e murmurava mais um pouco. Charles Dickens *murmurava* sua prosa diante da página. Aliás, até mesmo quando o mestre estava longe da escrivaninha, enquanto "procurava imagens que... queria desenvolver", ele murmurava as cadências que surgiam, "olhando para a frente, lábios ligeiramente a trabalhar, como costumavam fazer quando, sentado, ele pensava e escrevia".

Leve em conta o que dizem os grandes: antes de *enxergar*, você *ouvirá* o que é certo e o que é errado em sua página. Esse preceito é crucial para os diálogos, mas vale para tudo. "Minha regra para com a prosa narrativa", diz John Braine, "é a mesma para com o diálogo: se não pode ser lida em voz alta, não é boa."[18] Quando tiver revisado a estrutura, quando tiver feito alguns cortes básicos, será útil coroar o processo todo de revisão com uma leitura

---

17. Peter Ackroyd, *Dickens*. Nova York: HarperCollins Torchbooks, 1992, pp. 161, 163.

18. John Braine, *How to Write a Novel*, p. 103.

em voz alta. "É preciso aprender a reler suas próprias frases", diz Richard Bausch, "como um desconhecido as leria. E diga tudo em voz alta. Ouça como elas *soam*."[19] Esse trabalho deve ser feito a portas fechadas. Sua prosa ainda não recebeu suficiente polimento para ser lida em voz alta para outra pessoa. Um excelente editor que conheço se recorda de que o seu professor de inglês, nos tempos de faculdade, lia seus trabalhos em voz alta, em conversa particular: "um modo poderoso de fazer ver o que precisa ser melhorado". Você não vai querer descobrir o que precisa ser melhorado durante uma apresentação pública.

REESCREVA DE MEMÓRIA

Um mau texto é como areia movediça. Se você se mexer, afundará mais ainda. Se você está ficando exausto e frustrado de tanto brigar com uma passagem, às vezes é melhor simplesmente voltar à inspiração original e, sem olhar muito para trás, rapidamente escrever tudo de novo, a partir do zero, de memória. Quando estiver atolado num texto original, *reescreva-o de memória*. Os cadernos de Scott Fitzgerald estão repletos dessa advertência. Foi isso que, por pura sorte, levei minha aluna a fazer quando ela chafurdava naquela sua inviável primeira versão. E isso funciona tanto para as coisas pequenas quanto para as grandes; foi o que aprendi muitos anos atrás com uma sábia editora de revista. Como fazia muitos trabalhos para ela, encontrava-me com freqüência em seu escritório, tentando melhorar alguma coisa que,

---

19. Richard Bausch, *Letters to a Fiction Writer*, pp. 28-9.

quanto mais tentávamos consertar, mais se complicava. A partir de certo ponto de nossas discussões, a sábia editora punha de lado o original e calmamente me dizia: "Stephen, por que você simplesmente não me conta o que está querendo dizer aqui?" Então eu erguia os olhos da página surrada. Era como quebrar um terrível feitiço. Inclinava-me para trás na cadeira e lhe contava o que queria dizer. "Muito bem", ela respondia. "Isso está claro. Vamos dizer isso." Ela passava um risco sobre toda a confusão e escrevia o que eu tinha dito. Simples. Eu não sabia que estava reescrevendo de memória. Mas estava.

CONFIE NO QUE VOCÊ TEM

Corte, mas não corte fora seu coração. Mesmo que uma passagem importantíssima continue insatisfatória depois de algumas revisões, não a elimine. Quando você a escreveu pela primeira vez, parecia-lhe tão arrebatadora, tão maravilhosa. O que aconteceu? Bem, talvez ainda não tenha funcionado. Não deixe que a decepção com o mau resultado o faça esquecer da empolgação inicial. O trabalho de revisão está em recapturar essa primeira empolgação e conhecê-la de novo, não mais como uma promessa, mas como uma promessa cumprida. Desde o começo, a definição do seu trabalho tem sido confiar na empolgação e torná-la compensadora. E continua sendo. Nunca condene seu próprio texto. Resgate-o. Se fizer isso, a empolgação inicial retornará, viva e repleta de uma força nova para você.

8. Para concluir

Agora que você está mergulhando na segunda versão, nas versões intermediárias ou na versão final, é hora de fortalecer sua compreensão não apenas da história, mas também de seus significados. Do que trata a história? O que ela diz? Quais são suas implicações? Os significados com que você está lidando agora são os que você "inventou" – "inventou" no *nosso* sentido – ao inventar a própria história. Finalmente, e pela primeira vez, você está em condições de tomar consciência e ter mais controle do que significa sua narrativa

Esse novo conjunto de idéias e conclusões, distinto e fascinante, vai ajudá-lo a revisar, refinar, desenvolver e ter certeza de algo muito mais importante que o próprio significado da narrativa: a história em si. Quando você começou a escrever, seu domínio da narrativa – lembra-se? – era bastante fraco. É provável que você mal fosse capaz de resumi-la em um ou dois frouxos parágrafos. E certamente não estava em condições de se estender quanto ao seu possível significado. Naquela altura, seria uma sorte conseguir simplesmente contar a história, e, como ainda não a conhecia, precisava fazer com que ela mesma se contasse através de você. Mas, à medida que a narrativa avançava nesse processo, você deve ter notado que de vez em quando a história lhe sugeria esse ou aquele desdobramento significativo. Espero que tenha notado e dado importância a esse fato; e também que não tenha descuidado do desenrolar da história quando os momentos significativos escassearam. Você foi aconselhado a manter-se como veículo passivo das duas coisas, deixando a história levá-lo.

Agora, porém, as coisas mudaram. Concluída a primeira versão, você finalmente está em condições de fazer uma avaliação de tudo. Algo se despertou, algo se fez sentir na primeira versão. "Seu trabalho na segunda versão", diz Stephen King, "ao menos um deles, é tornar esse algo ainda mais claro. Isso talvez exija grandes mudanças e revisões. Os benefícios para você e para seu leitor serão a clareza de foco e uma história com mais unidade."[1]

Chegou, portanto, a hora de ajustar com mais precisão o significado. Mas não use uma camisa-de-força. Confirme, é claro, seu entendimento, mas não o torne muito estreito. Embora você possa e deva ter um domínio firme sobre as principais idéias implícitas na história, é improvável que seja capaz de apreender *todos* os significados e implicações ali revelados. Aliás, é quase um teste para a vitalidade da narrativa que *alguns* de seus significados e implicações, *algumas* nuanças das principais idéias, lhe escapem. Certos temas estarão plenamente desenvolvidos em sua mente, enquanto outros podem apenas tremeluzir na penumbra. Essa luz pode mudar à medida que a revisão prossegue, mas é improvável que você venha a "conhecer", com plena consciência, seu significado completo.

---
1. Stephen King, *On Writing*, p. 201.

Nem deveria. Enquanto trabalha, o importante é manter vivos todos os significados, tanto os claros quanto os obscuros, os explícitos e os implícitos, os principais e os secundários, sustentando e enriquecendo a história que eles ajudam você a revisar. A revisão não é feita para clarear suas idéias. É o contrário. Use essas idéias temáticas latentes para ajudá-lo a clarear a história, a fim de torná-la mais coerente, mais instigante, mais poderosa e, certamente, mais significativa. Mas não tente transformá-la num argumento ilustrado por um relato.

Na arte narrativa, os significados são sempre subordinados à história. Sempre emergem *da* história – não vice-versa. Não há nada de antiintelectual nessa verdade básica da arte. É perfeitamente possível começar com uma forte idéia temática geral e depois buscar, *através* dela, uma narrativa que a torne viva. No entanto, até mesmo um escritor como Chinua Achebe, que quase sempre começa seus romances com uma "idéia geral" forte, faz questão de ir ao encalço dessa idéia *através* da história, e não o inverso. "Assim que o romance toma impulso, não me preocupo com o enredo nem com os temas. Essas coisas virão quase automaticamente porque as personagens agora puxam a história."[2] Na primeira versão, é provável que a idéia inicial se desenvolva e mude inesperadamente. Pode até mesmo se transformar, tal como aconteceu com a idéia original de Dostoiévski sobre os alcoólicos de São Petersburgo, que acabou se convertendo em *Crime e castigo*.

Mas, independentemente de como você trate a história, é provável que parte de seu sentido sempre lhe es-

---

2. Chinua Achebe, entrevista a Jerome Brooks, in *The Writer's Chapbook*, p. 207.

cape. Esse sentido costuma se afigurar como um halo de implicações e sugestões, algumas implícitas, outras explícitas, tudo a rodear a narrativa. Algumas dessas "coisas" que reluzem dentro do halo da significação terão ressonâncias e nuanças que até mesmo para você podem permanecer meio indefinidas, obscuras, meio presentes, meio ausentes, meio ditas, meio não ditas.

É assim que deve ser.
Você nunca entenderá *tudo* a respeito de sua própria história.
O sentido – a compreensão em si – não é uma coisa. Não existe como coisa. Existe apenas como intercâmbio, como interação. É, portanto, um acontecimento, mais precisamente um acontecimento que consiste numa espécie de relacionamento entre as pessoas. Na escrita, essa vinculação encontra-se formalmente codificada na relação existente entre o escritor e o interlocutor "inventado" pelo escritor, chamado leitor. Depois disso, a efetiva interação ocorre *por meio* da identidade inventada desse leitor durante o próprio intercâmbio entre a obra e o ser humano real que a lê. Sobre essa relação você só pode ter, na melhor das hipóteses, um controle parcial. Cada leitor trará para o texto suas próprias reações, fantasias, associações, e você não pode – nem deve – ter muito controle sobre isso.

Esse elemento de incerteza – chame-o de indeterminação, se quiser – será um aspecto formal onipresente e inevitável da obra, pois é uma qualidade formal onipresente e inevitável da própria linguagem. Está presente na relação entre sua prosa e o leitor "inventado" nela, bem como, acima de tudo, num dos principais atributos de que você dotou esse leitor: o *silêncio*. É por meio desse silêncio que o leitor, com sua atenção tácita – e o entendimento que você atribui a ele –, contribui para dar forma e definir a própria história, assim como neste momento minhas palavras estão sendo guiadas por meu senso silencioso de como você está me entendendo. Essa atenção calada, essa experiência imaginária de uma outra pessoa ouvindo e apreendendo o que você tem a dizer, guia inevitavelmente a obra de qualquer escritor. Sua prosa deve ser orientada em parte pelo seu entendimento de como o leitor a *ouve*. E isso – tudo isso – é algo que você deve também "inventar".

Mas não me entenda mal. É preciso ser claro quanto aos significados, e não há aqui nada que diminua a importância da clareza. Posso ser tudo menos advogado da obscuridade intencional ou da indeterminação geral do sentido na prosa. Gosto e preciso de coerência de sentido em tudo o que leio e exijo isso. A vida é curta demais para que eu a passe vagando sozinho no deserto dos subentendidos. É necessário tornar a história clara. A clareza é uma medida da coerência da obra, e, ao avançar de uma versão a outra, essa história – e também as idéias que ela contém – deve se tornar cada vez mais nítida.

Por outro lado, a *vitalidade* da obra se mede em parte pelo modo com que alguns de seus significados e implicações permanecem esquivos, ressonantes porém imprecisos, implícitos na compreensão fugidia, silenciosa e individualizada do leitor. O significado principal de qualquer obra literária de boa qualidade deve ser claro e, ao mesmo tempo, múltiplo e diversificado, de forma a ser inteiramente capturado em uma única afirmação. Qual seria precisamente o significado – ou os significados – do aprisionamento de Gulliver na Terra de Lilliput? Ou da viagem de Dorothy a Oz e seu retorno? Ou da humilhação de Isabel Archer? Todo leitor percebe essas imagens narrativas como repletas de "significado", e um crítico competente deveria ser capaz de apresentar um resumo perfeitamente plausível, embora parcial, do que seriam esses significados. Mas essas imagens são altamente vitais para caber em tal resumo. Vivem, em silêncio, na mente; geram sentido do mesmo modo que a vida o faz.

Há um elemento crucial de liberdade implícito no silêncio do leitor. Ao tornar sua história viva – por meio da narrativa e também do sentido – você está entregando algo e renunciando ao controle sobre ele. E, ao "captar seu ponto de vista", *o leitor* e os leitores o tomam para si. Embora você conceda ao público a sua história, uma parte dela permanecerá sua para sempre, só sua, até mesmo incomunicável. Mas outras partes essenciais serão concedidas e perdidas; passarão a integrar a vida interior do leitor, e também a vida das muitas pessoas reais que você espera se tornem seus leitores. Essa é apenas uma parte da transação, um aspecto inevitável do intercâmbio. O que no começo é seu, termina sendo deles. Enquanto artista, como disse Shakespeare categoricamente, você está tentando "agradar". Aquilo que agrada nunca é o *mero* significado. O que agrada é uma imagem coerente da vida, e esta é sempre comunicável e também incomunicável; ao mesmo tempo que se dá a todos, só em nós se faz presente.

Isso ajuda a explicar por que alguns sentidos de muitas histórias permanecem ocultos. Não é porque o significado oculto seja em si maravilhoso. Se você for capaz de dizer qual é exatamente a moral da história, vá em frente, diga. Se conseguir fazer com que a história expresse claramente o seu significado, por favor, não se contenha. Mas, pelos motivos que apresentamos, aquilo que a história "significa" em geral envolve justamente aquilo que ela é *incapaz* de colocar em palavras. Afinal, a compreensão do leitor é silenciosa, e a sua também. A última coisa que você deve fazer é tentar fixar o sentido da sua história como se estivesse escrevendo uma monografia ou um artigo crítico. Você não é crítico nem estudioso de sua própria obra. "Já é suficientemente difícil escrever livros e histórias sem que nos peçam também para explicá-los", Hemingway certa vez observou com seu jeito impaciente. "Leiam aquilo que escrevo pelo prazer de ler. Tudo o que encontrarem a mais será equivalente ao que colocarem na leitura."[3]

ESCALANDO O MONTE DA PLAUSIBILIDADE

No entanto, somente através da revisão você apreenderá os significados do que escreve. E, como o que está escrevendo é ficção, parte desse entendimento consiste em convencer-se da verdade imaginativa da sua criação. No capítulo 3, citei muitos mentores para instá-lo a acolher o drama e a implausibilidade. O contador de histórias precisa ser especialista no implausível. A ficção é feita – dependendo de como você os defina – de "acontecimentos excepcionais". Quase toda história realmente interessante tem raízes no implausível. Isso porque não é só a ficção que é crivada de "implausibilidades". A vida também.

Como observou Somerset Maugham: "O comportamento das pessoas em *Otelo*, especialmente do próprio

---
3. Ernest Hemingway, in *Writers at Work*, 2ª série, p. 229.

Otelo, mas, em maior ou menor grau, de quase todos na peça, é extremamente irracional. Os críticos se esforçam ao máximo para mostrar que não é assim. Em vão. Fariam melhor se aceitassem isso como um grande exemplo da irracionalidade fundamental do homem. Creio que os freqüentadores de teatro da época não viram nada de implausível no comportamento de nenhuma das personagens."[4]

Um crítico, porém, que tache uma história de implausível, a está atacando com rigor. E, embora eu o aconselhe a abraçar o implausível, você não pode deixá-lo na página com toda a sua crua implausibilidade. Isso arruinaria a história. É trabalho do escritor, em geral na revisão, transformar o implausível em algo convincente e digno de crédito. E, depois de feito isso, deve torná-lo inevitável.

Isso vem com o trabalho. Chamo de escalar o monte da plausibilidade. O caminho que leva ao cimo desse monte é a revisão, e o modo como você torna convincente o implausível revela muita coisa sobre o aspecto formal do seu trabalho. Um escritor realista escala o monte da implausibilidade encontrando detalhes realistas. Um fantasista encontra as formas de fantasia que dão asas ao projeto. O escritor de ficção científica, a ciência certa; o libretista, a grande ária que torna tudo significativo. A crença é muito uma questão de tom: harmonia, coerência, sustentação da voz persuasiva adequada, tudo isso contribui para o tipo de crença que você tem no material.

"Mas as pessoas não agem desse jeito." Maugham apontou para os grandes perigos embutidos nessa frase. Nossa exigência de plausibilidade torna-se cada vez

---
4. W. Somerset Maugham, *A Writer's Notebook*, p. 291.

mais rigorosa. Relutamos em aceitar a coincidência e o acidente. Invariavelmente esperamos que as personagens apresentadas se comportem como nós. "As pessoas não agem desse jeito?" É verdade – a *maioria* das pessoas não age desse jeito. Sua história não trata da maioria das pessoas. O verdadeiro inimigo da sua ficção não é a implausibilidade, mas a descrença imaginativa.

Você tem uma escalada pela frente, da planície da banalidade às alturas da sua narrativa. A subida pode ser árdua e lenta. De vez em quando, você encontrará uma encosta íngreme. Outras vezes, haverá um desfiladeiro profundo, escorregadio e aparentemente intransponível. Algumas encostas serão de fato íngremes demais para serem escaladas; alguns desfiladeiros serão largos demais para atravessar. Então você terá de encontrar outro caminho para continuar subindo. Mas é preciso chegar ao topo. Passo a passo, firmando bem os pés, suba o monte da plausibilidade. Acredite: a vista lá do alto é vertiginosa e inebriante.

O FIM E AS VERSÕES FINAIS

Vários mentores, desde Aristóteles, concordam quanto ao seguinte: você não sabe o que está dizendo até chegar ao final. Esse é um preceito inescapável da narrativa. É preciso chegar à conclusão. A história só se torna verdadeira quando as forças que a conduzem convergem para uma solução. Se não houver final, não há história. Se você escrever sem avançar rumo a um final, provavelmente estará apenas acumulando informações narrativas e – o que é certo – botando o leitor para dormir.

No entanto, muitos escritores negligenciam o final. Ficam preguiçosos ou apressados. De fato, é provável que o trabalho na primeira metade de qualquer projeto de ficção, principalmente em se tratando de um romance, seja mais intenso e exigente que na segunda metade. Como diz Tom Wolfe: "Se você... já escreveu quarenta por cento de um romance,... já solucionou os problemas mais difíceis. Nessa altura, já conhece suas personagens. Sabe qual é o rumo do enredo e como vai criar o suspense."[5] Portanto, os primeiros quarenta por cento do projeto tomarão muito mais tempo que os últimos cinco ou dez por cento. Os hábitos de revisão são, em parte, responsáveis por isso. Se você revisa ao ritmo de "The House That Jack Built", terá voltado ao começo umas cem vezes para chegar ao fim uma vez só. Além disso, há a pressão pelo cumprimento do prazo. "Leia o último capítulo do maravilhoso livro *Nana*", diz Tom Wolfe. "Eis aí um sujeito terrivelmente cansado, ou que teve um dia e meio para terminar... um livro!"[6]

O final pode surgir a qualquer momento. Pode estar claro em sua mente desde a primeira frase. Como vimos, muitos escritores se dizem absolutamente incapazes de começar antes de saber como vai ser o fim. Este também pode surgir enquanto você trabalha nos cruciais primeiros quarenta por cento de que fala Tom Wolfe. É o que costuma acontecer com Toni Morrison. "Quando realmente sei do que trata [minha história]", diz ela, "sou capaz de escrever a cena final. Escrevi o término de *Amada* quando já tinha escrito cerca de um quarto do trabalho. Redigi o final de *Jazz* com muita antecedência, e o fim de

---

5. Tom Wolfe, in *Writers at Work*, 9ª série, p. 245.
6. Ibid., pp. 245-6.

O cântico de Salomão num estágio muito inicial. O que realmente quero é que o enredo mostre *como* se deu o final."[7] Mesmo que não chegue a nenhuma conclusão antecipada quanto ao término, você pode ao menos sentir a que *tipo* de conclusão está se dirigindo. Seria comédia ou tragédia? A intenção é fazer rir ou chorar, fazer pensar ou sentir... alguma outra coisa? O que seria? Sua percepção desse final vai depender muito mais da intuição que do intelecto. O primeiro teste para o final é a *sensação* de finalidade, que de início pode ser quase imperceptível. Pode surgir apenas como um caminho, um palpite, um senso de direção, mas deve se fortalecer à medida que você avança, e, a certa altura, a força que ela adquire deve ser irresistível. Depois da sensação de finalidade, o teste seguinte para verificar a força de um final em estado latente deve ser a intensidade com que, de modo sutil ou nem tanto, ele atua como ímã para a narrativa, atraindo para si os elementos e acontecimentos principais da história.

Para achar o final, é natural procurá-lo entre os acontecimentos posteriores à crise da história. É claro, portanto, que é importante situar bem o clímax. Disse Patricia Highsmith: "Não estou certa de que todo livro tenha algum acontecimento especial que se possa chamar de clímax. Em alguns enredos, o clímax, a surpresa ou algo *bouleversant* serão evidentes. Assim, é bom decidir se ele deve vir no meio, no final ou a três quartos do livro. Alguns livros podem ter dois ou três clímaces de igual importância. Alguns clímaces devem ser a última coisa a aparecer no livro, porque, depois deles, não há mais nada

---

7. Toni Morrison, in *Women Writers at Work*, pp. 361-2.

a dizer, e a história deve terminar aí, com impacto."⁸ A crise costuma surgir num ponto avançado da narrativa e é sempre uma espécie de ponteiro a empurrar o autor na direção do fim.

Pode-se definir uma história como uma seqüência de acontecimentos que levam a um resultado ou a um final. Isso significa que você deve começar a ter uma intuição clara do fim quando estiver razoavelmente adiantado na primeira versão – certamente, antes da metade. O término deve se insinuar quando você chegar àqueles quarenta por cento de que fala Tom Wolfe, isto é, lá pela página oito de um conto de vinte páginas, por exemplo, ou lá pela página setenta de um romance de duzentas páginas. Note bem, eu disse que o final deve "se insinuar". Não tem de ser cristalino, não precisa ser definitivo, e você certamente não tem de saber com precisão o que vai acontecer. Mas o final deve começar a exercer seu poder de atração. Se estiver escrevendo um romance e começar a empilhar capítulo sobre capítulo sem sentir nada que o atraia a um final forte, é possível que você esteja perdido.

Se estiver escrevendo contos, tome cuidado com o fim muito familiar (na verdade, genérico) freqüentemente chamado de "epifania" nos cursos de redação criativa. Esse é o termo que James Joyce criou para descrever os momentos críticos, ou de clímax, em *Dublinenses*, sua coletânea de contos – instantes de sombrio lirismo em que a depressão do protagonista se condensa num momento de intensidade que revela o impasse de sua vida. O prestígio acadêmico de Joyce transformou esse impasse e a "epifania" antilírica que o define num clichê escolar, clichê que, como um fantasma, sempre retorna para nos as-

---

8. Patricia Highsmith, *Plotting and Writing Suspense Fiction*, p. 53.

sombrar com a velha e desgastada idéia do vazio da vida moderna.

Vida *moderna*? As histórias de *Dublinenses* foram todas escritas bem antes do início da Primeira Guerra Mundial. A "epifania", que muitas décadas de academicismo transformaram num final genérico de "tamanho único", tornou-se pior que um clichê. É simplesmente maçante. Cuidado com isso.

AS VERSÕES FINAIS

Repassemos os procedimentos típicos de uma versão intermediária lenta. Nesse longo trabalho, é preciso cuidar de cada problema de credibilidade e coerência que a história tiver. O que houver de errado deve ser mudado a fim de parecer certo. É preciso fazer a imaginação acreditar em cada sílaba do texto, quer se trate de uma descida a uma mina de carvão, quer de uma visita a Munchkinland. As lacunas e falhas da primeira versão devem indicar exatamente que pesquisas precisam ser feitas, e, quase no final da segunda versão, essas pesquisas, já então realizadas, devem ter sido integradas à história. Cada personagem, para ser personagem, tem de ter uma função: se cada uma delas não tiver agora uma posição clara, você terá fracassado. E toda personagem deve ter uma personalidade. Não deve mais haver substitutos nem figuras esquemáticas. Além disso, há a ação: toda ela deve surgir no lugar certo e ser digna de crédito. Os diálogos precisam estar corretos. Chega de preguiça. Ou essas vozes realmente falam, ou que fiquem caladas. No começo, você apenas esboçava a aparência das coisas, ou como elas aconteciam. Agora é preciso apresentá-las com precisão.

Estilo e linguagem? Lá pelo final da versão intermediária – de uma ou de várias – você já deve ter encontrado o seu tom há muito tempo. A essa altura, deve estar inteiramente à vontade com ele. Além disso, já deve ter escalado o monte da plausibilidade. E, tendo chegado ao cimo, deve ser capaz de olhar com calma para baixo e contemplar a vista reconfortante, a primeira que você tem, da história toda. O todo deve se descortinar para você; todas as casas, caminhos e trilhas devem ser vistos com clareza.

A versão final é também chamada de versão de polimento. Finalmente você pode entregar-se ao impulso de polir! Muitos cortes e correções devem ser feitos. Toda frase canhestra e inexata, todo clichê, todos os galhos secos do texto, com seus tufos de palavras mortas, devem ser cortados e jogados fora. Por fim, chegou a hora de pôr em ação seu perfeccionismo. Você precisa dele agora. A penúltima versão de *O grande Gatsby* – a que Fitzgerald entregou a seu editor, Maxwell Perkins – foi publicada numa reveladora edição acadêmica que mostra exatamente como o autor, seguindo em parte as sugestões de Perkins, conseguiu transformar um romance muito bom num romance inesquecível. Ao lê-la, vemos exatamente como Fitzgerald conseguiu dotar o original da lustrosa perfeição que lhe dá preeminência. A versão final fez toda a diferença em *Gatsby*.

Como tudo o mais está no lugar, é provável que o trabalho flua agora bem depressa. Fitzgerald completou a versão final de *Gatsby* em exatas seis semanas, na ilha de Capri. Você vai iniciar outra versão ágil, mas lembre-se de que se trata agora de uma rapidez de outro tipo. Ao compor a primeira versão, você podia se orgulhar do fato de conseguir escrever, ainda que de qualquer jeito. Agora não mais. Sua velocidade neste momento não deve ter traço algum de pressa, nenhum toque de descuido. Nem sequer chegue perto da falta de controle. Nada de ignorar os demônios da insegurança, nada de ataques de surpresa lançados contra seu inconsciente criativo. Mantenha o impulso, mas devagar e sempre. Avance sem pressa. Não caia na inação, mas também não corra.

Continue pesquisando até o último dia. Eis o que fazia Thomas Mann, segundo sua mulher Katia: "Quando estava trabalhando num livro, ele imergia profundamente no assunto em questão, aprendendo tudo o que podia até terminar a obra. Inteirava-se de tudo o que valia a pena saber a respeito do assunto, juntando uma grande quantidade de material; mas, assim que o livro chegava ao fim, esquecia tudo. Perdia o interesse."[9] As pesquisas tardias funcionam como um toque de finalização; sua pertinência e utilidade, até mesmo no último minuto, ficarão instantaneamente claras, saltando aos olhos. De fato, algumas das melhores pesquisas são de "última hora", justamente porque, agora, você já sabe exatamente do que precisa.

Feito isso, chegou a hora de abrir a porta do escritório. Prepare-se para mostrar o que tem, e não apenas às pessoas que o amam. É hora também da fria objetividade; algumas pessoas que não o amem tanto devem também ler sua história.

A OPINIÃO DOS OUTROS

"A idéia", diz John Irving, "de que aquilo que nos inspira é intocável, seja por nossa própria revisão, seja pelas

---
9. Katia Mann, *Unwritten Memories*, p. 140.

criteriosas sugestões de um editor, é meio arrogante."[10] Dissemos que você deve escrever a primeira versão a portas fechadas, mas, ultrapassada essa primeira fase, seria muita tolice não buscar a opinião e o conselho de outras pessoas. No entanto, o modo de fazer isso pode ser uma questão delicada: por isso, seja muito cuidadoso nesse ponto.

Permita-me estabelecer uma distinção muito simples, mas freqüentemente esquecida, entre crítica e aconselhamento editorial.

A crítica é uma atividade intelectual – e um ramo da literatura – que nada deve a você nem ao seu projeto. É uma forma de discurso, um meio de avaliar e entender a obra literária e artística, bem como um modo de refletir sobre o que foi escrito. É absolutamente livre para fazer tudo isso sem a menor consideração com o seu bem-estar. Nada a obriga a dizer coisas boas e úteis sobre você ou sua obra. Não fez nenhum voto de não magoar ninguém. Nada – a não ser a honestidade intelectual e o simples decoro – a impede de ser, com a consciência limpa, implacável e resolutamente destruidora.

Por outro lado, o aconselhamento editorial é um serviço. Deve toda sua existência a você. Existe *unicamente* para ajudar o escritor a melhorar sua obra, e não tem mais direito de ignorar seus interesses do que um médico tem o direito de ignorar os interesses de um paciente.

Tenha em mente essa distinção em toda oficina de que participar, em toda conversa que tiver com seu editor. Se for você a aconselhar, é possível às vezes haver tensão entre sua opinião crítica e sua opinião editorial. É ficção

....
10. John Irving, entrevista a Mel Gussow, *New York Times*, 28 de abril de 1998, E1.

científica o que está na sua frente, e você odeia esse estilo. Não tem estômago para um herói machista. A posição política de determinado texto o faz querer gritar. Isso acontece o tempo todo. Como professor, mais de uma vez dei o melhor de mim, tanto do ponto de vista editorial quanto pedagógico, a projetos – alguns deles excelentes – que certamente teria atacado ou ignorado, tivessem eles sido submetidos ao meu parecer como crítico.

Há uma zona cinzenta: a da advertência. Uma parte legítima – muitas vezes, vital – do aconselhamento editorial é alertar o escritor para o tipo de crítica que ele provavelmente enfrentará. Pode-se dizer ao escritor que tal herói machista vai causar muita ebulição, ou que sua perspectiva política vai ser bombardeada por esse ou aquele jornal. É surpreendente a freqüência com que os escritores deixam de perceber verdades tão simples.

Se possível, o escritor deve se antecipar aos críticos. Isso nem sempre é fácil. Lembra-se daquelas terríveis dúvidas dos primeiros dias? Até agora, você fez bem em esquivar-se delas. Mas chegou a hora de reservadamente deixar os cães invadirem o terreno e dar-lhes uma chance. Qualquer história, romance ou obra de arte pode sofrer ataques. Se você puder prever os que lhe serão dirigidos, muito bem. Chegou a hora. "Somente quando a obra estiver terminada deverá o escritor submeter-se às pressões da crítica", diz Paul Johnson. "Então, de fato, ele deve reler tudo através das lentes de seus piores inimigos – quais pontos fracos específicos eles vão escolher?"[11]

Seja rigoroso consigo mesmo. Os ataques que você imagina têm alguma razão de ser? Em que ponto? O

---

11. Paul Johnson, *The Pick of Paul Johnson*, p. 14.

que você vai fazer a respeito? Se, em seu coração, você suspeita que os outros têm razão, deve agir. Não exponha desnecessariamente sua obra ao ataque. Muitos autores têm uma idéia muito mais clara dos pontos fracos de uma história do que os críticos mais hostis. Sabem onde fica a jugular da narrativa. Se você for capaz de encontrar soluções para proteger e fortalecer seu livro, faça isso agora. Encontre saídas. Cogite concessões. Planeje sua defesa.

Isso se de fato houver algo que lhe pareça errado, e somente nesse caso. Nunca renuncie a algo verdadeiramente bom apenas porque alguém, em algum lugar, pode lhe atacar. Proteja sua obra; não a traia. E lembre-se de que nem todo escritor tem o dom da crítica. Como observa Eudora Welty: "Escrever histórias e exercer o poder de análise crítica são dons distintos, assim como soletrar e tocar flauta; uma pessoa que faça as duas coisas com competência é duplamente talentosa. Mas nem mesmo essa pessoa pode fazer as duas coisas ao mesmo tempo."[12] Como diz Toni Morrison: "Se você consegue ler sua própria obra – isto é, com a distância crítica necessária –, então é um escritor e um editor melhor. Quando ensino redação criativa, sempre digo que o escritor precisa aprender a ler sua própria obra; não me refiro a apreciá-la por ter sido ele quem a escreveu. Quero dizer afastar-se dela, lê-la como se fosse a primeira vez que a vê. Critique-a desse modo. Não se envolva com suas frases vibrantes e tudo o mais..."[13]

....

12. Eudora Welty, "Learning to Write Fiction", gravação em fita de áudio, 1961. Guilford, Conn.: Jeffrey Norton Publishers, Tape Library, #23065, 1961.

13. Toni Morrison, in *Women Writers at Work*, p. 348.

Ainda que tenha um senso crítico muito desenvolvido, você pode encontrar dificuldade na hora de passar da criação para a crítica. De certo modo, seu senso crítico funciona o tempo todo – principalmente na distinção do que é certo ou errado. Mas, para que você cresça como artista, seus instintos críticos devem abrir caminho para as energias mais ricas da liberdade criativa.

Feito isso, abra a porta. É hora de ouvir o que as outras pessoas têm a dizer. Para começar, talvez você precise de alguns leitores especializados. Suponhamos que três cenas do livro se passem numa pequena cidade do centro-oeste, e que você tenha estado apenas dois dias da sua vida numa cidade desse tipo. É preciso encontrar uma pessoa do centro-oeste com uma visão clara e imparcial. Não tenha medo de perguntar. As pessoas costumam sentir-se lisonjeadas em participar. Você precisa de um espião? De um bombeiro? Talvez necessite recorrer a um ou dois.

É possível também que você precise de um aconselhamento editorial especializado. É fácil perder-se numa versão intermediária; assim, quando terminá-la, talvez seja útil recorrer a um bom aconselhamento externo. "Na minha experiência de escritor," diz Michael Crichton, "quando começamos, temos a idéia de que somos capazes de ver tudo com razoável clareza, como se estivéssemos num cais olhando para um navio no oceano. A princípio, vemos o navio inteiro, mas depois, quando o trabalho avança, percebemos que estamos na sala das caldeiras e não vemos mais o navio de fora. Tudo o que conseguimos ver são os tubos, a graxa, as máquinas, e começamos a *supor* como seja o exterior do navio. O que se espera de um editor é que ele fique no cais e diga: 'Oi, estou olhando para o seu navio; está faltando a proa, o mastro da frente está torto, e parece que as hélices precisam ser consertadas.'"[14]

A leitura da primeira versão. As diferentes versões exigem um aconselhamento editorial diferente. Por exemplo, o leitor da primeira versão deve se concentrar nas grandes questões estruturais e na definição dos elementos que serão desenvolvidos na segunda versão – as funções das personagens, as texturas gerais da prosa, o movimento rítmico do enredo. Observações detalhadas quanto ao polimento do texto são perda de tempo. Além disso, um bom leitor de primeira versão deve ser excepcionalmente sensível às possibilidades de um projeto que certamente ainda é esquemático ou que, no caso de uma versão lenta, está carregado de informações obscuras que não servem à história. Deve ver além das falhas dessa versão e vislumbrar a idéia que anima todo o projeto. É bom fazer perguntas abrangentes. Essa história pode ser contada? Vale a pena contá-la? É muito arrastada? Ou é simples demais? É interessante do jeito que está? Algumas idéias brilhantes sobre estrutura, personagens ou seqüência viriam a calhar, ou talvez um palpite quanto ao que poderia proporcionar mais suspense e credibilidade.

A leitura de uma versão intermediária. Quando pedir que leiam uma versão intermediária, seu livro e suas necessidades já serão muito diferentes. Nesse momento você já terá cuidado dos pontos fracos evidentes da história e respondido a todas as perguntas levantadas na versão anterior. Agora sua história deve estar coerente. Você já terá escalado o monte da plausibilidade, ou ao menos

---

14. Michael Crichton, in *The Writer's Chapbook*, p. 150.

chegado perto do cimo. O começo, o final e o protagonista definitivos estarão nos devidos lugares. As outras personagens devem estar atuando da maneira certa, no lugar e na hora apropriados. Grande parte das pesquisas, senão todas, já terão sido feitas. Os problemas de exposição – quem, o quê, onde, por quê e quando – devem estar resolvidos.

Nesse ponto... suas soluções é que são o problema. A falha mais típica de uma versão intermediária é ter perdido o frescor e o impulso da primeira versão. Pode estar com o peso mal distribuído. A *simplicidade* da história está soterrada sob montes de informação narrativa.

Agora você precisa de ajuda para recuperar o espírito e o impulso originais. O leitor da segunda versão deve ajudá-lo a desenterrar a vida que jaz sob o peso da obra. Talvez agora seja preciso encontrar um modo de transformar novamente em frescor e rapidez o domínio que a segunda versão lhe proporcionou.

Aliás, sempre que recorrer a um leitor externo, quer no estágio inicial, quer no final, será conveniente pedir-lhe que faça um resumo da história para você. Nada além disso. O leitor pode estranhar: simplesmente *recontar* a história? É isso mesmo? Nenhuma grande reflexão sobre o tema? Nenhuma grande observação ou comentário profundo a respeito das personagens? Simplesmente contar a *história*?

Isso mesmo. *Simplesmente contar a história*. Esse resumo pode ser a coisa mais útil que você vai escutar. Se a história que ouvir for diferente da que pensa ter contado – é espantosa a freqüência com que isso acontece –, você ficará sabendo exatamente o que é preciso revisar.

Naturalmente, diferentes leitores dirão coisas diferentes. Quando um juízo de valor é unânime, seja ele favorável ou não, algo importante foi dito. É possível, é claro – improvável, mas possível –, que você esteja certo e todos os outros estejam errados. Afinal, a história *é* sua. Mas geralmente aquilo de que ninguém gosta precisa de conserto. A unanimidade é rara. "É mais provável", diz Stephen King, "pensarem que algumas partes são boas e outras... bem, nem tanto. Alguns vão pensar que a personagem A funciona, mas que a personagem B não é natural. Outros acharão que a personagem B é convincente, mas que a personagem A é exagerada. Então, empate. Nesse caso, você pode relaxar tranqüilamente e deixar as coisas do jeito que estão (no beisebol, em caso de empate, ganha o rebatedor; na literatura, o escritor). Se algumas pessoas adoram seu final e outras o odeiam, é a mesma coisa – é empate, e ganha o escritor."[15]

Enfim, proteja aquilo que você ama em seu texto. Certamente alguém vai desgostar da parte que você considera muito importante; vai falar mal, sugerir que você a corte, talvez até zombar. Perdoe essas pessoas e rejeite o que elas dizem. Em qualquer projeto, quase sempre há alguma coisa, ou mais de uma, que é o coração secreto da obra. Isso você deve defender. Como diz Ian Frazier: "Se a parte de que você gosta não estiver presente, o restante não terá importância. Já presenciei, entre escritores e editores, batalhas incrivelmente acirradas. Mas o escritor sabe que, se determinada parte for cortada, o livro não será dele."[16]

TOQUES FINAIS

A versão final é aquela da qual se retirou todo o excesso típico das versões intermediárias, tornando o texto

---

15. Stephen King, *On Writing*, pp. 216-7.
16. Ian Frazier, in *Inventing the Truth*, p. 179.

claro. Nesse ponto, você não deve mais se atolar. A doce e pura forma da história ressurge, fluente, emocionante, plena, viva. É provável que essa versão tenha sido concluída com bastante rapidez – com rapidez até maior que a versão intermediária, e o trabalho talvez tenha sido bem mais fácil do que você esperava e receava que fosse. A solução dos dez por cento foi aplicada e reaplicada. Todas as páginas foram lidas em voz alta, e todas soaram bem. As partes enfadonhas foram eliminadas. Tudo foi colocado no lugar. Esse projeto finalmente sabe o que diz. Talvez você não tenha chegado propriamente ao fim, mas está perto disso.

Esse é um momento tremendamente fértil na vida de qualquer projeto. Agora que os elementos básicos estão todos no lugar, as boas idéias para os toques finais começam a surgir, e podem ser preciosas e divertidas. Seu toque melhora tudo. A certeza aumenta cada vez mais. O projeto pode ter se desenvolvido lentamente, e talvez você não tenha ainda alcançado o que Melville chamou de "a folha íntima" da própria história. Mas o livro já lhe ensinou como escrevê-lo, e agora você sabe. Philip Roth descreve esse momento: "Os dois anos que se leva para escrever um livro significam um começo longo para se chegar ao pico e, então, o salto dos últimos três ou quatro meses. Nessa fase, venho para o escritório à noite; às vezes, no meio do banho, tenho uma idéia e saio correndo para vestir o robe e voltar para cá, a fim de trabalhar mais um pouco no livro. Esses últimos meses são maravilhosos."[17]

Depois de terminar as versões básicas das memórias de sua família, em *Colored People*, Henry Louis Gates Jr. foi

---

17. Philip Roth, entrevista a Jesse Kornbluth, *Conversations with Philip Roth*, p. 147.

fazer psicoterapia a fim de recuperar a recordação central que lhe servira de inspiração. "Assim que terminei de escrever o livro, percebi que precisava me consultar com um terapeuta. O resultado foi que a terapia trouxe de volta um acontecimento crucial que eu tinha reprimido completamente... Esse incidente explicava tudo: por que tinha passado a freqüentar a igreja e por que sempre tive um forte sentimento de culpa. O livro estava praticamente no prelo quando recuperei essa lembrança, mas precisava incluí-la. Foi uma agonia escrever o episódio – lidar com algo enterrado tão fundo e que vem à tona de modo súbito."[18]

Esse é um exemplo perfeito de toque final. Quando começou, você não tinha escolha: era obrigado a confiar seu empreendimento a forças e sentimentos que muitas vezes lhe pareciam vagos. Mas agora – neste estágio avançado do trabalho – você adquiriu uma acuidade e uma profundidade de foco quase fabulosas. Chegou a uma apreensão aguçada da relevância e exatidão de cada elemento. A única coisa que esse estágio tem em comum com o primeiro, em que você andava tateando, é a dificuldade de expressá-lo em palavras. Mas é maravilhoso. É um momento precioso, e você ganhou uma espécie de toque de Midas, o que pode fazê-lo sentir-se abençoado. O arquiteto Walter Gropius dizia que Deus está nos detalhes. Bem, Deus parece mesmo estar nestas fascinantes maravilhas que são os *últimos* detalhes.

Quando Truman Capote chegava a essa fase, "deixava o original de lado por algum tempo, uma semana, um mês, às vezes mais. Quando voltava a pegá-lo, lia-o o mais friamente possível; depois lia-o em voz alta para um ou dois amigos e decidia que mudanças queria fazer ou se iria

---
18. Henry Louis Gates Jr., in *Inventing the Truth*, p. 180.

publicá-lo"[19]. Philip Roth é ainda mais sistemático. Só mostra o trabalho em andamento quando chega bem perto do fim. "Depois de terminar o que me parece ser a última versão de um romance, entrego cópias do original a cinco ou seis pessoas para que a leiam – meu amigo e editor Aaron Asher, e outros amigos cujo gosto e discernimento literários eu respeito. É óbvio que não vou terminar o livro e lançá-lo no vazio sem ouvir a opinião de *ninguém*. Depois que essas pessoas o lêem, pego um lápis, um bloco de notas e ouço por duas ou três horas o que cada uma tem a dizer. Como o livro ainda está no original, elas costumam ser mais francas e diretas do que seriam se lhes apresentasse um livro encadernado que não pudesse mais ser retrabalhado. O que elas me oferecem, em retorno, não são apenas suas críticas, mas também a *descrição* do livro, e essa é realmente a melhor parte – ouvir palavras *diferentes* daquelas com as quais você descrevia o livro para si mesmo enquanto trabalhava nele, descobrir como ele é registrado por uma inteligência que não é a sua."[20]

Assim que tiver assimilado o que esses leitores cuidadosamente escolhidos têm a dizer, você vai querer percorrer o original uma vez mais, dando polimento, aperfeiçoando, captando pela primeira vez o som de um público de verdade. Essa experiência é tão gratificante que é difícil terminá-la. Seu projeto ensinou-lhe como escrever; você sente por fim que o domina. Nesse estágio final, atinge um grau de bem-estar e confiança que era inimaginável no começo.

* * *

....
19. Truman Capote, in *Writers at Work*, 1ª série, p. 297.
20. Philip Roth, entrevista a Sara Davidson, in *Conversations with Philip Roth*, p. 106.

Então um dia, por incrível que pareça, você terá terminado. "A gente sabe que terminou", disse James Baldwin, "quando não há mais nada a fazer."[21] O livro será diferente da idéia que você tinha quando começou. "Nenhum livro", diz Patricia Highsmith, "depois de terminado, é exatamente igual ao que sonhamos de início."[22] Você nunca mais estará tão perto dele, e será difícil despedir-se. Quando completou a grande obra de sua vida, *Declínio e queda do Império Romano*, Edward Gibbon sentiu um imenso alívio. O fardo de uma vida toda havia sido levantado de seus ombros. Sentiu uma alegria inexprimível pelo fato de ter vivido o suficiente para cumprir sua hercúlea tarefa. Depois, foi invadido por uma onda de tristeza. Esse trabalho fora seu parceiro ao longo da vida, seu companheiro diário. Durante anos, desde sua juventude, o melhor do que ele tinha como ser humano fora ali colocado. Compartilhara com a obra uma intimidade tempestuosa e uma comunhão sem igual. Tinha vivido com ela. Ele a amara, dera-lhe tudo. Nela havia encontrado e formado seu ser. E agora chegava o momento da despedida.

Eis o que Virginia Woolf escreveu em seu diário momentos depois de ter terminado *As ondas*: "Aqui, nos poucos minutos que restam, devo registrar – graças a Deus – o final de *As ondas*. Escrevi as palavras 'Ó Morte' quinze minutos atrás, tendo cambaleado pelas últimas dez páginas em meio a momentos de tanta ansiedade e embriaguez que parecia tropeçar em minha própria voz... e estou aqui sentada há quinze minutos em estado de glória, e calma, e algumas lágrimas...

---

21. James Baldwin, in *The Writer's Chapbook*, p. 139.
22. Patricia Highsmith, *Plotting and Writing Suspense Fiction*, p. 59.

Como é física a sensação de triunfo e alívio! Bom ou mau, está terminado."[23]

* * *

Só que nunca está terminado. Quando um projeto é concluído, há outro à espera. Terminar é colocar-se na posição de começar de novo e enfrentar outra vez o processo de adquirir maestria sobre a primeira e desconcertante promessa trazida por uma idéia. O compositor Quincy Jones se lembra do exato momento em que, ainda criança, se viu diante de seu primeiro piano e fez a grande descoberta, decisiva em sua vida, de que suas pequenas mãos conseguiam tocar o teclado, misturando e combinando sons. Jones termina essa história com um suspiro e a observação de que ainda continua diante daquele teclado, tentando entender seu funcionamento.

Bem, todos nós estamos. Ao longo deste livro, tenho me dirigido a "você". No entanto, uma das pessoas que se incluem nesse pronome sou eu mesmo, é claro. Passei a vida escrevendo e espero terminá-la fazendo isso. É por meio da escrita que sei quem sou. Quem dera eu tivesse encontrado algo parecido com este livro quando estava começando. Teria me poupado... bem, não vou me estender nisso. Quando me refiro a "você", certamente me dirijo a você mesmo – mas também me dirijo a um outro eu, o menino ansioso e desengonçado que muito tempo atrás usou o dinheiro que ganhara entregando jornais para comprar, junto com seu primeiro livro de capa dura (*The Selected Writings of Gertrude Stein* [Textos escolhidos

....
23. Virginia Woolf, *The Diaries of Virginia Woolf*, org. Anne Oliver Bell, assessorada por Andrew McNellie, v. 4: 1931-1935. Nova York, Harcourt Brace Jovanovich, 1982, p. 10.

de Gertrude Stein]), um exemplar da então última edição de *The Paris Review*, com a magnífica última entrevista de Ernest Hemingway.

O menino pedalou de volta para casa, escarrapachou-se na cama e pôs-se a ler.

Entrevistador: São agradáveis as horas que você passa escrevendo?
Hemingway: Muito.

O menino continuou lendo e, à medida que passava de resposta em resposta, sentiu que o mundo – o mundo inteiro – se encaixava perfeita e milagrosamente no lugar. Alguns anos mais tarde, quando se formou na escola secundária, sua mãe o surpreendeu com um presente impecável e único: uma máquina de escrever portátil Smith Corona novinha em folha. Cerca de um ano depois, levando na bagagem a Smith Corona, o livro de Stein e o exemplar da *Paris Review*, o rapaz embarcou num ônibus Greyhound rumo a Nova York e a seu destino.

Antes do alvorecer da era do PC, ele comprou uma IBM Selectric e uma portátil elétrica e aposentou com honras a Smith Corona da formatura. Mas não sem antes ter com ela escrito... vejamos: dois romances, um livro sobre Andy Warhol, uma série de televisão em dez partes para a PBS e muitas centenas de artigos e contos. Na minha cabeça, o dono dessa máquina de escrever continua diante de seu presente, ainda criança, ainda debruçado sobre o teclado manual, ainda tentando encontrar as palavras certas. Está tão perto de mim que eu poderia neste instante entrar pela porta de uma existência paralela e saudá-lo com um simples "oi". Ele ergueria os olhos de seu trabalho, impaciente, suspeitoso, e eu me sentaria e começaria a conversar, tentando ganhar sua confiança. Isso não seria fácil. Ele nunca me viu, e confiar, receio, não é o seu forte. Mesmo assim, tentaria fazê-lo ver que, como ele, estou e sempre estive inteiramente absorto na luta para aprender. Poderia lhe dizer que sei – mais que ele mesmo – de onde ele vem. Com delicadeza, quase disfarçadamente, tentaria convencê-lo – sabe Deus como – de que estou do seu lado. Ter tato seria essencial. Eu nunca esqueceria, mas também nunca diria, o quanto ele é carente, o quanto preza o que chama de sua "independência", e *quão* indignado ficaria se a pessoa errada ameaçasse essa "independência" oferecendo-lhe a ajuda que ele não quer.

Mas, se conseguisse fazê-lo ouvir, eu me sentaria e lhe contaria... tudo o que você acabou de ler neste livro. Cada frase, cada palavra: uma longa conversa. Ao falar, manteria meu olhar em seu rosto atento, rosto incapaz de esconder qualquer coisa, como uma sábia mulher certa vez lhe disse. Estou certo de que, enquanto ouvisse o que tenho a dizer, sua expressão jovial muitas vezes se vincaria de aborrecimento. Seriam rugas impudentes, desdenhosas, implacáveis. Ele é um jovem de grandes teorias, teorias de todo tipo, e nem tudo neste livro está inteiramente de acordo com elas. Mas estou certo de que muitos lampejos de empolgação e esperança se acenderiam também em seu rosto. Ele sempre foi – ainda é – um sujeito muito esperançoso. Além disso, penso que a irritação e a esperança seriam suplantadas por sinais mais significativos de *reconhecimento* – pois tenho certeza de que ele já sabe muitas coisas a que me refiro neste livro. Seu conhecimento é latente e obscuro, mas ele o guarda em algum lugar dentro de si. Não que o tenha sob controle. Como poderia? A maestria é um processo para a vida inteira, e esse filho da primavera continua debruçado sobre a Smith Corona, fixado para sempre no maravilhoso começo das coisas. Mas em algum lugar, de algum modo, ele está em contato com tudo isso. Está tudo dentro dele, à espera. Só precisa de um pequeno impulso, uma meia palavra para o bom entendedor. Ele vai entender. Tenho certeza disso.

Pois esse menino me ensinou tudo o que sei.

PÓS-ESCRITO

Textos sobre o ofício

OS ANTIGOS

A poética, Aristóteles. Depois de cerca de dois mil e trezentos anos, *A poética* continua milagrosamente a acertar o alvo. Aristóteles estabelece distinções entre tipos de objetos, e os tipos de drama que o tutor do jovem Alexandre Magno conhece são, evidentemente, muito diferentes dos do século XXI. No entanto, praticamente todas as generalizações que Aristóteles faz acerca da história e do enredo permanecem vivas e notavelmente precisas. Os capítulos V a XIV são indispensáveis. Preste especial atenção ao que diz Aristóteles sobre "peripécias e reconhecimentos", sobre a necessidade de o artista visualizar a obra e sobre a "unidade de ação". Durante a leitura, note as comparações que ele faz entre história e poesia. Eis aí alguém que instintivamente detecta a secreta intimidade de ficção e não-ficção. Ela existe, ao que parece, há muito, muito tempo.

* * *

Sobre o sublime, Longino. John Gardner era obcecado pela moral na ficção, e foi ele quem redescobriu na clássica meditação sobre o estilo do século I uma lição para hoje.

Na opinião de Gardner, o sábio conhecido como Longino foi o primeiro a assinalar a relação entre estilo e autenticidade e, portanto, a perda de qualidade que ocorre quando a linguagem de uma obra não consegue produzir a percepção de sua verdade. Longino dá a esse problema o nome de "frieza", e esse conceito é reiterado em todos os livros de Gardner sobre a arte de escrever. Uma pergunta: o que Longino chama de "frieza" seria o que queremos dizer com "afetação"? Se não for, qual é a diferença? Outra pergunta: para Longino, a "frieza" seria o que chamamos de "falsidade"? Se for, qual é a diferença, se é que há, entre "falsidade" e "afetação"?

TÉCNICA E CONFIANÇA

As questões relacionadas à confiança não podem ser separadas das questões sobre a técnica. Como diz Paul Johnson: "Na escrita, como em toda arte, a confiança é o princípio da habilidade." Cedo ou tarde – geralmente, cedo –, todo escritor sentirá sua habilidade atacada pelo velho e conhecido medo.

Os dois melhores livros que conheço a respeito da confiança em escrever estão separados entre si por quatro gerações e por um universo de sensibilidade. O primeiro é *Bird by Bird*, de Anne Lamott. Embora *Bird by Bird* esteja repleto de sugestões úteis e práticas a respeito da técnica literária, até mesmo a técnica é vista nesse livro através das lentes de uma preocupação excessiva com a auto-estima do escritor. O livro assemelha-se a um programa de doze passos para a recuperação da auto-estima, orientado por uma espécie de irmã mais velha que se levanta na reunião e anuncia com voz forte e vibrante: "Meu nome é Anne Lamott e sou uma escritora assustada." O livro revela como avançar – e continuar avançando – diante da dúvida, do autodesprezo, do pânico, da fúria competitiva, do desejo de fugir, da incapacidade de trabalhar, da convicção de simplesmente não ser capaz de escrever.

Embora *Becoming a Writer*, de Dorothea Brande, seja uma espécie de companheiro de *Bird by Bird*, as vozes dos dois livros não poderiam ser mais diferentes. Publicada no início dos anos 1930, a obra de Brande foi impressa sob o espírito da tecnologia inovadora do cinema falado. A autora instiga o leitor a adquirir uma dessas máquinas modernas: a máquina de escrever portátil. No entanto, *Becoming a Writer* continua vendendo ano após ano. Brande não tem quase nada a dizer a respeito da técnica propriamente dita. No entanto, como observa John Gardner ao apresentar este livro, que ele redescobriu, Brande parece saber tudo a respeito do coração e da mente do escritor, dirigindo-se diretamente aos medos e vulnerabilidades básicos da profissão. Brande tem *exercícios* – exercícios *úteis* – para lidar com os bloqueios e o medo. E, muito antes do conhecimento sobre o lado direito e o lado esquerdo do cérebro, ela já entendia a natureza dual da personalidade artística, lançando luz sobre como os escritores devem treinar uma psique dual a fim de integrar sua personalidade. *Becoming a Writer* é o *Bird by Bird* de quarenta anos atrás. Onde Anne Lamott expõe as entranhas, Brande é recatada e pudica. As duas têm grande valor. Se você está paralisado, encontra dificuldade para produzir, fica atônito e desnorteado diante do teclado, sente-se ofendido pelas críticas, não consegue ter uma perspectiva clara de sua obra ou se sente simplesmente aterrorizado, comece uma terapia com um desses livros, ou com os dois.

OS TEXTOS MODERNISTAS TRADICIONAIS

Durante a maior parte do século XX, dois manuais para a escrita de ficção predominaram na comunidade acadêmica; eram, aliás, versões um do outro. As palestras reunidas no clássico estudo de E. M. Forster, *Aspectos do romance* (as Clark Lectures, Trinity College, Cambridge, 1927), constituem, na verdade, uma espirituosa popularização de um livro muito menos lúcido e divertido intitulado *The Craft of Fiction*, de Percy Lubbock.

O prestígio acadêmico desses dois manuais para a elite intelectual também se baseava na relação entre ambos, e permaneceu em alta durante décadas. Forster era decano de Bloomsbury; Lubbock era amigo e acólito de Henry James. Seus livros, portanto, situam-se nos níveis mais elevados do "bom gosto" de duas épocas. Mas, à medida que o final da era vitoriana e a década de 1920 foram recuando no passado, o tempo se encarregou de ampliar as estreitas fissuras existentes nesses dois livros, transformando-as em grandes fendas.

Essas falhas estavam presentes desde o início. A própria Virginia Woolf, como claramente se nota em sua biografia e seus diários, tinha profundas reservas em relação às Clark Lectures de Forster, mesmo quando foram proferidas, e alimentava sérias dúvidas quanto à sua fonte em *The Craft of Fiction*.

Concordo com Woolf. A cativante autocensura de Forster é irresistível, e a famosa distinção entre personagens "planas" e "redondas" (citada com freqüência mas raramente lida; ver capítulo 5) continua excelente, e não perdeu nada com o tempo. Só essa distinção já faz valer a pena ter o livro *Aspectos do romance*. Mas cuidado. Forster muitas vezes nada em águas profundas demais para sua capacidade intelectual. Destila um prazeroso desdém pelo "simples" contar a história. Primeiro zomba da narração, qualificando-a de "primitiva" e comparando-a aos lamentos e murmúrios de aborígines ao redor do fogo. Em seguida, descarta essa embaraçosa imagem para agarrar, com deleite, uma outra ainda mais depreciativa. Contar histórias, diz ele, é *pior* do que primitivo: é *suburbano*. Jogadores de golfe – *hum!* – gostam de histórias.

Cuidado com esse absurdo. A verdade é que a própria definição de *história* dada por Forster, no capítulo 2, é fraca e confusa, e o desdém generalizado de Bloomsbury pela "vulgaridade" da narração é um triste e desgastado preconceito modernista. Não sei se Forster foi mais esnobe que artista, mas ele padecia do hábito inveterado, típico de Bloomsbury, de colocar o "bom gosto" – que, nesse caso, significa pouco mais que um gosto pretensioso e condescendente – no lugar da reflexão, da experiência vivida e da emoção. Quando o principal empreendimento de Bloomsbury – a conquista das atitudes de superioridade intelectual britânicas – ainda tinha frescor, *Aspectos do romance* deve ter reluzido com sua nova visão. Essa visão, porém, envelheceu.

Nos Estados Unidos, a deferência acadêmica manteve *Aspectos do romance* como parâmetro escolar de "bom gosto" por cerca de setenta anos. Chegou até a conservar o livro de Percy Lubbock, bem mais fraco, pelo menos na lista de leitura suplementar recomendada. Lubbock idolatrava Henry James; foi o primeiro editor das cartas de James. Era até um pouco obcecado quando se tratava de James. Acreditava que seus últimos romances deveriam ser *a* medida de *toda* ficção moderna, sem exceção. Diante do olhar de adoração de Lubbock, *O vaso de ouro* e *Os embaixadores* não são simplesmente romances bons, importantes ou grandes; são, sem exceção, o que toda ficção séria deveria ser. Sigam seu sacrossanto exemplo, sugeria ele, ou não escrevam coisa alguma.

Bem, isso foi em 1927, e o tempo e a realidade há muito deixaram o contra-senso doutrinário de Lubbock desfalecido na sarjeta, tendo dele sobrevivido apenas dois clichês escolares muito desgastados: "Mostre, não conte", e a enganosa idéia de que não é a unidade de ação, mas o "ponto de vista", que integra a ficção. Durante os cinqüenta anos em que reinaram, supremas em sua mediocridade, nenhuma dessas meias verdades contribuiu significativamente para a arte. E sua suposta "modernidade" há muito ficou para trás.

ESCRITORES FALANDO SOBRE A ARTE DE ESCREVER

Writers on Writing: The Paris Review Interviews [Escritores falam sobre a literatura: as entrevistas da *Paris Review*]. As entrevistas de *The Paris Review*, feitas com escritores, são o eldorado dos que amam o ofício. Desde 1953, *The Paris Review* tem publicado as entrevistas literárias mais profundas e interessantes. São indispensáveis a qualquer pessoa que reflita sobre o ofício da escrita literária e representam uma contribuição de inestimável valor para a literatura.

As entrevistas individuais foram reunidas sob diversas formas. Novas compilações de todas as entrevistas recentes costumavam surgir em intervalos de uns poucos anos e, algum tempo depois, esgotavam-se das livrarias. A partir do final dos anos 1990, as compilações tornaram-se mais focadas: *Playwrights at Work* [Como trabalham os dramaturgos], *Beat Writers at Work* [Os escritores *beat* no trabalho], *Women Writers at Work* [Como trabalham as escritoras] e (depois da revisão) *The Writer's Chapbook* [O livrinho de contos dos escritores] – esta última um excelente compêndio composto de citações curtas que cobrem um período de meio século. Ler essa obra é refletir sobre a técnica da ficção e a vida de escritor.

* * *

Letters to a Fiction Writer [Cartas a um escritor de ficção], obra organizada por Frederick Busch. "Se tivesse de fazer alguma recomendação a um jovem escritor, o que você diria?" Busch compilou esse livro a partir de sua convicção de que todo escritor abriga em seu íntimo um conjunto básico de crenças sobre o ofício que poderiam ser expressas sob a forma de um aconselhamento pessoal – como numa carta – dirigido a um jovem aspirante. O resultado disso foi a reunião de trinta e duas cartas desse tipo escritas para jovens aspirantes reais e imaginários, algumas feitas especialmente para o livro, outras retiradas de arquivos existentes. Nessa obra, Malcolm Cowley dá conselhos a John Cheever, Caroline Gordon a Flannery O'Connor, John Updike a Nicholas Delbanco, Shelby Foote a Walker Percy e Ray Bradbury a Don Chaon – e muitos outros dão conselhos a aspirantes em geral. A companhia é ilustre; e as cartas, cativantes em muitas ocasiões. Trata-se, no entanto, de um livro para folhear. Embora todas as contribuições tenham algo interessante a oferecer, pode levar algum tempo até encontrar a carta que pareça ter sido escrita para você.

JOHN GARDNER

Mesmo depois da morte inesperada de John Gardner num acidente de motocicleta, em 1982, seus livros sobre como escrever ficção – *On Becoming a Novelist* [Como se faz um romancista], *A arte da ficção* e *On Moral Fiction* [Sobre a ficção com ressonâncias morais] – se recusaram a cair no esquecimento e hoje se encontram nas bibliotecas de praticamente todos os escritores.

Os três livros formam um conjunto, e você deve ler os três. Todos têm suas falhas. Em *A arte da ficção* (com mais freqüência que em *On Becoming a Novelist*), Gardner às vezes se enrosca no emaranhado de seu próprio texto. Com demasiada freqüência, deixa que o eu professor (uma chave para sua identidade) percorra, fascinado, caminhos sinuosos, aparentemente sem fim, em busca de uma ou outra observação recôndita. Gardner de fato é, às vezes, didático e irritadiço, e gosta de ditar regras. É capaz também de lutar ferozmente para derrubar seus preconceitos pessoais sobre a lona da verdade geral.

No entanto, em todos os livros, os conselhos fundamentais de Gardner são muito bons. São percepções vivas advindas da experiência própria; em seu auge, são libertadores, excelentes. Continue lendo Gardner mesmo que num ou noutro momento ele pareça enfadonho, pois logo chegará o momento em que o texto fará seus olhos se abrirem para um mundo inteiramente novo. Os livros são de uma inteligência a toda prova e, na minha opinião, têm muito mais idéias corretas do que seria de esperar de um autor ranzinza e opinioso.

O que os torna todos merecedores de sua preeminência, e muito melhores do que a má reputação de longa data, é a irresistível generosidade de espírito. Logo que *On Moral Fiction* surgiu, o livro foi quase desprezado: todos os romancistas americanos ficaram paralisados. Puxa vida. De novo, o reverendo John subia no púlpito com seu olhar de fúria, para apontar a todos um dedo acusador e condená-los, chamando-os pecadores. Pois bem, a aversão pelo *chique* e pelo sucesso fácil às vezes o tornava moralista e áspero. Mas o *chique* que ele atacava em *On Moral Fiction* há muito saiu de moda. O que permanece é muito mais importante: os pensamentos generosos e muito dignos de alguém que entendia – de fato – que escrever ficção é uma luta para alcançar e compreender algo que se chama *verdade*. Entender isso – realmente – é meio caminho andado.

MEMÓRIAS E MANUAIS SOBRE O OFÍCIO

Zen in the Art of Writing [O Zen na arte de escrever], de Ray Bradbury. Se eu tivesse de escolher um livro para escritores de contos – essa forma literária louca e indefinível –, creio que optaria por esse. Bradbury não se dirige apenas a contistas. Romancistas, biógrafos, escritores de todo o tipo aprenderão noções úteis a respeito de situação, personagens e muitos outros assuntos. Mas é a luz que a obra lança sobre a força da imagem na ficção que faz *Zen in the Art of Writing* se destacar. Embora sirva para todos os tipos de escritores, auxilia principalmente os contistas, pois o conto é a forma de ficção que mais se vale da imagem pura. Nada parece mais desconcertante, ou mais tentador, do que o poder latente de uma imagem a reluzir com um significado intangível e aparentemente dissociado tanto das personagens quanto dos acontecimentos. Para ultrapassar a perplexidade e servir-se desse poder latente, o escritor precisa de um tipo muito especial de disciplina imaginativa, que ninguém descreve melhor que Bradbury.

* * *

How to Write a Novel [Como escrever um romance], de John Braine. Não posso dizer que recomendo cada linha do livro de John Braine sobre a forma longa da literatura. O autor de *Almas em leilão* e *The Crying Game* [O jogo do chora-chora] tinha idéias firmemente estabelecidas a respeito de como o romance deve ser, e tais idéias lhe deram confiança e brio. Por outro lado, estreitaram seu campo de ação. Em determinados pontos, esse manual apresenta a norma de modo severo demais para meu gosto. O tom é às vezes mal-humorado, irritantemente seguro de si. Contudo, grande parte das recomendações em *How to Write a Novel* é proveitosa, e algumas de suas idéias são brilhantes. Essas informações podem mudar sua vida. Assim como qualquer artista consciente, Braine entendia que o romance é uma forma com natureza própria e lógica inerente. Em vez de invocar de modo vago essa natureza inerente com os costumeiros floreios abstratos, Braine talhou na página o modo como eles funcionavam para ele, e fez isso, na maioria das vezes, com clareza e poder de persuasão.

* * *

Narrative Design [O projeto da narrativa], de Madison Smartt Bell. São múltiplas as virtudes de *Narrative Design*. A obra trata do papel do inconsciente na ficção e consegue apresentar esse argumento sem mergulhar na obscuridade romântica ou na mistificação. *Narrative De-*

sign também capta o papel da estrutura – algo de que todos falam, mas poucos compreendem – e o analisa com força excepcional. Além disso, aplica em doze *contos* suas muitas lições detalhadas sobre projeto e estrutura, bem como sobre o papel do inconsciente nesses dois elementos. Inadvertidamente, a maioria das discussões sobre estrutura tende a versar sobre a estrutura do romance, e as questões bem diversas sobre a estrutura e o "desenho narrativo" dos contos acabam sendo negligenciadas. Por fim, *Narrative Design* é permeado de um rico entendimento, crítico mas carinhoso, das oficinas de redação criativa e de como elas afetam os jovens escritores.

* * *

Plotting and Writing Suspense Fiction [Como criar e escrever literatura de suspense], de Patricia Highsmith. O título dado por Highsmith é um pouco enganoso. Qualquer autor de ficção tirará proveito desse compêndio de recomendações em linguagem simples elaborado pela autora de *O talentoso Ripley* e *Pequenos contos da misoginia*. As sugestões de Highsmith miram os problemas reais do ofício e atingem o alvo com extraordinária precisão. Por exemplo: há um capítulo excepcionalmente lúcido em que se estabelece a distinção entre o desenvolvimento da história e o do enredo – quinze páginas que por si sós poderiam poupar meses de trabalho a muitos romancistas. Especialmente pertinentes são as passagens em que Highsmith relata ao leitor como ela mesma resolveu alguns problemas – como inventou o clímax do primeiro romance de Ripley; ou como desenvolveu a premissa diabólica de *Strangers on a Train*. Tudo isso vem acompanhado de uma sabedoria clara na exposição de assuntos que vão do desenvolvimento de conceitos e cadernos de anotações a férias e pequenos descansos em meio ao trabalho.

* * *

On Writing: A Memoir of the Craft [Sobre a literatura: memórias do ofício], de Stephen King. *On Writing* talvez seja o livro mais útil e abrangente que encontrei sobre o ofício de escrever. Além de ser uma recordação de certos aspectos da prodigiosa vida de King como escritor – a infância e as lutas da juventude, a morte da mãe, a salvação de última hora da dependência do álcool e das drogas, a crise que sobreveio quando quase morreu num acidente na estrada, em 1999 –, *On Writing* está repleto de recomendações convincentes e eficazes no tocante a cada aspecto da vida de escritor. As opiniões de King são fortes e peremptórias, mas ele nunca espera que todos sejam iguais a si. King realmente acredita que cada um deve escrever a *seu* modo, não ao modo dele. Todo escritor no exercício de sua atividade tem o que aprender com *On Writing*. Eu aprendi.

King não é nem um pouco intelectual. É diabolicamente produtivo. Tem um veio de vulgaridade com quilômetros de largura. Provavelmente é o escritor de ficção mais lido e financeiramente mais bem-sucedido vivo ainda hoje. Seus textos podem ser muito empolgantes e também muito irregulares. Sua imaginação é pródiga e tudo-ou-nada – mas é também irrefreável e irresistível quando acerta o alvo. Ele é inteligentíssimo no tocante à arte, e seu talento inato beira o extraordinário.

Como somos todos humanos, é provável que algo nesse rol de traços característicos aborreça o leitor. Não se fixe nisso. Trata-se de um livro maravilhoso.

* * *

One Writer's Beginnings [O começo da carreira de um escritor], de Eudora Welty. Várias autobiografias nos ensinam algo sobre a arte de escrever, mas, de vez em quando, um memorialista dá a essa forma uma espécie de incandescência auto-reflexiva. Um desses livros é *Fala, memória*, de Vladimir Nabokov. Outro é *One Writer's Beginnings*.

Certa vez tive a honra de apresentar Eudora Welty, em Nova York, à maior platéia a que já tinha me dirigido – e também à mais animada. Welty ia ler alguns de seus textos. Quando essa senhora admirável, alta porém curvada, se levantou e calmamente começou a avançar, carregando seus livros de histórias, atravessou um mar de aplausos. A sala foi inundada por uma simples constatação: todos a *amavam*.

As três partes das memórias de Welty são: "Ouvir", "Aprender a Ver" e "Encontrar a Voz". Desenvolvendo uma analogia entre crescer e aprender o ofício, ela funde memórias com um manual de redação. É impossível ler cinco páginas desse livro sem encontrar uma idéia especial. Sua inteligência é simples, mas penetrante, e ela fala com uma voz firme e clara, que, com toda a suavidade, preenche toda a nossa mente.

* * *

The Writing of Fiction [A redação da prosa de ficção], de Edith Wharton. Este livro sobre a pouco conhecida técnica da ficção é muito bom em determinados momentos. Em outros é mau... pois prende-se a uma idéia fixa. Essa idéia era, em 1928, a desconfiança de Wharton em relação à corrente literária de vanguarda então em voga – Lubbock e Forster, por exemplo. A senhora Wharton observava Bloomsbury, o movimento modernista, e tudo o que se dizia e fazia em nome de seu querido amigo Henry James, que já se fora, e via todas essas inovações com a sombria suspeita de que os novatos estavam a ponto de deixá-la para trás. Grande parte de *The Writing of Fiction* foi motivada pelo desdém defensivo, mas grandiloqüente, que Wharton nutria por qualquer um que ousasse sequer pensar nisso. Ela estava certa de que (afora Proust) a abordagem ficcional dos novos modernos era obtusa, irreal, equivocada. Na tentativa de contrapor-se às novas idéias, conseguiu expor uma série de argumentos à altura do seu gênio.

Outros, não. Edith Wharton perdeu a disputa de 1928. Lubbock e Forster ganharam-na. Suas visões "modernistas" tornaram-se leitura obrigatória, enquanto *The Writing of Fiction* mergulhou na obscuridade. As visões de Wharton *foram* superadas, como ela temia. Mas, agora que a ortodoxia de Lubbock e Forster se desintegrou – e *The House of Mirth* [A casa da alegria] ainda permanece –, uma boa parte dos sonoros contra-argumentos de Edith Wharton parece, se não nova, ao menos sensata e saudável.

FICÇÃO E NÃO-FICÇÃO

Inventing the Truth: The Art and Craft of Memoir, organizado por William Zinsser. Se você estiver escrevendo uma autobiografia, leia esse livro em que dez pessoas extremamente talentosas contam a história de como escreveram suas memórias. Por certo encontrará aí alguma variante de seus problemas. Talvez a questão mais interessante e mais significativa seja o fato de essas pessoas de talento terem tido dificuldade para encontrar a *si mesmas* – isto é, suas próprias *personas* – em meio à enxurrada de informações que escorrem pela primeira versão. Toda biografia deve ser moldada a partir de uma massa – oceânica – de informações pessoais, muitas vezes acompanhadas de uma história indistinta e até mesmo fraca. Naturalmente, a história naufraga no mar das informações. Como lidar com esse problema é um dos mistérios solucionados por vários colaboradores em *Inventing the Truth*.

* * *

How to Write, de Richard Rhodes. *How to Write* lança uma rede extensa. Trata-se de um compêndio de recomendações diretas e objetivas a respeito de como escrever ficção e não-ficção. Rhodes mostrou-se capaz nos dois campos, e deslinda com grande perspicácia a relação entre eles. Além disso, apresenta excelentes exemplos tirados de sua própria obra. A análise que faz do parágrafo de abertura de seu livro mais famoso, *The Making of the Atomic Bomb* [A fabricação da bomba atômica], pode mudar toda a visão que se tem da não-ficção. Mais adiante, num trecho particularmente brilhante, Rhodes nos guia, passo a passo, palavra por palavra, através do processo de escrever. Não há aí nada de narcisista nem de pomposo; é evidente que ele não está se exibindo, mas apenas tentando ajudar; cria-se entre ele e o leitor uma espécie de intimidade natural.

How to Write tem outros pontos fortes. O capítulo sobre pesquisa talvez seja o melhor que já vi. Funde recomendações práticas com perspicácia crítica de um modo muito descontraído e bem-sucedido. Sua discussão de tom e do ponto de vista é clara, sutil e equilibrada. Cada sílaba parece atingir precisamente o alvo. E o capítulo sobre o ofício do escritor – prepare-se para tomar uma ducha *bem* fria – contém informações realistas.

EDITORAS E EDITORES

The Forest for the Trees: An Editor's Advice to Writers [As partes e o todo: conselho de um editor aos escritores], de Betsy Lerner. Escrito por uma editora e agente literária criteriosa e conhecedora do assunto, esse livro contém informações consistentes, sensatas e objetivas a respeito da realidade prática da edição, publicação e vendagem de uma obra. (É também muito esclarecedor em relação às políticas dos programas de mestrado em redação criativa nos Estados Unidos.) Também traz muitos dados a respeito da técnica da publicação, no que concerne aos autores, e é especialmente sagaz na descrição dos tipos de personalidade do escritor, do ponto de vista de quem está sentado à mesa do editor. "O escritor ambivalente", "O talentoso", "A criança rebelde", "O neurótico" – cada um desses capítulos identifica um tipo dentro do *genus literatus*, e em algum ponto deles a maioria dos escritores se verá descrito como se essa descrição se dirigisse a ele e a ninguém mais. Esse livro o ajudará a se orientar na condução de seus negócios. Também o ajudará a se sentir menos louco e solitário.

CADERNOS

A Writer's Notebook [Diário de um escritor], de W. Somerset Maugham. Há técnica para tudo, até para tomar notas. O caderno de Maugham é um dos mais instrutivos que já saíram da gaveta da escrivaninha para serem publicados. ("Não me lembro quem disse que todo escritor deve ter um caderno de anotações, mas deve cuidar para nunca consultá-lo. Creio que há uma verdade nisso, quando se entende direito essa afirmação. Ao anotar uma coisa que o sensibiliza, você a retira do fluxo incessante de impressões que se acumulam diante do olho da mente e talvez a fixe em sua memória.") Não se trata de um diário: Maugham afirmava nunca ter feito uma anotação que não pretendesse usar profissionalmente. Vemos os primeiros breves esboços – cinco ou seis linhas a respeito de um lugar ou de um desconhecido que cruzou seu caminho – que haveriam de se transformar em suas histórias mais famosas e de maior sucesso. Mas Maugham era também um grande viajante, e suas anotações acerca de lugares, da Rússia soviética durante a Revolução de 1917 ao Pacífico Sul, Havaí e Pago-Pago – em 1916! –, são um exemplo de como capturar o cenário e a atmosfera de determinado lugar e determinada época. A voz de Maugham se faz ouvir em cada entrada. Cada uma delas é um instantâneo em palavras. Tudo está vivo e perfeitamente formado. É pleno potencial. Está apenas à espera de acontecer.

CRÉDITOS DE AUTORIZAÇÃO

Pela autorização de reproduzir textos já publicados, agradecemos a:

ALFRED A. KNOPF, A DIVISION OF RANDOM HOUSE, INC.: Trecho de *The Art of Fiction*, de John Gardner. Copyright © 1984, espólio de John Gardner. Reproduzido com a autorização de Alfred A. Knopf, da Random House, Inc.

GEORGES BORCHARDT, INC.: Trecho de "Poets in My Youth", de Eileen Simpson, extraído de *Inventing the Truth*, organizado por William Zinsser. Copyright © 1987, Eileen Simpson. Reproduzido com a autorização de Georges Borchardt, Inc.

DON CONGDON ASSOCIATES, INC.: Trecho de uma carta de Ray Bradbury a Don Chaon, de 1º de maio de 1982. Copyright © 1982, Ray Bradbury. Usado com a autorização de Don Congdon Associates, Inc.

INTERNATIONAL CREATIVE MANAGEMENT: Trecho de *The Site of Memory*, de Toni Morrison. Copyright © 1987, Toni Morrison. Reproduzido com a autorização de International Creative Management.

JANKLOW & NESBIT ASSOCIATES: Trecho da Apresentação de Tom Wolfe para *The New Journalism* (Nova York: Harper & Row, 1973), copyright © 1973, Tom Wolfe; trecho de "Lifting the Veil", de Henry Louis Gates Jr., publicado em *Inventing the Truth: The Art and Craft of Memoir* (Nova York: Houghton Mifflin, 1987), copyright © 1987, Henry Louis Gates Jr. Todos os trechos reproduzidos com a autorização de Janklow & Nesbit Associates.

METHUEN PUBLISHING LIMITED: Trecho de *How To Write a Novel*, de John Braine, publicado por Methuen Publishing Limited. Reproduzido com a autorização da editora.

THE NEW YORK TIMES: Trecho de "Putting Pen to Paper, but Not Just Any Pen", de Mary Gordon, 5 de julho de 1999. Copyright © 1999, The New York Times Company. Reproduzido com autorização.

PAUL JOHNSON: Trecho de "The Craft of Writing", extraído de *The Pick of Paul Johnson*. Reproduzido com a autorização de Paul Johnson.

REGAL LITERARY: Trecho de uma entrevista com Kurt Vonnegut e trecho de uma entrevista com John Le Carré, extraídos de *Writers on Writing: The Paris Review Interviews*, para serem usados como chamadas de capa. Copyright © 1979, The Paris Review. Usados com a autorização de Regal Literary, representando *The Paris Review*.

RUSSELL & VOLKENING, INC.: Trecho de entrevista de Chinua Achebe extraído de *The Paris Review Writer's Chapbook*, copyright © 1995, The Paris Review; trecho de entrevista de Martin Amis extraído da edição da primavera de 1998 de *The Paris Review*, copyright © 1998, The Paris Review; trecho de entrevista de Maya Angelou extraído de *The Paris Review Women Writers at Work*, copyright © 1990, The Paris Review; trecho de entrevista de Russell Banks extraído da edição do verão de 1998 de *The Paris Review*, copyright © 1998, The Paris Review; trecho de entrevista de Truman Capote extraído de *The Paris Review*, copyright © 1957, renovado em 1985 por The Paris Review; trecho de entrevista de Michael Crichton extraído da edição do outono de 1994 de *The Paris Review*, copyright © 1994, The Paris Review; trecho de entrevista de Robertson Davies extraído da edição da primavera de 1989 de *The Paris Review*, copyright © 1989, The Paris Review; trecho de entrevista de E. L. Doctorow extraído de *The Paris Review Writer's Chapbook*, copyright © 1986, The Paris Review; trecho de entrevista de Shelby Foote extraído da edição do verão de 1999 de *The Paris Review*, copyright © 1999, The Paris Review; trecho de entrevista de Nadine Gordimer extraído de *The Paris Review Women Writers at Work*, copyright © 1983, The Paris Review; trecho de entrevista de Ernest Hemingway extraído de *The Paris Review Writers at Work 2nd Series*, copyright © 1958, renovado em 1986, The Paris Review; trecho de entrevista de John Hersey extraído de *The Paris Review Writer's Chapbook*, copyright © 1986, The Paris Review; trecho de entrevista de John Irving extraído de *The Paris Review Writer's Chapbook*, copyright © 1986, The Paris Review; trecho de entrevista de Gabriel García Márquez extraído de *The Paris Review Writer's Chapbook*, copyright © 1981, The Paris Review; trecho de entrevista de Mary McCarthy extraído de *The Paris Review Women Writers at Work*, copyright © 1962, renovado em 1990, The Paris Review; trecho de entrevista de Toni Morrison extraído de *The Paris Review Women Writers at Work*, copyright © 1993, The Paris Review; trecho de entrevista de Katherine Anne Porter extraído de *The Paris Review Women Writers at Work*, copyright © 1963, The Paris Review; trecho de entrevista de Richard Price extraído da edição da primavera de 1996 de *The Paris Review*, copyright © 1996, The Paris Review; trecho de entrevista de Philip Roth extraído da edição do outono de 1984 de *The Paris Review*, copyright © 1984, The Paris Review; trecho de entrevista de Susan Sontag extraído de *The Paris Review Women Writers at Work*, copyright © 1995, The Paris Review; trecho de entrevista de Kurt Vonnegut extraído de *The Paris Review Writer's Chapbook*, copyright © 1979, The Paris Review; trecho de entrevista de Eudora Welty extraído de *The Paris Review Women Writers at Work*, copyright © 1972, renovado em 2000, The Paris Review; e trecho de entrevista de Tom Wolfe extraído de *The Paris Review Writers at Work*, copyright © 1991, The Paris Review. Todos os trechos foram reproduzidos com a autorização de Russell & Volkening, representando *The Paris Review*.

ST. MARTIN'S PRESS: Trechos de *Plotting and Writing Suspense Fiction*, de Patricia Highsmith. Copyright © 2001, Patricia Highsmith. Reproduzido com a autorização de St. Martin's Press, LLC.

SIMON AND SCHUSTER, INC.: Trecho de *On Writing: A Memoir of the Craft*, de Stephen King. Copyright © 2000, Stephen King. Reproduzido com a autorização de Scribner, pertencente a Simon and Schuster Adult Publishing Group.

THE WYLIE AGENCY, INC.: Trecho de "Looking for My Family", de Ian Frazier, extraído de *Inventing the Truth*, organizado por William Zinsser. Copyright © 1995, Ian Frazier. Reproduzido com a autorização de The Wylie Agency, Inc.

ÍNDICE REMISSIVO

A sangue frio (Capote), 116, 123, 172
A Writer's Notebook (Maugham), 280-1
ação, 111-2, 119, 247, 265, 270
Achebe, Chinua, 116, 237
aconselhamento editorial, 251, 253-4, 259
"acontecimentos excepcionais", 106
Addison, Joseph, 169
adiar, 2, 23
Alice no País das Maravilhas (Carroll), 193, 195
Allen, Woody, 189
Allende, Isabel, 5-6
ambientação, 103
Amis, Kingsley, 163, 172
Amis, Martin, 3, 72, 163, 192
Anatomia da crítica (Frye), 91, 95
Angelou, Maya, 33, 153, 183
Aristóteles, 92, 101, 118-9, 182, 227, 243, 265,
Arte da ficção, A (Gardner), 272
Asher, Aaron, 259
Aspectos do romance (Forster), 121, 124, 268-70
atenuar, 174
Auchincloss, Louis, 69

ausência de palavras, 79
Austen, Jane, 119, 120, 154, 162-3, 166, 171
autenticidade, 183, 193, 195-6, 266
Autobiografia (Trollope), 42, 60
autobiografia: como forma de arte, 185; escritos sobre, 278-9; fato ou ficção, 181-96; personagens, 128-30; popularidade da, 190-1; textos sobre como escrever, 273-8; verdades básicas sobre a, 180-1;
autocomplacência, 186
autocrítica, 186
auto-estima, 266

Bacon, Francis, 154
baixo estilo, 166-7, 170
Baker, Russell, 185, 188, 214
Bakhtin, Mikhail, 95
Baldwin, James, 40, 260
Balzac, Honoré de, 62, 108, 147, 177
Banks, Russell, 32, 47, 93-4, 205-6
Barry, Desmond, 137
Barthelme, Donald, 164
Bausch, Richard, 46, 65, 67, 68, 220, 233
Beattie, Ann, 61

Becoming a Writer (Brande), 33, 267
Begley, Louis, 69
Bell, Madison Smartt, 208, 274-5
Bellow, Saul, 58, 163
Bergman, Ingmar, 130
Bergson, Henri, 126
Bíblia, 54, 96, 154, 166
Bird by Bird (Lamott), 33, 266-7
Bloomsbury, 268, 269, 277
bloqueio do escritor, 3, 22, 31-2, 267
Bradbury, Ray, 8, 18, 31, 55, 102, 113, 212, 271, 273-4
Bradley, David, 66
Braine, John, 35, 59, 108, 131, 141, 202, 224, 232, 274
Brande, Dorothea, 33, 267
Brontë, Charlotte, 118, 146, 170
Brontë, Emily, 118, 157
Burgess, Anthony, 209
Busch, Frederick, 271
Byron, Lorde (George Gordon), 154

cadernos, 12, 21-5, 30, 280-1
Canin, Ethan, 43
Capote, Truman: cadernos, 22; dar forma à história, 88-9, 106, 110; estilo, 151, 162, 172, 177; personagens, 116, 123; toques finais, 258-9; vocação para escrever, 41
Carey, Peter, 137
Carroll, Lewis, 47, 192, 193, 195
Carver, Raymond, 26, 164, 178, 212
Céline, Louis-Ferdinand, 168, 173
Cervantes, Miguel de, 191
Chandler, Raymond, 160, 162
Chaon, Don, 271
Cheever John, 62, 271
Cícero, 29, 31
clareza, 227-9, 239
classe social, 172
clássicos, 54
clímax/crise na história, 245-6
Colette, 189, 196, 231
começos: a invenção da história, 13-21; aprovação para escrever, 34-5; bloqueio do escritor, 3, 22, 31-2; cadernos, 12, 21-5, 30; concluir, 254-5, 257-8, 260-1; conto ou romance?, 26-8; e finais, 19-21; escreva "sobre o que você conhece", 12-5; idéias, 8-12, 24-5; imaginação, 7-8, 14; inspiração, 2, 10-1; perfeição, 1-2; pesquisa, 2, 5; primeiras versões, 28-33; princípio do "escreva agora", 4-5; sinopses, 222-4; transgressão, 33-8
comédia, 126
"Como se tornar escritor" (Moore), 44
concluir: adquirir controle, 235; começo, 255, 258, 261; final, 243-7, 255; incerteza, 238; leitor, 238-41; ler as versões, 254-6; monte da plausibilidade, 241-3, 248, 254-5; opinião dos outros, 249-56, 258-9; perfeição, 248, 259; polimento, 224-5, 248, 254, 259; proteger o que você ama, 256; resumir histórias, 255; revisar, 235-7, 256-64; sensação de finalidade, 245; sentido, 235-41; toques finais, 256-64; tornar clara a história, 237; versões finais, 243-9
confiança, 2, 33, 59, 259, 266-7

Índice remissivo \ 289

conflito, 18, 98-103, 104-5, 106, 122
conhecer: acesso à história, 81-5; começo, 2-3, 5-6, 12-5, 16-7; dar forma à história, 81-5, 88-9; escrever sobre o que você conhece, 12-5, 117, 198-9; *persona* como fato ou ficção, 193-4; suas personagens, 138-41; tipos de, 89; treino para ser escritor, 54-5
contagem diária de palavras, 60
contar histórias: vulgaridade, 269
contos, 26-30, 94, 166, 246, 273, 275
controle, adquirir, 8-12, 172, 197-9, 207, 222-6, 235
Conway, Jill Ker, 205
"correção", senso de, 20, 109-10, 221
Coward, Noel, 63
Cowley, Malcolm, 271
Craft of Fiction, The (Lubbock), 268
Crane, Stephen, 167
credibilidade, 247
criatividade, 204
Crichton, Michael, 55, 195, 253
Crime e castigo (Dostoiévski), 99-100, 237
crítica, 50-1, 58, 253-4, 267
Cunningham, Michael, 160-1

Davies, Robertson, 82, 141
Defoe, Daniel, 71, 191
Delbanco, Nicholas, 271
diálogo, 143-6, 247
dias de trabalho: diferentes, 67
Dickens, Charles: dar forma à história, 95-6; estilo, 163, 168, 175, 178; legibilidade, 175; *persona* como fato ou ficção, 192; personagens, 121, 125-6, 127, 141; ponto de vista, 121; revisão, 232; talento, 39, 177
Didion, Joan, 37
Dinesen, Isak, 3
discurso: direto e indireto, 145-6
discurso interior, 143-6
Disraeli, Benjamin, 70
Dobell, Byron, 31-2
Doctorow, E. L., 6-7, 13, 132
Dostoiévski, Fiodor, 99-100, 108, 173, 177, 237
drama, 106-9, 123-4
Dreiser, Theodore, 47
Dublinenses (Joyce), 246-7
Dubus, Andre, 67

editoras, 280
editores, 280
Elements of Style, The (Strunk and White), 169, 173
Eliot, George, 157, 170-1, 177
Eliot, T. S., 158
Em busca do tempo perdido (Proust), 188, 189-90
enredo: conflito, 18; dar forma à história, 86-92, 94-5, 96, 103-4; definição, 86-8; estrutura do, 2-4, 94-5, 96; invenção da história, 16-9; personagens, 103-4; revisão, 227; textos sobre, 265, 275
"epifania", 246-7
erro, senso de, 109-10, 221
escrever: dificuldade para, 72-4; disciplina, 63-4; número de vítimas, 38; "o que você conhece", 12-5, 117, 198; obrigar-se a, 3-4; por obsessão, 44, 57-8; proteger o que você ama, 256;

ritmo, 67; tempo para, 29, 57-8, 61-72, 207; treino para ser escritor, 44, 57-60; vocação literária, 40-4; vocação para, 39-44
escritor: experiências do, 12-6, 78-9, 198-9; influências sobre, 55-8, 159-60; ofício do, 63-4, 67-73, 280; persona do, 156, 185-96; personalidade do, 151-2, 280; renda do, 68-70; treino para ser, 44-6; "verdadeiro", 76-7; vida pessoal, 63-4, 66-7; vida solitária do, 65
estabelecer um ponto preciso, 202-3
Estepe, A (Tchecov), 50
estereótipos, 123-4
estilo: concluir, 247-8; definição, 149, 151-2; "esquisitice" do, 164-5; fala, 153, 154-8; grandeza, 177-8; identidade, 151; influência, 159; legibilidade, 174-8; leitor, 156-8, 163, 176-8; linguagem, 163-4; níveis de, 166-8, 169-74; personagens, 149-51; personalidade do, 151-2; prosa, 154-8; talento, 178; textos sobre, 266-7; variedades do, 165-74; voz, 149-50, 151-3, 154-5, 158-65, 173-4
estilo médio, 166-8, 169-74
estrutura, 86-98, 225-6, 254, 275; textos sobre, 265, 275
eu: fato e ficção, 181-96; história do, 179-206. *Ver também* memórias; *persona*
exagero, 124-6
experiência do escritor, 12-5, 79, 198-9
fala: e estilo, 153, 155-8

Fala, memória (Nabokov), 49, 200, 203, 277
fatos: ficção, 181-96; *personas* como, 186-96; precisão, 183-4; tomar posse, 196-200; verdade, 183-6, 193-4, 195-6
Faulkner, William, 9, 12, 97, 167, 173, 178
ficção: a *persona* como, 186-96; comparação com não-ficção, 179-80, 265; definição, 179, 188; fatos, 181-96; fórmula, 89-90, 91-2; moralidade, 265-6; precisão, 183; significado, 85-6, 235-41; textos sobre o ato de escrever, 278-9; tomar posse dos fatos, 196-200; verdade, 183-6, 193-4, 195-6. *Ver também* contos; histórias; romances
ficção por fórmula, 89-90, 91-2
filmes, 130, 143
finais, 19-21, 92-3, 223, 243-7, 255
Fitzgerald, F. Scott, 108, 115-6, 118, 144, 158, 233, 248
Flaubert, Gustave, 135-6, 145, 210, 223-4
fluxo de consciência, 145
Fogueira das vaidades, A (Wolfe), 146-7, 193
Foote, Shelby, 114, 115, 196-7, 199-200, 209, 271
Forest for the Trees, The (Lerner), 280
Forster, E. M., 121, 124-5, 132, 268-70, 277, 278
Fowler's Modern English Usage (na versão Burchfield), 54
Frank, Anne, 40
Frazier, Ian, 199, 202-3, 256

"frieza", 176-7, 266
Frost, Robert, 26-7
Frye, Northrop, 91, 95

Garcia Márquez, Gabriel, 12-3, 35, 36-7, 47, 55-6, 71-2, 96, 214
Gardner, John, 101-2, 117-8, 131, 133, 162-3, 176-7, 198, 265-6, 267, 272-3
Gates, Henry Louis, Jr., 186, 195, 257-8
gênero, 101-2
Gibbon, Edward, 154, 260
Gordimer, Nadine, 66, 67, 171
Gordon, Caroline, 271
Gordon, Mary, 97, 153-4
Grafton, Sue, 24
grande estilo, 166, 167-8, 170
Grande Gatsby, O (Fitzgerald), 108, 115-6, 118, 144, 158, 248
grandeza, 177-8
Greene, Graham, 40
Guerra e paz (Tolstói), 96, 121, 129, 193
Gurganus, Allan, 142

Hamlet (Shakespeare), 87-8, 92-3, 108
Harrison, Kathryn, 190
Hawthorne, Nathaniel, 36
Hazlitt, William, 154
Hemingway, Ernest: começos, 28, 35; dar forma à história, 96; entrevista para *The Paris Review*, 262; estilo, 164-5, 167, 171, 178; finais, 241; influências, 96; memória, 202; mentores, 35; *persona* como fato ou ficção, 188, 196; prazer de escrever, 262; primeiras versões, 28; revisar, 229; tempo para escrever, 61, 65, 67; treino para ser escritor, 48, 49-50, 52
Hersey, John, 10-1, 72
Highsmith, Patricia, 7, 25, 131, 151-2, 245-6, 260, 275-6
Hindemith, Paul, 97-8
história: acesso à, 79-86, 98-103; assumir o controle, 207, 221-6; começo, 5-6, 15-21; concluir, 235-64; conflito, 98-103, 104-5, 106; crise/clímax, 245-7; dar forma, 75-110; definição, 86, 246, 269; esclarecer, 236-8; estilo, 163-4; estrutura e enredo, 86-92; fato e ficção, 181-98; força unificadora, 106, 117-20; inventar/encontrar a, 5-6, 15-21, 77-9, 80-6, 180, 181-2, 183-5; pontos fracos, 252; primeiros passos em direção à, 203-6; resumir, 255-6; saber e não saber, 5, 16-7, 81-4; sentido, 85-6, 235-41; totalidade da, 93-4. *Ver também* contos; ficção; romances
historiadores, 182, 265. *Ver também* Foote, Shelby
"histórias de vida", 205
Hobbes, Thomas, 154
"House That Jack Built, The" (cantiga infantil), 218, 244
How to Write (Rhodes), 279-80
How to Write a Novel (Braine), 274
Huckleberry Finn (Twain), 134-5, 157, 166-7

idéias: "assumir o controle" sobre as novas, 8-12; cadernos, 24; começos, 8-12, 24-5; defesa, 204; falta de "originalidade", 204-5; inicial, 237; música, 97-8;

opinião de outras pessoas, 249; persistência, 25; persuasão, 8, 11-2, 79; primeiros passos rumo à história, 203-6; terminar, 237-8, 249
identidade, 122, 151-2
imaginação: acesso à história, 79-80; começo, 6-9, 13-5; comparação entre ficção e não-ficção, 179-80; dar forma à história, 78-9, 80, 81-2, 88-90; final, 246-7; monte da plausibilidade, 242-3; *persona* como fato ou ficção, 186-9, 194-5; personagens, 112-4, 122, 126-7, 131-2; primeiros estímulos, 6-9; tomar posse dos fatos, 197-8; treino para ser escritor, 44-6, 47-8, 57-8
imitação, 37-8
implausibilidade, 106-9, 110. *Ver também* monte da plausibilidade
incerteza, 6-7, 20
inconsciente, papel do, 274-5
infância: onde encontrar histórias, 15-6
influências sobre escritores, 57, 159-60
inspiração, 2, 10-1, 58, 78
intercâmbio dramático, 112-3
intuição, 9, 20, 109-10
Inventing the Truth (Zinsser), 184, 187, 214, 278-9
Irving, John, 15, 41, 66, 68-9, 84, 178, 211, 249-50
Isherwood, Christopher, 30

James, Henry: amizade de Wharton com, 278; começo, 13-4; dar forma à história, 76, 91-2; escrever "sobre o que você conhece", 13-4; estilo, 157, 167, 171-2; modernismo, 268, 269-70; personagens, 120-1, 138-9; ponto de vista, 120-1; tempo para escrever, 71
James, P. D., 42
Johnson, Denis, 167
Johnson, James Weldon, 153
Johnson, Paul, 21, 38, 58-9, 154, 251, 266
Johnson, Samuel, 169, 171, 229
Jones, Quincy, 261
jornalismo, 51, 71-2, 80, 169, 171, 174, 191
Joyce, James, 97, 145, 167, 168, 171, 188, 246-7

Kafka, Franz, 35, 36-7, 188-9, 194
Karr, Mary, 187, 190
Kazin, Alfred, 214
Keats, John, 199
Keillor, Garrison, 189
Kennedy, William, 58
Kerouac, Jack, 158, 168, 173, 194, 210
King, Stephen: começo, 14, 17, 29; dar forma à história, 81, 90, 91; escrever "sobre o que você conhece", 14; estilo, 172; final, 236, 256; invenção da história, 17; opinião de outras pessoas, 256; *persona* como fato ou ficção, 193; personagens, 114-5; revisão, 231; textos sobre o escrever, 276; treino para ser escritor, 52, 56, 59; versões, 29, 219
Krantz, Judith, 171
"Kustom Kar Kommandoes" (Wolfe), 31-2

Lamott, Anne, 16, 23, 30, 33, 142, 146, 266-7
Le Carré, John, 62, 98
Lebowitz, Fran, 117
Lee, Harper, 123
legibilidade, 174-7, 227-8
leitor: "agradar" o, 240; concluir, 237-41; estilo, 155-8, 163-4, 175-6, 177-8; invenção da história, 18-9; invenção do, 156-8, 238-9; legibilidade, 175, 176-7; *persona* como fato ou ficção, 193-4; revisar, 227-9; sentido da história, 237-41; silêncio do, 238-9, 240, 241
Leitor comum, O (Woolf), 170-1
lembranças. *Ver* memória
Leonard, Elmore, 157, 230
ler: treino para ser escritor, 44, 52-7
Lerner, Betsy, 24-5, 41, 214
Lessing, Doris, 134
Letters to a Fiction Writer (Busch), 271
Lewis, Sinclair, 4
linguagem, 54-5, 163-4, 238-9, 247-8, 266
Lives of the Poets (Johnson), 169
livros, influentes, 57
local de trabalho, 65
Longino, 176, 265-6
Lowell, Robert, 48
Lubbock, Percy, 53, 121, 268, 269-70, 277-8

Madame Bovary (Flaubert), 135-6, 145, 210, 223-4
Magarshack, David, 50
Malamud, Bernard, 211-2
Mann, Thomas, 63, 65-6, 97, 133, 209-10, 249

Maugham, W. Somerset, 13, 37, 67, 163, 172, 177-8, 191, 194, 241-2, 280-1
Maupassant, Guy de, 213
McCarthy, Mary, 126
McCourt, Frank, 22, 70, 184, 187, 190
McGuane, Tom, 7
medos dos escritores, 75, 76, 78, 106, 153, 266-7
melodrama, 100, 107
Melville, Herman, 19, 36, 168, 257
memória, 46-8, 200-3, 233-4, 256
memórias. *Ver* autobiografia
mentores, 35, 59, 241, 243
"Mills of the Kavanaughs, The" (Lowell), 48
Milton, John, 154, 166
modernismo, 267-70, 277-8
monte da plausibilidade, 241-3, 248, 254-5
Moore, Lorrie, 24, 44
Moore, Marianne, 47
moralidade, 265-6, 272-3
Morison, Samuel Eliot, 4-5, 199
Morrison, Toni: começo, 6, 34; concluir, 244-5, 252; estilo, 155; fato e ficção, 182-3; opiniões de outras pessoas, 252; permissão para escrever, 34; personagens, 127-8, 141; tempo para escrever, 63; treino para ser escritor, 52
Mortimer, John, 69, 96
Mosley, Walter, 45, 46, 63, 64, 160, 161, 162
motivação, 17-9, 104
Mozart, Wolfgang Amadeus, 93, 96
Mrs. Dalloway (Woolf), 84-5, 160-1
música, 96-8

Nabokov, Vladimir, 3, 24, 49, 150, 171, 200, 203, 277
Naipaul, V. S., 150, 166, 171
não-ficção: comparação com ficção, 179-81, 265; definição, 179; estilo, 172-4; textos sobre o escrever, 278-9
narradores, 118-9, 144-5, 173-4
narrativas: episódicas, 115
narrativas episódicas/estrutura, 95-6, 115
Narrative Design (Bell), 274-5
New Yorker, The, 168, 170, 173
novelas de televisão, 95

Oates, Joyce Carol, 4, 36, 65
observação, 44, 49-52
O'Connor, Flannery, 9, 12, 16, 178, 271
O'Connor, Frank, 213
ofício de escritor, 63-4, 68-70, 279-80
O'Hara, John, 147
On Becoming a Novelist (Gardner), 272-3
One Writer's Beginnings (Welty), 277
"onisciência", 120
On Moral Fiction (Gardner), 272-3
On the Road (Kerouac), 158, 168, 210
On Writing (King), 231, 276
opinião: de outras pessoas, 249-56, 259
Orgulho e preconceito (Austen), 120, 171
originalidade, 37
Otelo (Shakespeare), 108, 125, 241-2
Ozick, Cynthia, 209

Paley, Grace, 11

"Parado num bosque em noite nevosa" (Frost), 26-7
paralisia, 16
Paris Review, The, 262, 270-1
Parker, Dorothy, 22
Pascal, Blaise, 229
passado, 162-5, 181, 188
Passos, John dos, 41
pensamento narrativo, 102-3
Percy, Walker, 271
perfeição, 1-2, 29, 248, 259
perguntas: narrativa, 102-3
Perkins, Maxwell, 248
permissão: necessidade de, 34-6
persistência, 40-1, 58-60, 123
persona, 156-8, 186-96
personagens: ação, 111-2, 119-20; amar as, 147-8; atividade, 112; autobiografia, 127-30; combinações, 135-6; começo, 2-4, 17-9; comédia, 123, 126-7; como conhecer suas, 138-40; concentração em, 104-6; conflito, 99-100, 104-5, 106, 122; dar forma à história, 90-1, 99-100, 103-6; demasiado, 105; diálogo e discurso interior das, 143-6; drama, 124; empatia e falta de empatia, 146-8, 193; enredo, 104; estilo, 149-50; final, 247, 255; "frieza", 176-7; imaginação, 112-3, 122, 127, 131; invenção das, 112-3, 129, 137; menor, 125; modelos para, 132-5; motivação, 104; nitidez, 130-1; no filme, 130; opinião de outras pessoas, 254; papel, 122-40, 247, 254; *persona* como fato ou ficção, 186-96; personalidade, 99-100, 140-1, 247; pesquisa, 140; planas e

redondas, 124-7, 268; plausibilidade, 242-3; ponto de vista, 116-22; principal, 104; revisão, 225; situações, 114-6; televisão, 123; textos sobre, 268-9; tipos, 122-40; tragédia, 127; unidade da história, 118-9; viver suas, 137; voz, 120-1, 140-2, 144-5, 149-50
personalidade, 100-1, 140, 151-2, 247, 280
pesquisa, 2, 5, 140, 214, 247, 249, 279
Plotting and Writing Suspense Fiction (Highsmith), 275
Poderoso chefão, O (Puzo), 96, 136
Poe, Edgar Allan, 173
poetas/poesia, 55, 165-6, 181-2, 265. *Ver também* ponto de vista, 116-21, 223, 270, 279
Poética, A (Aristóteles), 265
polimento, 224-5, 248, 254, 259
Porter, Katherine Anne, 21, 41
prazos, 59, 60, 215-7, 244
precisão, 183
preciso: estabelecer um ponto, 202-3
presente, 162-6, 188
Price, Richard, 16, 172, 218
princípio do "escreva agora", 4-5
programas de mestrado em redação criativa, 70, 280
prosa, 151-8, 175, 254
protagonistas, 104-5, 106, 118-9, 122, 123, 255
Proust, Marcel, 39, 40, 153, 188, 190, 194, 196, 201
Puzo, Mario, 96, 136
Pynchon, Thomas, 119

Quatro temperamentos, Os (Hindemith), 97-8

Quinto personagem, O (Davies), 82

Remmick, David, 207
repórteres. *Ver* jornalismo
revisar: alternância entre "deixar-se levar" e "assumir o controle", 207-8; assumir o controle, 207, 221-6; começo, 29-30, 218-9; como desculpa, 29-30; confiar no que você tem, 234; de memória, 233-4; em voz alta, 231-3, 247; legibilidade, 227-9; monte da plausibilidade, 241-3; o não desenvolvido, 226; para ter clareza, 226, 227-9; polimento, 224-5; prazos, 215-8; regras para, 224-9; sinopse, 222-4; sinopse e estrutura, 225-7; solução dos dez por cento, 229-31, 257. *Ver também* concluir; versões
Rhodes, Richard, 91, 137, 172-3, 279-80
romances: "arte", 171; começo, 25-8; concluir, 246-7; dar forma à história, 94-5; de situação, 115; estilo, 164-5, 166-7, 169-71; personagem e costumes, 15; primeiras versões, 27-8; "sensibilidade", 120-1; textos sobre o escrever, 274; tomar posse dos fatos, 196-8; voz, 120-1, 144-5. *Ver também* ficção; histórias
romancistas: os maiores, 177
roteiristas, 50
Roth, Philip: concluir, 257-9; dar forma à história, 99; estilo, 157; invenção da história, 20; *persona* como fato ou ficção, 189; personagens, 141; tempo

para escrever, 61; treino para ser escritor, 47, 52-3; versões, 32, 214
Rowling, J. K., 5, 128
Rumo ao farol (Woolf), 189

Salinger, J. D., 166
Santayana, George, 125
Scieszka, Jon, 70
Sêneca, 61
sentimentalidade, 186
Shakespeare, William: concluir, 240, 241-2; dar forma à história, 86-7, 93, 104, 108; estilo, 165, 168; personagens, 104, 125, 127; treino para ser escritor, 54
Shawn, William, 170, 172
significado das histórias, 85-6, 235-41
Simenon, Georges, 231
Simpson, Eileen, 48, 214
sinopse, 222-4
situações: personagens, 114-6
Sobre o sublime (Longino), 265-6
solidão, 65, 111
solilóquios, 145
Soljenitzyn, Alexander, 173
solução dos dez por cento, 229-31, 257
Som e a fúria, O (Faulkner), 9-10
sonho. *Ver* imaginação
Sontag, Susan, 42, 64, 97-8, 209
Steegmuller, Francis, 223
Stein, Gertrude, 261-2
Steinbeck, John, 30, 141, 171
Stendhal (pseud. de Henri Marie Beyle), 97
Sterne, Lawrence, 86
Stone, Robert, 42
Stravinsky, Igor, 53
Strunk, William, Jr., 169, 173
Styron, William, 41-2, 132
suspense, 98-9, 275-6
Swift, Jonathan, 154

talento, 39-44, 178
Tchecov, Anton, 26, 37, 50, 57-8, 62, 68, 105, 130, 148, 193
Teachout, Terry, 161
televisão, 95, 143
temas, 3
tempo para escrever, 29, 57-8, 61-72, 207
Tilghman, Christopher, 126-7, 139-40
Tolstói, Leo, 37, 39, 96, 121, 129-30, 177-8, 193
tragédia, 127
treino para ser escritor, 44-60
Trevor, William, 10
Trollope, Anthony, 42-3, 52, 60, 130, 133, 143-4, 146, 171, 174-5, 193
Troyat, Henri, 129
Turgenev, Ivan, 37
Turow, Scott, 43, 69
Twain, Mark, 134-5, 157, 166-7, 185

Ulysses (Joyce), 145, 188
unidade: de ação, 119-20, 265, 270; de história, 118; de ponto de vista, 119
Updike, John, 165, 209, 271

verdade, 180-1, 183-6, 190, 193, 195-6, 241, 266, 272-3
versão(ões): definição, 208-12; escrever múltiplas versões, 211-2; escrever versão única, 209-11; final, 243-9; intermediária,

247-8, 253, 254-6; leitura, 254-6; má qualidade, 32-3; mostrar, 218-24; perfeição, 29; pesquisa, 214; prazos, 215-8; primeira, 28-33, 207-12, 218-24, 226, 228, 236, 237, 246, 247, 248, 250, 254; rápida e lenta, 31-3, 212-8, 247-8, 249, 257; regras para, 28-33; segunda, 224-9, 236, 254; terceira, 226. *Ver também* revisar

Vidal, Gore, 62, 72

Vonnegut, Kurt, 17-8, 102, 209

voz: como mistura de passado e presente, 162-5; cuidar da história, 222; dos romances, 120-1, 144-5; encontrar, 153-4; estilo, 149-50, 151-3, 154-5, 158-65, 172-4; fazê-la soar bem, 158-65; narrativa, 145; "natural", 152-3, 154-5; personagens, 120, 140-2, 144-5, 149-50; prosa, 154-5; revisar, 225; textos sobre, 279; tomar posse da, 225

Wagner, Richard, 97
Warren, Robert Penn, 3
Waugh, Evelyn, 154
Webb, James, 70
Welty, Eudora, 11, 29, 53, 97, 150-1, 167, 195, 252, 277

Wharton, Edith, 14, 40, 105, 115, 117, 143, 277-8
White, E. B., 169, 173
White, Edmund, 51, 64, 97
Whitman, Walt, 97, 173
Wolfe, Tom: cadernos, 23; começo, 4, 23, 31-2; concluir, 244, 246; estilo, 168, 173-4; *persona* como fato ou ficção, 191-3; personagens, 146, 147; tempo para escrever, 70, 72; treino para ser escritor, 47, 59-60
Woolf, Virginia: acesso à história, 84-5; concluir, 260-1; estilo, 157-8, 160-2, 168, 170-1, 172; modernismo, 268; *persona* como fato ou ficção, 186-8, 189; revisar, 229; tempo para escrever, 71
Wray, John, 158-9
Writers on Writing (The Paris Review), 270-1
Writing of Fiction, The (Wharton), 277-8

Zen in the Art of Writing (Bradbury), 273-4
Zinsser, William, 184, 187, 214, 278-9
Zola, Émile, 147, 244

GRÁFICA PAYM
Tel. [11] 4392-3344
paym@graficapaym.com.br